福州大学哲学社会科学学术著作出版资助计划项目
福州大学哲学社会科学文库

考虑个体微观特征的通勤行为建模与仿真

田丽君　著

科学出版社
北京

内 容 简 介

通勤出行是城市居民最基本和最重要的行为之一。如何清晰地刻画出行个体的路径选择决策行为和交通流量的动态调整过程一直都是交通领域关注的研究热点。作为实现城市日常出行高效有序的重要内容和手段，研究考虑个体微观特征的通勤行为有助于理解城市交通拥堵的形成机理，提出行之有效的解决措施和政策建议。本书分为建模篇和仿真篇，围绕个体微观特征对通勤行为的影响，通过模型构建和分析、仿真等方法，在多个场景下讨论个体微观特征在城市交通系统流量演化和均衡过程中所扮演的角色。

本书适合交通运输经济学、城市经济学、交通运输规划与管理、系统科学与系统工程、行为经济学等专业领域的高年级本科生、研究生、工程师和教师阅读。

图书在版编目（CIP）数据

考虑个体微观特征的通勤行为建模与仿真 / 田丽君著. —北京：科学出版社，2018.9
ISBN 978-7-03-055016-3

Ⅰ. ①考… Ⅱ. ①田… Ⅲ. ①城市交通-交通运输管理-系统建模 ②城市交通-交通运输管理-仿真 Ⅳ. ①U491.1

中国版本图书馆 CIP 数据核字（2018）第 264142 号

责任编辑：李　莉 / 责任校对：贾伟娟
责任印制：吴兆东 / 封面设计：无极书装

科 学 出 版 社 出版
北京东黄城根北街 16 号
邮政编码：100717
http://www.sciencep.com

北京虎彩文化传播有限公司印刷
科学出版社发行　各地新华书店经销
*

2018 年 9 月第 一 版　开本：720×1000 B5
2018 年 9 月第一次印刷　印张：11
字数：220 000
定价：72.00 元
（如有印装质量问题，我社负责调换）

作者简介

　　田丽君，女，1981年生于山西。2003年本科毕业于长沙理工大学汽车与机电工程学院交通运输专业，2006年考入北京航空航天大学经济管理学院企业管理专业，攻读硕士学位，师从黄海军教授从事道路交通流仿真研究。2008年9月通过提前攻博方式免试进入北京航空航天大学经济管理学院攻读交通运输规划与管理专业博士学位，继续师从黄海军教授从事基于风险认知的出行行为建模与均衡研究。2010年11月至2011年2月在香港科技大学土木工程系任研究助理。2011年在福州大学参加工作至今，现为福州大学经济与管理学院副教授。2010年获得教育部设立的首届"博士研究生学术新人奖"，2014年入选"福建省高校杰出青年科研人才培养计划"，并受聘为福州大学"旗山学者"。2015年入选"福建省高等学校新世纪优秀人才支持计划"，2016年获得福建省杰出青年科学基金。近5年承担过2项国家自然科学基金和1项教育部人文社会科学基金的研究项目。

　　研究领域：交通运输系统建模与分析、交通行为经济学、道路交通流仿真、交通政策设计与分析。截至2017年5月，在国内外重要刊物上共发表学术期刊论文23篇，包括 *European Journal of Operational Research*、*Transportation Research Part E*、*Network and Spatial Economics*、*International Journal of Systems Science*、《管理科学学报》、《系统工程理论与实践》、《交通运输系统工程与信息》等运筹学与交通管理领域的权威杂志。2012年在科学出版社出版论著1部。

前　　言

随着城市化进程的加剧和机动车数量的迅速增加，交通运输压力越来越大，城市道路拥堵也越来越严重，逐渐成为经济社会发展的瓶颈和备受关注的世界性问题，几乎所有的国家都在不同程度地经受着这一问题的困扰，我国也不例外。

近 20 年来，我国城市获得了前所未有的发展，然而交通基础设施增长速度明显低于机动车增长速度，经济的高速发展和城市化进程的加快，使我国城市交通基础设施承受着巨大压力，许多城市道路车辆通行时速不足 20 千米。日益严重的交通问题已经影响到城市经济建设和社会发展的运行效率，给人们的生活和工作带来了极大的不便和损害。交通堵塞，事故频发，成了众所周知的"都市顽症"。拥挤和阻塞在占用和消耗大量土地、燃油等资源的同时，不但没有完全满足交通需求，而且导致汽车尾气排放量剧增，不仅造成巨大经济损失，而且给环境带来恶劣影响。交通堵塞已成为衡量一个国家交通运输系统是否现代化、交通管理是否先进和现代化程度的重要标准，也是衡量市民生活水平高低的重要标准。加快现代化步伐的城市如何为自己疏通血脉是我们面临的历史性难题。21世纪以来，如何解决城市道路交通堵塞及相应的环境污染问题，已受到众多科研工作者的关注，如何最大限度地利用现有的交通资源，以科学理论来指导交通规划、交通控制和交通管理是交通工作者的共同研究目标。

本书分为建模篇和仿真篇，考虑出行个体的微观特征。建模篇着重探讨合乘、停车换乘（park and ride，P&R）以及拥挤收费等不同情景下，微观个体如何比较不同的备选方案，并最终作出自己的选择，在此基础上考察出行个体的路径选择行为以及系统均衡的演化；仿真篇则是运用 NS 元胞自动机模型，针对不同的交通路网和出行背景，深入剖析出行个体的动态出行决策行为，揭示人们的路径选择规律和交通拥堵的本质。本书的创新点主要体现在如下方面。

第一，以累积前景理论（cumulative prospect theory，CPT）为框架，在具有HOV（high occupancy vehicle，车辆高占用率）车道及 P&R 交通走廊的交通路网中，分别构建考虑个体微观特征的出行决策模型，讨论停车收费、风险管理等交通政策对通勤者感知价值的提升作用，并就通勤个体偏好等微观特征参数进行敏感性分析；此外，还探讨了用区间数表示通勤者对出行时间属性具有内在模糊感知的可行性，结合参考点依赖特性构建了累积前景理论决策框架下的择路模型，并通过出行场景进一步验证了理论模型的有效性。

第二，引入基于试错法（trial and error）的动态拥挤收费，将时间和费用作为两个维度分开考虑，提出了基于累积前景理论考虑时间和费用双参考点的动态网络均衡模型。当考虑出行者路径偏好这一微观特征时，以 Dogit 模型为基础，分析了个体路径偏好对日常路径流量演化轨迹的影响，对比了三种类型的感知出行时间学习模式（指数平滑学习更新以及峰终定理学习更新）下的不同选择结果，并探讨了拥挤收费下的择路偏好和流量演化，以及不同时间价值（value of time，VOT）用户的路径选择差异。

第三，在一个含重叠路段的交通路网中，借助元胞自动机仿真方法刻画微观个体的驾驶行为，研究信息反馈策略对通勤个体路径选择行为和系统特性的影响。在无信号控制方式下，对比分析时间反馈策略和平均速度反馈策略在提高系统利用效率和减少个体出行时间方面的效果；在信号控制方式下，进一步对四种反馈策略在提高系统利用效率和保证用户公平性方面的效果进行探讨和研究。此外，在一个具有 HOV 车道的交通路网中，模拟了信息反馈策略对出行者换道行为的影响。

第四，采用一个由两条路段构成的简单网络，利用元胞自动机模拟仿真方法，假设有装置通勤者与无装置通勤者分别采用不同的路径更新规则，在时间反馈策略和速度反馈策略下研究了 ATIS（advanced traveler information systems，先进的旅行者信息系统）市场渗透率、出行需求量和历史经验依赖性等因素对有装置通勤者与无装置通勤者出行效率的影响。

第五，考虑车辆为智能实体，细致地分析公交停靠站附近的微观停靠和换道行为，在一个公交停靠站和信号交叉口组合配置的双车道情景下，模拟分析交通需求和公交车比例等因素对整个交通系统的影响。

本书的出版得益于国家自然科学基金（71671044；71301028）、福州大学哲学社会科学学术著作出版基金和福州大学管理科学与工程高水平大学建设经费的资助，特此表示感谢！感谢我的硕士生吕成锐和江晓岚在本书建模部分所做的工作，感谢我的恩师黄海军教授和师兄刘天亮副教授对本书仿真部分的贡献。感谢所有参考文献的作者，感谢曾经或正在与我合作的学者！

田丽君

2017 年 6 月 23 日

目　　录

第 1 章　绪论 ··· 1
1.1　出行行为研究的必要性 ··· 1
1.2　国内外关于交通均衡与出行行为的研究概述 ··· 3
1.3　本书的主要研究问题和思路 ··· 25

第一篇　建　　模

第 2 章　基于 CPT 的合乘行为建模与分析 ··· 31
2.1　合乘与 HOV 车道 ··· 32
2.2　累积前景理论 ··· 32
2.3　基于 CPT 考虑 HOV 车道的合乘出行模型 ··· 36
2.4　均衡结果与参数敏感性分析 ··· 38
2.5　本章小结 ··· 46

第 3 章　基于 CPT 的停车换乘行为建模与分析 ··· 47
3.1　基于 CPT 考虑停车换乘出行的模型 ··· 48
3.2　模型求解算法 ··· 52
3.3　均衡结果与参数敏感性分析 ··· 53
3.4　本章小结 ··· 59

第 4 章　考虑出行时间区间和参考点的择路模型 ··· 60
4.1　备选路径的累积前景值 ··· 60
4.2　最优路径选择与分析 ··· 66
4.3　本章小结 ··· 71

第 5 章　考虑动态双参考点的多用户网络均衡与演化 ··· 72
5.1　基于动态拥挤收费和双参考点的路径感知价值 ··· 72
5.2　day-to-day 多用户网络均衡以及求解算法 ··· 76
5.3　算例分析 ··· 78
5.4　本章小结 ··· 83

第 6 章 基于 Dogit 模型考虑路径偏好的日常出行行为 ·············· 84
6.1 基于 Dogit 模型的出行个体择路机制 ·························· 85
6.2 感知出行时间学习模式 ···································· 86
6.3 个体路径偏好动态更新规则 ·································· 88
6.4 日常动态拥挤收费设计 ···································· 88
6.5 算例分析 ·· 89
6.6 本章小结 ·· 96

第二篇 仿 真

第 7 章 信息反馈策略对个体行为及系统特性影响研究 ·············· 101
7.1 模型假设与信息反馈策略 ·································· 102
7.2 无信号控制方式下的仿真结果 ······························ 106
7.3 信号控制方式下的仿真结果 ································ 112
7.4 本章小结 ·· 118

第 8 章 信息反馈策略对出行者微观换道行为影响研究 ·············· 119
8.1 网络模型 ·· 120
8.2 动态收费策略和信息反馈策略 ······························ 122
8.3 仿真结果 ·· 124
8.4 本章小结 ·· 128

第 9 章 基于个体学习和信息作用的日常出行决策 ·················· 129
9.1 网络模型 ·· 130
9.2 路径更新规则 ·· 131
9.3 仿真结果 ·· 132
9.4 本章小结 ·· 137

第 10 章 考虑局部微观停靠行为的交通流模拟研究 ················ 138
10.1 模型 ··· 139
10.2 车辆运行、换道和停靠规则 ······························ 139
10.3 模拟结果 ··· 141
10.4 本章小结 ··· 146

第 11 章 结论与展望 ·· 147
11.1 主要研究结论 ······································· 147
11.2 研究展望 ··· 150

参考文献 ·· 152

第1章 绪 论

1.1 出行行为研究的必要性

  交通出行问题事关民生利益。随着居民收入水平的提高，城市小汽车保有量和使用量疯狂拔高，不断攀升的城市交通需求无法得到满足，加上天气及事故等不确定因素的影响，交通拥堵问题日益突出。北京、广州和西安因交通拥挤导致的人均经济损失更是分别高达 8 717 元、7 207 元和 6 960 元，如图 1-1 所示，国内一线城市因交通拥挤导致的人均经济损失大幅高于二线主要城市，损失数字触目惊心[1]。同时，道路拥挤在一定程度上降低了行驶车速，甚至使整个高速公路系统陷入"瘫痪"状态，车辆"寸步难行"。根据高德地图发布的《2016 年度中国主要城市交通分析报告》，全国最拥堵城市前十位如图 1-2 所示。前四名的城市：济南、哈尔滨、北京、重庆的高峰拥堵延时系数（高峰拥堵时期所花费的时间与畅通时期所花费的时间的比值）都超过了 2，即这四个城市的上班族的日常通勤需要花费畅通情形下两倍多的时间。

  对于缓解拥挤，政府部门一直以来都提倡供给和需求两方面双管齐下。在交通供给方面的解决方案主要是通过修建和拓宽道路来提高道路通行能力，但由于早期规划的城市土地面积以及高昂的经济成本的制约，供给并不能无限增加。而且，增加供给会反向刺激需求的增长，长期"疗效"一般。从交通需求管理着手，通过开设 HOV 车道，提供 P&R 设施和实行拥挤收费等手段来"治堵"，在国外许多城市已经取得了相当成功的经验，而在我国则尚处于起步阶段。最近几年，北京、上海、广州等大城市也鼓励居民 P&R 出行，2014 年 12 月，广州市交通委员会公示将在未来 5 年规划提供 25 个 P&R 停车场，累计有 10 000 个停车位。2014 年 5 月，无锡市开通了国内首条 HOV 车道，取得了良好的治堵效

---

[1] 仅统计 10 个大城市：北京、广州、西安、深圳、上海、重庆、武汉、成都、大连、青岛；拥堵损失=各城市平均时薪×因拥堵造成的延时×人均全年通勤次数（按每月 22 个工作日，每个工作日早晚高峰通勤 1 次，每次通勤平均时间为 1 小时计算）。

2016年交通拥堵损失排行/（元/人）

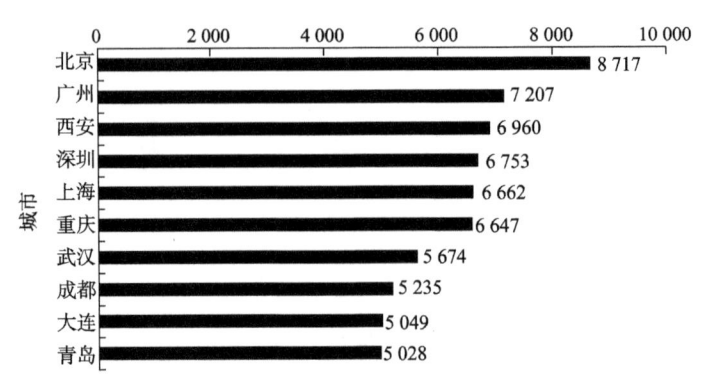

城市	损失
北京	8 717
广州	7 207
西安	6 960
深圳	6 753
上海	6 662
重庆	6 647
武汉	5 674
成都	5 235
大连	5 049
青岛	5 028

图 1-1　交通拥挤人均经济损失城市排行

资料来源：滴滴媒体研究院和第一财经商业数据中心（2017）

城市拥堵系数

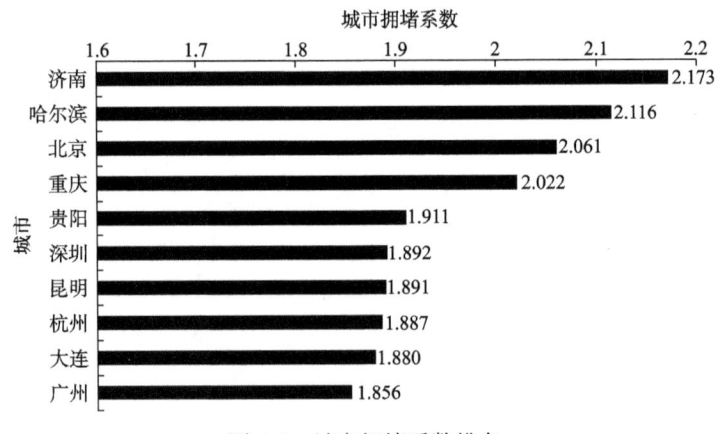

城市	系数
济南	2.173
哈尔滨	2.116
北京	2.061
重庆	2.022
贵阳	1.911
深圳	1.892
昆明	1.891
杭州	1.887
大连	1.880
广州	1.856

图 1-2　城市拥堵系数排名

果；2016年，深圳市也相继开通了HOV车道。而拥挤收费自2010年在北京征询民意以来，在2016年的两会中再一次引发了热议。

由于雨雪天气、道路施工、意外事故以及其他突发事件等客观因素，交通系统存在极大的不确定性。面对不确定的出行环境，作为交通需求主体的出行者需要把握各类交通信息并根据个人经验，不断地学习和更新对路况的感知，从而进行路径选择。在此过程中，个体微观特征，如出行者的偏好习惯、风险态度和价值衡量等，在很大程度上影响其最终的出行选择，即出行者决策行为亦存在不确定性。交通系统供需两方面不确定性的存在给交通管理部门"治堵"和引导出行者合理出行带来了极大的挑战。因此，为有效解决城市交通问题，需要研究影响出行方式或路径选择的各类因素及实现路径，把握出行者的决策规律，不断地修正和完善模型，才能为管理部门提供理论支持和决策依据。

1.2 国内外关于交通均衡与出行行为的研究概述

1.2.1 国内外研究概况

1. 交通系统均衡研究

出行者个体大量涌现形成特定的交通流,经长时间演化将达到某种系统均衡状态。交通均衡理论的研究是交通管理与控制的重要环节。1952 年,Wardrop 提出经典的均衡理论,认为交通系统均衡分为两种:用户均衡(user equilibrium,UM)和系统均衡。出行者之间没有协议,各自最小化出行成本或最大化出行效用,当没有人能单方面通过改变路径选择使个人变得"更好",即达到用户均衡时,并不一定是系统最优,即总成本最小化。系统均衡表示总的出行成本最小或效用最大,前提是所有出行者之间互相合作。

1) 确定性交通系统均衡和随机性交通系统均衡

确定性均衡假定交通需求和交通供给是确定的常数,并假设出行者在路径选择中,完全了解当前的交通状态,能精确计算出行成本,根据效用最大化原则作出决策。显然,这与现实情况不符。Daganzo 和 Sheffi(1977)首次提出随机用户均衡的概念,将出行者的认知误差引入均衡模型。解决随机均衡问题,常用的方法有 Logit 模型和 Probit 模型,两者都假定出行者选择某一出行方案的随机效用可表示为确定效用与随机误差项之和,当随机误差项服从多维正态分布时推导出的是 Probit 模型,当随机误差项服从 Gumbel 分布时推导出的是 Logit 模型。

Gaudry 和 Dagenais(1979)在 MNL 模型(Multinominal Logit Model,多项 Logit 模型)的基础上进一步提出 Dogit 模型,将选择分为必需选择集合和自由选择集合两部分,以消费者市场为例,必需选择集合代表收入中支付生活必需品的部分,而自由选择集合代表扣除生活必需品后的可支配收入部分,选择概率中有一部分是"强制性"的。模型中增加的参数可以解释为偏好、忠诚度等,基于此构建的个体决策模型,有利于分析随机用户的行为特征对决策行为的影响。

2) 静态交通系统均衡和动态交通系统均衡

静态交通系统均衡是交通流经过长时间演化后达到的相对稳定的状态,注重交通配流的结果。1956 年,Beckmann 等提出非线性交通分配数学规划模型。Smith(1979a)和 Dafermos(1980)建立了交通均衡问题等价变分不等式,并应用于随机用户均衡模型。Yang 和 Huang（2004）研究了不同时间价值的出行者，在时间和费用双项准则下的用户网络均衡和交通系统网络均衡问题。以上都是建立在静态路径选择均衡原理的基础之上的。

随着研究的深入，形成均衡的过程也逐渐受到关注。实际上，出行者是逐日调整路径选择，渐渐演化到某一均衡状态。即使达到某一均衡状态，由于路段交通属性变化，交通管理与控制政策改变，以及天气事故等不确定因素的影响，也会扰动原有均衡，逐渐达到另一均衡状态。因此，考虑交通均衡演化的 day-to-day 动态性十分必要。Smith（1984）基于 Lyapunov 稳定性，以比例调整过程（proportional-switch adjustment process）描述交通流演化，将同一起讫点的出行者按比例分配到费用较低的路径上，调整比例与路径费用绝对值差有关。Nagurney 和 Zhang（1997）提出投影动态系统（projected dynamical system），将动态系统中的连续调整过程转化为离散问题，并用欧拉方程求解。Yang 和 Zhang（2009）深入拓展 Zhang 等（2001）关于 day-to-day 路段均衡的研究，提出了基于路段流量的有限理性调整过程模型（rational behavior adjustment process, RBAP），表示路段交通流相较于路径交通流更易观察，且绝大多数交通流动态演化模型都是其模型的特例。He 等（2010）指出了基于路径流量的动态交通分配模型的两个缺点：路径重叠和路径初始流量不可识别性。为避免以上问题，他们提出了基于路段流量的动态交通分配模型，表明路段流量随着成本改变，满足古典 Wardrop 均衡条件。Guo 等（2013）基于路段流量变化，提出离散的有限理性调整过程，并证明了演化的收敛性、均衡唯一性等。杨文娟等（2015）考虑到出行者的决策更多考虑自身的满意度，具有随机性，提出了基于随机用户均衡的交通流动态演化模型，并分析了模型的收敛性、稳定性和唯一性等特性。

2. 出行行为特征与经验学习研究现状

影响路径选择最关键的因素是出行行驶时间，那么对出行者的感知时间学习机制的研究就至关重要。学习是人们总结过去的经验，结合当前的信息作出决策的过程。在日常通勤路径选择中，出行者根据以往的出行时间以及当前的天气、路况、收费等信息，更新自身对出行行驶时间的判断，并作出决策。除此之外，通勤者的认知偏差、习惯偏好、风险态度等行为特征因素，也会影响最终的路径选择决策。

1）感知出行时间更新学习机制研究

多个领域提出了各种不同的学习理论，如机器学习、博弈论及行为学习理论。其中，行为学习理论更加侧重于微观个体的信息获得与结合。出行路径选择的研究更多是基于行为学习理论，主要研究个体感知出行行驶时间的更新学习机制。

Horowitz（1984）提出感知时间为过去实际行驶时间的加权平均数。徐红利等采用这一学习模式，考虑了不确定性影响下的路段容量退化情形，构建了在诱导信息下的随机网络流量演化模型。Cantarella 和 Cascetta（1995）表明感知出行行驶时间期望值的更新是过去期望值和实际出行时间的加权平均，据此提出了感知时间指数平滑更新模式，在其他研究中被广泛使用。黄海军等（2005）运用此模式研究 ATIS 的应用对随机网络用户均衡的影响，在实例中分析了期望值与实际值不同权重下的流量演化均衡。田丽君等（2010）在指数平滑学习机制的框架下，根据是否装有 ATIS 交通诱导系统将用户分为两类，建立了基于动态信息反馈的日常出行决策模型。

以上的权重更新模型为贝叶斯学习模型的一种，除此之外还有 Erev 等（1999）提出的强化学习模型，模型假设决策者的行为符合 Thorndike 的效果律，即选择某一策略的概率会随着这一策略带来的积极回报而增强，反之则减弱；Zhao 和 Huang（2014）基于西蒙的满意原则理论提出的学习模型，表明出行者对路径出行成本拥有不同的满意度，并通过行为实验验证，当出行成本未超过满意度时，路径是可接受的，即出行者表现为有限理性，而非理性的效用最大化。

与以上逐日累积平滑的离散学习更新不同，针对决策者的遗忘性，Kahneman 等（1993）探索了另一种基于经验的学习模型——峰终定理。研究指出，对经历的学习不是一种日复一日的累积效应，而是几个突出阶段的组合，如峰值和就近经历的记忆的联合作用。在路径选择领域，则表示感知出行时间为过去经历的最大或最小出行时间和最近出行行驶时间的加权平均。不同于指数平滑更新模式，峰终定理突出了极端情况对决策者的影响。

2）出行者习惯偏好对路径选择影响研究

出行者的习惯偏好在路径选择决策中，也扮演了重要的角色。惯性即决策者重复某一选择或长久处于某些熟悉的策略集合中，在路径选择中则表现为，即使客观上存在更好的选择，出行者也只重复选择某条或某几条固定的路径。Gärling 等（2001）、Verplanken 和 Aarts（2011）通过行为实验证实了习惯对路径选择的影响，实验中，被试者重复选择某一路径并获得满意的结果，久而久之惯性思维形成，其后往往会疏于寻找更好的路径。Gärling 和 Axhausen（2003）全面地总结了习惯在路径选择中的影响，表示习惯形成的过程，就是深思熟虑逐渐减少的过程。

近年来，习惯偏好等个体心理特征也逐渐被加入交通系统均衡的模型中。Xie 和 Liu（2014）在随机路网均衡中考虑了决策惯性，分析了不同的惯性程度和情境认知程度对出行者路径选择的影响。He 等（2014）研究了出行者习惯形成对 day-to-day 路径选择的影响，通过实验表明，一旦习惯形成，出行者对路径时间差异敏感性将逐步降低。Zhang 和 Yang（2015）进一步深入定义路径选择惯性是出行决策者对唯一或固定的选择集的黏性，即重复选择熟悉的策略，不随意考虑并转换选择集之外的路径，并探讨了不同的惯性形式对交通流量均衡的影响以及信息提供对打破习惯的作用。

3）基于期望效用理论和随机效用理论的出行行为研究

现实中出行者面对的交通网络往往具有不确定性，国内外学者也一直致力于在具有不确定性的道路网络中开展出行行为研究，使用期望效用理论（expected utility theory，EUT）和随机效用理论（random utility theory，RUT）来"解读"出行者行为。Yang 等（2004）研究了多类用户（时间价值不同且离散分布）多标准（以货币成本或时间来衡量出行负效用）的道路网络用户均衡和系统最优问题，探讨了用户均衡流量与不同标准下出行负效用的关系。马寿峰等（2005）采用博弈论的思想，在用户均衡与系统最优互相协调的规则下，研究了交通管理控制者与受到交通诱导的出行者之间的博弈行为。黄海军等（1998）针对两种交通出行方式——公路和地铁出行，在两方式均衡模型中发现地铁车厢内的拥挤成本和常态出行时间差异会对出行者的方式选择行为产生影响，指出提高地铁公司的服务质量能带来更多的乘客流量。之后，Huang（2000）将两方式均衡模型扩展至两类用户的情形，结合公路是否收费和地铁定价研究了三种组合方案：公路不收费且票价基于边际成本、公路不收费且票价基于平均成本、对公路实施统一收费以补贴地铁公司固定成本保证其盈亏平衡且票价基于边际成本，并辅以算例分析实施各种组合方案对两类通勤者方式选择行为的影响。黄海军等（2005）针对公交出行方式，研究了乘客出行均衡行为，模型中考虑了身体接触拥挤成本和时间延误成本，研究发现公交公司垄断制度下的高票价会抑制出行需求的增加，而寡头竞争情形下则会致使票价降低，公交出行需求增加。

ATIS 在具有不确定性的交通环境中为出行者提供免费开放的交通信息或有偿出行诱导信息，影响出行者的出行选择。李志纯和黄海军（2005）综合研究了ATIS 对出行者的目的地、出行方式、路径等多重选择的影响。考虑装有和没有 ATIS 的两类出行者，基于层次结构选择模型和随机均衡 Logit 模型构建混合随机网络模型，利用算例分析了市场渗透率（装有 ATIS 的出行者比率）对出行负效用、（两个）目的地需求、（三种）方式分担的影响。侯立文和谭家美（2006）在假设 ATIS 提供出行信息的背景下，基于统计学数字特征计算路段近似行驶时间，基于 Logit 模型计算路段选择概率，构建了出行时间可靠性的计算模型。刘天亮和黄海军（2007）在多智能体仿真环境中研究发现：当信息开放时，路网路径流量能更快地演化至 Logit 随机用户均衡配流状态，但是对信息依赖过度会使系统发生振荡现象；不开放信息而靠出行者自己的出行经验则演化效率较低。之后，刘天亮等（2008）在日常择路行为演化模型中，考虑出行者具有"风险规避"特征，基于个人经历和 ATIS 发布的信息更新对路径的认知，构建了路径选择 Logit 模型，在简单道路网络中验证了模型可演化到稳定随机用户均衡态。刘天亮等（2013）还研究了非社交网络信息（如朋友圈信息）交互对出行路径、出发时间选择的影响，设计实验情景、道路网络、朋友圈和实验者得分规则等开展有偿实验，在不同的朋友圈信息交互率下获得了系统最优或用户最优状态。吴文静等（2010）考虑 ATIS 提供信息条件下，对吉林市居民出行开展 SP（stated preference，意向偏好）调查，构建了二元 Probit 模型，基于调查数据分析发现居民的出行方式决策和出行路径选择具有相关性。

针对出行方式选择问题，Huang（2002）在两方面扩展了 Tabuchi 的两模式均衡模型：一是考虑了车厢内拥挤成本；二是考虑了弹性外部需求的情况。基于随机用户均衡 Logit 模型解析公路收费固定、使系统最优和次优等三种方案的实现条件。最近，Tian 等（2015）同样考虑了两模式用户均衡问题，考虑公路出行具有不确定的出行时间，而且地铁多班次发车，建立了两模式用户的出行费用表达式，当且仅当两模式的用户期望成本相等时达到用户均衡状态，算例分析表明不确定的公路出行时间对流量分配、期望成本等有重要影响，对地铁发车间隔、班次和票价也进行了敏感性分析。肖玲玲等（2014）考虑公路瓶颈具有随机通行能力，小汽车出行的通勤者具有异质时间价值，构建了通勤者期望出行成本相等条件下的用户均衡模型。

4）基于（累积）前景理论的出行行为研究

期望效用理论假设个体完全理性，总是从备选方案中选择具有最大期望效用的方案作为最终选择。然而实际情况往往与其背离，如 20 世纪 80 年代著名的阿莱悖论。Kahneman 和 Tversky（1979）通过大量心理学和社会学的实验，对有限理性进行归纳总结，提出了著名的前景理论（prospect theory，PT）。前景理论具有以下几个观点：①相较于收益与损失的绝对值，决策者对其与参考点的偏离程度更为敏感；②决策者对收益表现为风险规避，对损失则表现为风险寻求，并且对损失的规避程度会大于对同等收益的寻求；③越接近参考点，个体对收益与损失变化愈加敏感，呈现出"边际递减规律"；④决策者总是表现为高估小概率事件，低估中大概率事件。Tversky 和 Kahneman（1992）结合等级依赖效用理论，改进了前景理论，提出了累积前景理论。此后，前景理论和累积前景理论被广泛运用于金融、消费者经济、交通等领域。

Katsikopoulos 等（2002）在行为实验中发现：当作为参考点的一条路径的出行时间是确定的且大于另一条路径的平均出行时间时，实验者表现出"风险规避"；反之，实验者表现出"风险寻求"，这与 Kahneman 和 Tversky 的研究结论相一致。Avineri 和 Prashker（2003）开展了路径选择实验以评估不确定条件下信息反馈机制对日常路径决策的影响。通过考察两个实验情景中的两条路径，其中一条路径的出行时间方差在两个情景中都没有变化，而另一条路径的方差则在第二个情景中被扩大了，借助计算机设备，在首次选择时不对实验对象提供先验信息，而后的选择均可获得之前做选择后发生的结果（路径出行时间），检验 RUT、CPT、FL、REL、CPTL[①]等模型与实验结果的拟合度，结果发现应用学习强化模型如 FL、REL、CPTL 等与实验结果较为接近。之后，Avineri 和 Prashker（2003）再次设计了两个实验情景以开展 SP 调查，发现 71 个受验者中有超过一半的个体的路径选择行为违反了期望效用最大化理论，大部分受验者表现出确定性效应（更偏好确定性的前景），并有高估小概率事件的倾向。Ben-Elia 等（2008）考虑 ATIS 提供信息和基于信息反馈的经验积累，针对两条路径具有不同出行时间方差的三个情景开展行为实验，研究了信息和经验对出行者路径选择的综合影响。此外，Avineri（2004）还运用累积前景理论研究了不确定出行时间条件下乘客的公交路线选择行为，调查研究结果发现：基于累积前景理论的路线选择结果与期望效用理论不相符合，参考点的选取对两条路线的累积前景值（cumulative prospect value，CPV）有重要影响；当以发车间隔时间来显示路线信息时，提高发车间隔时间的均值和方差在某些情况下会使乘客感知的等待时间减少，也就意味着发车间隔时间均值和方差较高的路线可能更受乘客青睐。Jou 等（2008）则研究了不确定条件下出行者的日常通勤出发时间选择，提出了新的价值函数模型，他们以电话调查的方式获得 152 个通勤者的样本数据，基于调查数据和利用统计分析方法对参考点等模型参数作了估计，研究结果表明出发时间决策行为与前景理论描述的一致。

徐红利等（2007）基于路径效用度量规则，分析了问卷调查所得相关数据，发现有限理性出行者的路径选择行为与前景理论框架下的一般效用度量体系描述相似。Xu 等（2011）考虑完成一次有效出行的概率和出行时间预算来设置参考点，基于实验数据对路径决策模型参数作了估计，利用模型参数估计值进行路径选择预测，最后通过一个算例以应用所提出的路径决策规则。张杨等（2007）在成都市某汽车维修点通过实证调查，发现出行者的路径选择行为随出行约束时间、出行重要性、路径熟悉程度和出行时间不确定程度等而变化，验证了出行者在城市路网中的路径选择行为符合前景理论。例如，面临收益时表现出"风险规避"，面临损失时表现出"风险寻求"，出行者对损失更为敏感，等等。张杨（2010）之后推导了考虑不确定性规避和贝叶斯动态更新的出行者路径选择模

---

① FL 是两个人名首字母缩写；REL、CPTL 分别译为强化学习（reinforcement learning）、累积前景理论学习（cumulative prospect theory learning）。

型，通过问卷调查方式开展实证研究，结果表明出行者在择路时有规避不确定性的倾向，路径熟悉程度和出行时间不确定性会影响出行者的出行时间预算。夏金娇等（2012）在路径选择模型中考虑早到和晚到损失，接着通过调查问卷数据拟合参考点取值，在实例研究中发现通勤者表现出"风险规避"和"风险寻求"，而且出发时间会影响通勤者的路径选择。近期，Jou 和 Chen（2013）在中国台湾高速公路系统 Taian 和 Chingshui 服务区借助计算机辅助设备，对 539 个有效用户开展行为实验调查以获取数据并进行了统计分析。

上述工作均是通过行为实验或问卷调查的方式对出行个体的决策行为进行验证，除此之外，也有一些研究工作是从模型的角度去论证的。Avineri（2006）将累积前景理论应用于不确定交通环境下的路径均衡配流，假设路段出行时间随机项服从离散分布，设定参考点并演算了 CPV，阐述了基于累积前景理论的用户均衡条件。借助算例他发现参考点的选取影响流量分配结果。Connors 和 Sumalee（2009）沿着 Avineri 的工作，假定路网中的路段出行时间服从正态随机分布，出行者了解与出行时间分布有关的感知成本，并通过累积前景理论中的价值函数和指数型概率权重函数分别对实际效用和客观发生概率进行非线性转化，当且仅当出行个体不再单方面改变其路径选择来提高感知价值时达到用户均衡状态，提出了基于累积前景理论的用户均衡条件。赵凛和张星臣（2006）考虑为出行者提供先验信息，分析了出行者在日常路径选择方面的学习更新过程，基于前景理论建立了出行路径选择的理论模型。Wang 和 Xu（2011）基于累积前景理论建立用户均衡模型研究路段通行能力退化情况下的出行者路径选择行为，假定路网中的路段行驶时间为随机变量，根据准时到达概率设置内生参考点，在算例分析中发现累积前景理论更适合用于描述有限理性出行者的路径选择行为。Tian 等（2012）在假设路段通行能力退化的情形下基于累积感知价值研究了用户均衡动态配流问题。根据可接受的最早到达时刻、工作开始时刻和最佳到达时刻，与实际到达时刻比较以衡量"收益"和"损失"，借助算例分析了通行能力是否退化的两种用户均衡情形。甘佐贤等（2014）在路径选择模型中引入到达时间感知价值的概念，搭建到达时刻与出行者感知价值的关系，在算例分析中验证了设置可变信息情报板（variable message signs，VMS）可以提高出行可靠性。

根据前景理论的描述，参考点在其对备选方案的评价过程中扮演着重要的角色。基于这一点，国内外的许多学者把参考点的设置问题和参考依赖的特性引入研究当中。范文博等（2009）将参考点依赖法引入出行者的日常路径选择调整行为，提出路径出行负效用概念，建立了基于 Logit 模型的不动点均衡模型，使用相继平均算法（method of successive average，MSA）和 Logit 配流算法对模型进行了求解，在算例分析中发现期望效用模型会低估路网用户总成本，高估交通政策如扩大路段通行能力带来的收益。徐红利等（2010）同样考虑参考点依赖建立了基于累积前景理论的随机用户均衡模型。2011 年，徐红利等将模型扩展至弹性需求的情形，随机用户均衡问题被转化为变分不等式并利用 MSA 算法求解，算例分析中发现出行者的风险偏好态度对道路网络均衡态如均衡流量、出行时间均值和方差等均有影响。张波等（2011）、王伟和孙会君（2013）假设路径出行时间服从正态分布，设置与出行时间可靠性有关的内生参考点，建立了与变分不等式等价的随机用户均衡模型，采用 MSA 算法对路径进行配流，算例分析发现出行者内在的认知和决策准则促使其作出路径选择。刘玉印等（2010）在路径选择模型中建立主观效用函数公式，并结合概率权重函数推导基于累积前景理论的感知效用模型，分析了参考点对感知效用的影响，算例结果表明累积前景理论在描述出行者路径选择方面更具优越性。田丽君等（2014）基于服从均匀分布的参考点将出行者划分为 10 类，且风险偏好参数依赖于各类用户的参考点，建立了多用户网络均衡模型。算例分析结果表明具有较低和较高参考点的用户表现出"风险寻求"，反之，中等参考点用户表现出"风险规避"，最后对道路拓宽和风险管理等交通管理措施也作了敏感性分析。之后，田丽君等（2015）考虑设置可接受最早到达时间和工作开始时间两个参考点，提出累积感知价值由出行获得、出行负效用和到达时间感知价值三要素构成，建立了基于累积感知价值的用户均衡模型，在算例中分析了最佳到达时间、路段时间方差和个体偏好参数等对均衡流量分配和累积感知价值的影响。王伟和孙会君（2014）在经典瓶颈模型中引入参考依赖理论，以绝对效用和相对效用来度量通勤者的出行效用，得到为缓解瓶颈拥挤的理想化动态收费策略，最后研究了两种实际中可行的单阶段收费策略。张薇和何瑞春（2014）以出行时间和出行费用作为参考点建立了前景理论框架下的居民出行方式选择模型，算例分析表明参考点的选取对出行方式选择有影响。潘晓锋等（2014）将出行时间和出行费用综合为一个指标以设置参考点，结合 Connors 提出的感知价值概念和 Probit 模型改进路径选择模型，算例中分析了引入拥挤收费政策前后的路径配流情况。

此外，也有部分学者通过模型与调查数据相结合的方式来验证模型的有效性。赵凛和张星臣（2007）在之前所建立模型的基础上，给出了出行者评价可选路径的主观费用函数，设定参考点并推导计算路径前景值，结合理论计算和实证调查，发现前景理论更适合用于描述出行者的路径选择行为。An 等（2014）在一个包含有公共汽车、地铁、出租车和私家车等四种出行方式的交通网络中通过算例分析发现累积前景理论更适合于描述有限理性的出行者在不确定交通网络中的出行行为，最后借助调查数据验证了实施拥挤收费有助于出行者转向使用公共交通工具出行。赖见辉等（2014）基于前景理论在地铁/公交组合交通出行方式的情景中，建立了总出行费用函数，使用意向调查数据拟合与路径选择影响因素有关的换算函数，在参考点中引入出行预算时间，再次利用意向调查数据验证了所提出的模型与实际情况的吻合度。Yang 和 Jiang（2014）假定路径平均出行时间与"安全边际"之和等于出行时间预算，以此设定出行时间可靠性，在最小值模型中求出"安全边际"，结合时间价值系数、有效路径数目和出行时间预算以改进参考点，在 Logit 模型下构建了基于累积前景理论的随机用户均衡模型，在具有三种出行情景的算例中进行比较分析，最后在一个测试路网中验证了所提出模型的有效性——比期望效用理论更具说服力。

3. 合乘与 HOV 车道和停车换乘研究现状

HOV 专用车道是在特定的时间段内只允许多载客率车辆专用的车道，保证高载客率车辆快捷、可靠。HOV 专用车道一方面能够提高每小时通过的客流量，另一方面缩短高载客率汽车的运行时间，吸引更多的人采用这种出行方式，从而使道路上的车辆总数下降，缓解交通拥挤，减少交通延误和尾气排放量。在 HOV 车道和合乘研究方面，Giuliano 等（1990）利用加利福尼亚州橘子郡 Route55 的流量数据验证 HOV 车道对合乘行为的影响，发现在高峰期合乘者明显增多，但在非高峰期合乘者数量没有明显的提高，出行时间的减少能吸引更多通勤者加入合乘出行。Yang 和 Huang（1999）基于确定性均衡模型考察了在一条开设有合乘车道的多车道高速公路中，实施最优或次优收费后的通勤者出行选择行为。Huang 等（2000）建立了确定性和随机用户均衡 Logit 模型，研究了考虑合乘出行后的不收费均衡和社会最优问题，发现燃油成本、合乘额外成本、时间价值、单独驾车心理偏好因素等会影响合乘者流量，基于外部性成本的拥挤收费方案可以实现社会最优，促进合乘行为从而减少车流量。Qian 和 Zhang（2011）在一个存在有单独驾车、两人合乘和地铁等三种通勤出行方式的交通走廊中研究三方式分担问题。通勤走廊中有一条划分有 HOV 车道和普通车道的高速公路，一条里程较长的限速公路和地铁路线，模型中考虑合乘存在额外成本，针对合乘是否具有优势对模型进行解析，最后借助算例对通勤总需求、通行能力比率、合乘额外成本等进行了敏感性分析。Chu 等（2012）认为实施 HOV 车道政策的成本要低于其他的缓解拥挤措施带来的成本，如拥挤道路使用收费方案等，鉴于 HOV 车道在许多国家得到了实践，道路使用者更倾向于接受 HOV 车道政策；在高速公路走廊合理开设 HOV 车道更有利于道路使用者和整个社会，可以使高速公路通行能力得到更有效率的利用。李春燕等（2012）以美国、加拿大等欧美地区为例讨论了开设 HOV 车道的标准规范、实施目标及效果等，并借鉴其经验分析了中国大城市开设 HOV 车道的必要性、可行性条件等。Márquez 等（2015）利用 MUL 模型计算了公众对于在波哥大开设 HOV 车道的接受程度，研究发现公众对于开设 HOV 车道的接受程度与出行者所经历的道路拥挤程度有很强的关系。在模拟仿真系统中，接受比率值达到 3.8%~25.8%，31 岁以上的女性上班人员对于开设 HOV 车道持有相当高的赞成态度，而 31 岁以下的非工作出行的男性则持有较低的接受程度。Delhomme 和 Gheorghiu（2016）为了找出驾车司机是否愿意合乘出行的影响因素，针对 1 207 个驾车者开展调查，发现 52.5%的受访者当前主要选择合乘出行，对环境保护持赞同态度是其考虑因素之一。

在停车换乘的相关研究方面，Cairns（1998）论述了苏格兰地区停车换乘系统的发展进程，指出提供基于公共汽车的停车换乘设施一方面可以缓解高峰期城市中心区的交通拥挤，减少交通事故等；另一方面可以增加城市中心区的旅游、购物需求等。Seik（1997）综述了 P&R 系统在新加坡的发展史，由 P&R 项目最初的失败到 20 世纪 90 年代的较大进步，他对发展中的经验教训及建议都作了阐述，发现选择以 P&R 方式进入 CBD（central business district，中央商务区）的通勤者较少，使用停车设施的用户大都不是往 CBD 方向的，但实施区域行驶许可证制度和提高 CBD 的停车费有利于充分利用 P&R 系统。田琼等（2005）在确定性出行环境中考虑三种出行方式：全程小汽车、地铁直达和小汽车停车换乘地铁，构建了基于 Logit 模型的三方式用户均衡模型，获得了系统净收益和地铁公司收益最大时的用户均衡解和地铁票定价等。Li 等（2007）在交通网络中考虑三种出行方式：小汽车、地铁直达和停车换乘，建立了三种出行方式的出行负效用表达式，算例中研究了 P&R 停车设施的停车位数量和停车费用对出行需求的影响，另外，也对地铁票价作了敏感性分析。Zhu 等（2013）基于两类通勤用户，考虑全程驾车和停车换乘两种出行方式，建立了用户均衡模型。模型中考虑时间延误成本、车厢内拥挤成本和停车费等，基于两类用户选择哪种出行方式，排除多种情况并获得了可能的用户均衡解，并在算例中对地铁行程时间、通勤总需求等进行了敏感性分析以验证其理论分析结果。Zhu 等（2014）随后在公路随机出行时间条件下考察了全程驾车和停车换乘出行方式，考虑出行时间价值、停车费和地铁票价等因素构建了用户均衡模型，在算例分析中发现提高地铁出行服务质量能引导出行者合理选择出行方式。

4. 出行模糊决策现状

Henn（2005）用 3 个不同的定义表示模糊成本：不精确、不确定及偏好程度，并将其整合为广义模糊成本，应用模糊规则和模糊成本来模拟个体路径选择行为，建立了交通分配模型，并运用一个简单道路网络以验证模型求解算法。Turan 和 Jotin（2006）基于 Weber 的心理-行为法则，从行为角度结合模糊逻辑和层次分析法解读出行者对出行时间、安全性、拥挤程度等的主观模糊感知，建立了对应的路径选择模型。国内的谭满春和李丹丹（2008）利用模糊集多准则评价方法来解决公交出行路径选择问题，采用的影响路径选择的基本因素包括出行时间、出行费用和舒适度等。龙琼等（2014）考虑交通出行环境的不确定性，结合出行者的个性化需求和不确定型多属性决策框架，建立了最优路径的综合评价指标体系。采用区间数来表达出行时间、舒适度、安全度、出行费用等路径评价指标和不确定交通环境中的路网信息以及个性化需求随出行时间或出行目的的波动，并结合实例分析验证了所建立评价模型的有效性。Caixia等（2014）考虑路段出行时间、距离、车流量等三个主要路径属性，以区间数取代以往属性成对比较矩阵中使用的精确值，运用模糊层次分析法求解了车内装有路径导航系统时的最优路径选择问题。

5. 拥挤收费研究现状

道路作为公共用品，出行者在"使用"阶段仅考虑自身的感知成本，而不需要为其产生的外部负效用"买单"，从而促进了交通量无节制的增长，造成交通拥堵。为将此外部负效用内化，Pigou于1920年首次提出拥挤收费的概念。近几十年，交通拥挤收费已不再是仅存在于象牙塔中的想法，其在新加坡、英国、挪威等国家的部分城市和地区实行，并取得良好的效果。拥挤收费相对于其他交通需求管理措施的优点在于，其不仅控制了交通流量，还改变出行者的出发时间，实现错峰效应以及促进出行者改变出行方式，如改乘公共交通。

最早的拥挤收费理论为帕累托最优收费，又称为边际成本定价，即出行者因"自私"产生的额外费用或外部负效用以收费的方式内化，费用为边际社会成本与边际个人成本之差，从而使交通流由用户均衡模式转化为社会最优模式。Yang和Huang（1998）探讨了边际定价原理如何运用于一般交通网络。但在实际操作中，对每条路都收取费用太过理想化，仅对某些拥挤道路实行收费的帕累托次优收费策略更符合实际，因此受到广泛关注。Yang和Huang（2005）全面总结了两种收费模式在一般交通网络中的原理和应用。Palma和Lindsey（2011）回顾了拥挤收费的方法和技术。收费方式主要有两种：单条或多条路径收费和区域收费，即进出某个特定区域或在区域中行驶需要付费。拥挤收费的目的在于缓解交通拥挤，将路径上的交通流控制在"理想"的状态。此状态可以是将流量控制在道路原有的通行能力以内，也可以是环保通行容量。Ferrari（1995）运用调整路段成本的启发式算法确定收费，将交通需求控制在一定的可接受范围内。Yang和Bell（1997）以路段无排队延误为目标，在弹性需求环境下，建立了相应的收费模型，并应用双层规划进行了求解。

随着电子收费（electronic toll collection，ETC）以及智能交通技术的发展，动态收费的实施成为可能。相比静态收费，动态收费考虑了时间维度以及路面交通情况，更加符合实际。一天内的动态收费（within-day）主要基于瓶颈收费理论。Arnott（1993）研究了瓶颈收费理论的福利效应，分别考虑了出行者的不同时间价值、期望工作时间以及早到和晚到成本等因素对出发时间的影响。Yang 和 Huang（1997）采用最优控制理论分析了弹性需求下的瓶颈收费模型，表明当需求函数为递增函数时，最优收费均衡存在排队，而当需求函数为递减时，排队可以避免。

无论是静态收费模型还是瓶颈收费模型，确定最佳拥挤收费，需要提前知晓出行者的需求曲线，但这在现实中难以准确地获得。Vickrey（1993）、Downs（1993）均提出可以通过试错法确定最佳收费，无须事先知道需求函数，但两者都没有给出实际的模型去实现这一想法。根据这一想法，Li（2002）根据路段流量和速度的关系，无须估计出行需求，提出了以边际成本收费为基础的迭代调整收费模型，并应用于新加坡的收费系统加以验证。Yang 等（2004）进一步将这一模型扩展到一般网络中。然而，以边际成本收费为基础的迭代收费，虽然不需要需求函数，但要求知晓每一阶段的路段通行时间和出行者的时间价值，在实际应用中仍难以获得。为此，Yang 等（2010）提出更为简单和实用的 day-to-day 动态收费模型，费用的制定克服了以上问题。费用的确定与前一天的实际路段流量、收取的费用以及期望路段流量有关。如果实际路段流量超过期望路段则收取相应的费用，直到路段流量逐日演化到期望的状态。Guo 等（2016）在此基础上，将这一基于 cap-and-trade 原理的收费方式一般化，费用制定者可根据不同的目标，设定收费。不同于逐日变化的收费，Ye 等（2015）提出了基于试错法的分段收费模型，即阶段内收取的费用保持不变，减少费用调整的周期。

此外，为了最大化道路通行能力以及保持收费路段的自由流行驶状态，Yin 和 Lou（2009）结合现实的 HOV 和 HOT（high occupancy toll，高承载车道），提出了两种简单易行的动态收费方式并证明其可行性：第一种是根据道路的占用情况调整收费，类似于上述收费模式；另一种则是依据智能交通设备收集的数据，挖掘出行者的支付意愿，而后调整收费。Lou 等（2011）在此基础上，深入研究了第二种收费方式，引入多车道混合交通以及变道行为，更加贴近实际。

时间价值体现了出行者在时间和费用之间的取舍，在拥挤收费的用户均衡研究中至关重要。时间价值异质性区分主要有两种方法：一种是根据出行者的社会经济特征，将时间价值由高到低分为几类，Yang 和 Huang（1998）根据时间价值的不同将出行者分为若干类，同时研究了基于时间单位以及基于费用单位的系统最优收费，并探讨了同一收费的存在性。Guo 和 Yang（2009）采用离散时间价值，提出同时满足系统总时间和系统总费用最小的双目标规划模型。另一种是假定时间价值在出行者中呈现连续分布。Leurent（1993）假定时间价值在出行者中表现为对数分布，证明了均衡解的存在性和唯一性。Dial（1999）提出了最优收费模型，能同时满足用户和系统最佳，模型假设出行者时间价值在各个起讫点都是连续分布的，若要降低某个出行者的广义成本，其支付的费用必须等于社会边际成本的期望值。Wu 和 Huang（2014）假定时间价值在出行者中单调变化，每个人的时间价值各不相同，并按路段行驶时间的不同对路段进行排序，对每个路段收取不同的费用。结果表明高时间价值的出行者会选择费用高但时间短的路径，低时间价值出行者则相反。

拥挤收费的实践出现于 20 世纪 70 年代。国外经过长时间的研究与宣传，拥挤收费逐步得到重视与应用，新加坡、挪威、英国和美国等国家部分城市已经实施拥挤收费，其中具有典型意义的是新加坡和英国的伦敦。在美国，拥挤收费更加流行的方式是 HOT 车道，意思是如果低占座率车辆愿意支付一定的费用，那么允许其使用HOV专用道。HOT 车道即高速公路上设定一条或多条只允许满载或多载汽车免费行驶，独驾者及其他车辆需缴费方可使用的车道。允许其他车辆缴费后使用的 HOT 车道，为出行人员增加了避开交通拥挤车道的选择，还为公路管理部门增加收益，也解决了 HOV 专用车道利用效率不高的局面。通常HOT 车道的操作倾向是为HOT 车道提供较好的自由流路况，同时最大化整个高速路的流量，如普通车道和收费道的流量和。目前智能交通技术的发展、自动车辆识别（automatic vehicle identification，AVI）和电子收费等技术的成熟和应用以及智能交通系统（intelligent transportation system，ITS）的发展为实行HOT 提供了可能，能有效解决小汽车带来的交通问题，为HOT 车道计划的实施创造了良好条件，能够把 HOV 车道和普通车道两者的交通量调节得恰到好处，既能缓解普通车道上的堵塞，又不造成 HOV 专用车道拥挤。Yin 和 Lou（2009）提出了一种反应式自学习方法，根据探测到的到达率决定实时收费和换道行为，采用 Laval 和 Daganzo（2006）提出的多种车道混合交通流模型研究了换道行为对高速公路流量和行驶时间的影响。范文博（2015）建立了 HOT 车道管理者与出行决策者之间互馈决策的双层规划模型，模拟了管理层的定价策略以及出行个体对车道收费及交通状态的行为反馈。Paleti 等（2016）针对HOT 专用车道在交通网络中的收益最大化和收入公平问题，建立了以收益为基础的muti-toll 收费方法，该方法同时保证了 HOT 车道收费不超过预先确定的阈值和车道上的最低服务水平。

6. 交通流理论概述

由于出行个体是有意识的，具有智能的实体，每个个体按照自己的目标，按照一定原则，表现出一定的行为；而多个个体的行为相互作用便使交通系统成为一个非常复杂的动态系统，这样，微观的路径选择行为就决定了宏观路网的交通特性。因此，对出行者出行选择行为的建模仿真就构成了交通系统分析的理论基石。

交通流理论研究作为一门新兴的交叉性边缘学科，近年来受到众多学科领域研究人员的关注。交通流理论研究的目的在于建立能描述实际交通一般特性的交通流模型，揭示制约交通流的基本规律，从而为交通系统的规划、设计建设和控制系统提供理论依据。交通流建模大体分两类：宏观模型和微观模型，或微观、宏观、中观方法。宏观模型将交通流看作由大量车辆组成的可压缩流体介质，研究车辆集体的综合平均行为，而不考虑单个车辆的运动特性。微观模型则是在分析单个车辆在相互作用下的个体行为的基础上描述交通流特性，它包括车辆跟驰模型和元胞自动机模型（又称粒子跳跃模型，partical hopping model），微观理论从车子之间相互作用及干扰的动力学行为进行研究，可以清晰地了解车与车之间的相互作用，容易在计算机中进行模拟。在宏观、微观描述方法之间，还存在一个能够把两者联系起来的中观方法，这就是基于概率描述的气体动力理论模型（gas-kinetic-based-model）。

交通流理论是一门运用物理学和数学工具描述交通特性的科学。最早的交通流理论可追溯到1933年Kinzer采用Poisson分布研究交叉口处的交通特性，他建立了第一个交通流模型，经过半个多世纪，交通流理论取得了很大发展。早期的交通流理论主要采用概率论方法。第二次世界大战后，随着经济复苏和工业发展，许多城市面临着车辆数目激增而产生的一系列经济和社会问题，从而推动交通流理论在20世纪50年代的飞跃。在这个时期出现了大量的交通流模型，除了跟车模型和排队论模型之外，最引人注目的是Lighthill和Whitham（1995a，1955b）在其著名论文《论运动学波》中提出的交通流的运动学理论。20世纪60年代，以跟车理论思想为出发点的交通流动力学模型开始崭露头角（Richards，1956），其中以1971年Payne提出的流体动力学模型及据此编制的FREFLO交通应用软件最为有名。目前，交通流理论呈现百家争鸣的局面，既有考虑总体流动特性的宏观模型，也有考虑单一车辆行为的微观模型。研究的方法包括质点动力学方法、流体动力学方法、气体动力学方法及元胞自动机方法等（冯苏苇，1997；王明祺，1995）。虽然交通流理论模型取得了很大的发展，但是目前仍然处于"小科学，大经验"的状况。因此，随着交通运输系统特别是智能交通运输系统的发展，迫切需要更为完善的交通流理论模型。

交通流测量中的一个典型测量就是流量-密度关系图，它用来展示交通流量q和密度ρ之间的函数关系。交通流状态演化的时空图反映了交通流演化过程中的一些特征。在交通流状态演化的时空图中，我们可以观测到多种类型的密度波。显然，在道路上没有车辆，即密度 $\rho=0$ 时，$q=0$；在密度达到最大值 ρ_{max}，即道路上发生致密堵塞时，交通流量也降为 0；交通流量在中间密度范围内存在一个最大值。实测的流量密度关系往往是间断的，看起来像希腊字母 λ 的镜像，这个反 λ 的两个分支分别用来定义自由流和拥挤流。在自由流状态，密度和流量的关系是线性的；在自由流和拥挤流之间并不是孤立的，两者之间存在一个相互重叠的部分，这一区域被称为亚稳定区，亚稳定区的存在导致了回滞（hysteresis）现象的发生，即发生自由流到拥挤流这一相变时的车流密度往往高于相反方向的车流密度。使用亚稳定的概念可以解释幽灵堵塞（phantom traffic jams）现象（姜锐，2002）；Kerner 等指出，拥挤交通又可以分为宽运动堵塞（wide moving jam）和同步流（synchronized flow）。所谓宽运动堵塞，是一种运动堵塞，其特征是堵塞区的宽度远大于两个波面的宽度。宽运动堵塞可以在同步流和自由流中传播，并可以穿越交通瓶颈。而同步流在传播的过程中往往不会穿越瓶颈，它通常在瓶颈处保持不动。交通流的相变是一个十分复杂的过程，它是指交通流状态在不同交通相（包括自由相、同步流相及交通堵塞相）之间的转变过程。在真实的交通中，每一种交通相的出现都伴随着复杂的动力学过程。一般来说，交通流的相变过程是一种临界现象，车辆密度是影响交通流相变的重要因素，除此之外，外界施加的扰动、交通瓶颈也是诱发交通相变的重要因素。通过对德国高速公路上的大量交通数据的分析，Kerner 等 [Kerner（1998）、Kerner and Rehborn（1997）] 提出了三相交通流的理论，即从自由流到同步流的相变、从自由流到宽运动堵塞的相变、从同步流到宽运动堵塞的相变。前两种相变都是一阶相变，在相变过程中伴随着不同的回滞效应。随后，Kerner 等（2002）提出了一个完全离散的模型（简称 KKW 模型），而 Jiang 和 Wu（2003）、Knospe 等（2000）分别用理论模型模拟了单车道中自由流到同步流的一阶相变。田钧方（2013）分析了三相交通流理论与传统基本图方法之间存在的争议，并基于基本图法解决了三相交通流理论对基本图方法的部分批判问题。

交通流研究加深了人们对复杂多体系平衡态和远离平衡态时演化规律的认识，多年来，交通流理论已被广泛地应用到交通工程领域，如交通规划、交通控制、道路与交通工程设施设计等。通过元胞自动机理论对道路交通系统中的车辆跟驰及车流的传播等现象进行建模和仿真，研究这些道路和轨道交通流现象的形成机理和影响因素，可以加强对交通系统的控制、管理和组织，从而发挥交通系统的最大效率。目前该领域受到了很多学者的关注。Emmerich 和 Rank（1997）将跟驰理论中优化速度（optimal velocity，OV）思想引入元胞自动机模型中，构建了 OV 模型的 CA（cellular automaton，元胞自动机）版本。Dong 等（2002）提出了基于车辆跟驰模型的 CA 模型。薛郁等（2001）提出了敏感驾驶的 NS 模型和元胞自动机两层交通流模型，并对比分析了宏观交通流模型与元胞自动机交通模型的能耗差异。Jiang等（2006）提出了考虑反应延迟效应的CA模型。Zhao等（2008）将机动车模型与非机动车模型进行了有机整合，提出了一种耦合NS模型和BCA（Burgur cellular automata，伯格元胞自动机）模型的CCA（combined cellular automata，综合元胞自动机）模型。郑亮等（2010）结合驾驶员的行为特征将相关变量引入CA模型，提出了有关驾驶员行为作用的ACA（adjusted cellular automata，调整的元胞自动机）模型。任刚等（2012）考虑了行人行走倾向性特征，通过修正CA模型中的转移概率建立了CA行人仿真模型。还有学者通过设计不同的规则来再现复杂交通现象。M.Takayasu和H.Takayasu（TT）在1993年率先建议在CA模型中使用慢启动规则（TT）模型。随后，Benjamin等（1996）通过引入慢启动步对NS模型进行了修正，提出了BJH模型。Barlovic等在1998年提出了VDR（velocity-dependent slow-to-start rule，速度依赖型出发延滞规则）模型。Gao等（2007a）则在传统的VDR模型基础上，提出了考虑拥挤束尺寸的CDR（cluster-size dependent slow-to-start rule，簇规模依赖型出发延滞规则）模型。陈时东等（2007）在周期性边界条件下，通过引入预测车辆间距对Noise-First模型进行了改进，运用数值模拟方法研究了车辆初始状态均匀分布及堵塞状态分布这两种不同的初始模型对交通流的影响，除了以上研究以外，还存在大量的相关扩展研究，这里不再一一举例。

7. 一维元胞自动机概述

元胞自动机实质上是定义在一个由具有离散、有限状态的元胞组成的元胞空间上，按照一定的局部规则，在离散的时间维度上演化的动力学系统（Chopard and Droz，1998）。在元胞自动机中，空间被一定形式的规则网格分割为许多单元，这些规则网格中的每一个单元都称为元胞（cell），并且它只能在有限的离散状态集中取值。所有的元胞遵循同样的作用规则，依据确定的局部规则进行更新。大量的元胞通过简单的相互作用而构成动态系统的演化。

20世纪80年代初，被誉为物理学界天才型人物的Wolfram开始把目光投向元胞自动机的研究，他先后详细研究了一系列简单的一维元胞自动机（当今著名的Wolfram规则）和二维元胞自动机（Wolfram，1982，2002）。他注意到，元胞自动机是一个离散的动力学系统，因而即使在非常简单的框架下，也可以显现出许多连续系统中遇到的行为。在大量的数值模拟和理论分析的基础上，Wolfram给出了元胞自动机的动力学分类方法，这对元胞自动机的研究是一个非常突出的贡献。

1986年，Cremer和Ludwig（1986）初次将元胞自动机运用到车辆交通的研究中。随后，元胞自动机在车辆交通中的应用主要沿着两条主线展开：对城市道路交通流的研究，以Nagel-Schreckenberg（NS）模型为代表（Nagel and Schreckenberg，1992）；对城市交通网络的研究，以BML模型为代表（Biham et al., 1992）。因为交通元素从本质上来说是离散的，而元胞自动机又是一个完全离散化的模型，所以用元胞自动机理论来研究交通问题有其独特的优越性。另外，20世纪80年代以来，计算机水平日新月异的发展为元胞自动机的应用提供了强有力的支持。因此，在进入20世纪90年代后，元胞自动机在交通流理论研究中得到了广泛的应用（Chowdhury et al., 2000）。

由于元胞自动机自身具有的特点，在其被引入交通领域后，得到了迅猛的发展，在20世纪90年代和21世纪初，元胞自动机成为道路交通流领域中一个重要的研究热点。在单车道交通、多车道交通、双向交通、自行车流及机非混合交通流等方面都得到了广泛的应用。

作为对184号元胞自动机的推广，1992年Nagel和Schreckenberg提出了著名的NS模型，在这一模型中，时间、空间及速度都被整数离散化。道路被划分为离散的格子（即元胞），每个元胞或者是空的，或者被一辆车占据，每辆车的速度允许在0到v_{max}变化，在$t \to t+1$的过程中，模型按照如下规则进行演化。

第一步：加速过程 $v_n \to \min(v_n+1, v_{max})$，对应于现实中司机期望以最大速度行驶的特性。

第二步：安全刹车过程 $v_n^{safe} \to \min(v_n, g_n)$，驾驶员为了避免和前车发生碰撞而采取减速的措施。

第三步：随机慢化过程（概率为p）$v_n^{random} \to \max(v_n^{safe}-1, 0)$，由各种不确定因素（如路面状况不好、驾驶员的不同心态等）造成的车辆减速。

第四步：位置更新 $x_n \to x_n + v_n^{random}$，车辆按照调整后的速度向前行驶。

这里$g_n = S_d$表示第n辆车与第$n+1$辆车的车距，l_{veh}、v_{max}、v_n^{safe}和v_n^{random}分别为车辆的长度、最大车速、安全车速和随机慢化车速。

除了更新方式外，要完成模型的数值模拟还必须确定边界条件。在交通流理论研究中，元胞自动机模型的边界条件通常有两种：①周期性边界（periodical boundary）条件；②开口边界（open boundary）条件。下面我们分别对这两种边界条件进行简要介绍。

（1）周期性边界条件：在每次更新结束后，我们要检测车道上头车的位置x_{lead}，如果$x_{lead} > L_{road}$，那么这辆车将从道路的另一端进入系统，变为道路上的尾车，并且$x_{last} = x_{lead} - L_{road}$，$v_{last} = v_{lead}$。这里$x_{lead}$、$x_{last}$、$v_{lead}$、$v_{last}$分别表示道路上头车和尾车的位置与速度，$L_{road}$表示所研究的道路系统的长度。

（2）开口边界条件：假设道路最左边的元胞对应于$x=1$，在$t \to t+1$过程中，当道路上的车辆更新完成后，检测道路上头车和尾车的位置 x_{lead} 和 x_{last}。如果 $x_{\text{last}} > v_{\text{max}}$，则一辆速度为 v_{max} 的车将以概率 α 进入元胞 $\min[x_{\text{last}} - v_{\text{max}}, v_{\text{max}}]$。在道路的出口处，如果 $x_{\text{lead}} > L_{\text{road}}$，那么道路上的头车以概率 β 驶出路段，而紧跟其后的第二辆车成为新的头车。

NS 模型能够再现孤立波、幽灵堵塞、时走时停（Schreckenberg et al., 1995）和同步交通等交通流的基本现象，作为 NS 模型的一种简化，日本学者 Fukui 和 Ishibashi 在 1996 年提出了一个新的一维交通流模型（FI 模型）。FI 模型将状态更新的第一步（即加速过程）修改为：若车辆速度尚未达到最大速度 v_{max}，则可以直接增加到最大速度 v_{max}，而不论原速度是多少；将第三步（随机慢化过程）修改为：获得最大速度 v_{max} 的车以概率 p 慢化为次最大速度 $v_{\text{max}} - 1$，其他未达到最大速度的车则保持原速度不变。当最大速度 $v_{\text{max}} = 1$ 时，这一模型的规则与 NS 模型的规则完全相同。

8. 基于出行行为的路径诱导研究概述

近年来，随着对智能交通系统研究的不断深入和快速发展，ATIS（杨晓光，2004；Lin et al., 2017；Dotoli et al., 2017），特别是路径诱导系统（route guidance systems，RGS）（Tsuji et al., 1985；Lujak et al., 2015）引起了越来越多交通工程师和研究人员的注意。利用现代通信技术、信息技术等多种高科技手段组成的智能交通系统，为交通管理提供实时有效的管理方案与控制策略，而出行者可依据所获得的各种交通信息，根据不同的价值准则选择出行线路，使交通流在不同道路空间分配以达到自身出行目的，驾驶员对路网状态、诱导信息的反应将直接影响管理者控制、诱导方案的实践效果。RGS 通过推荐行驶路线来帮助驾驶员作出择路决策，以充分利用现有的道路网络资源，缩短个体出行时间，从而起到缓解交通拥堵的目的。因此，如何将交通信息与出行者反应有机结合起来是近年来的研究重点。

1）一日内出行行为研究概述

出行者在出行决策过程中必定要受到个体静态特征的影响，如个体的性别、年龄、出行习惯、风险态度等因素。同时，在 ATIS 条件下，出行者的决策要受到 ATIS 信息的影响，如 ATIS 信息的发布方式、信息内容、信息质量以及 ATIS 的市场渗透率等。出行者在 ATIS 作用下，根据个体特征不断作出出行决策，推动着交通系统的不断演化，交通系统性能的改善也取决于出行者的行为反应。ATIS 通过将当前交通条件的实时信息发布在信息板上，诱导出行者选择路径来降低他们的出行时间，提高路网的利用效率和服务能力。ATIS 如何提供有效的路网信息是近年来的研究热点，交通信息虽然改变了当前的交通拥堵状况，但又会诱发新的交通需求,产生新一轮的交通拥堵(黄海军,1994)。当面对多条路径选择机会时,出行者根据诱导信息作出出行决策。Wahle 等(2000)首先在一个只有两条路径的简单路网上模拟了人们借助可变信息的路径选择行为,借助浮动车(floating cars, FC)将可变信息发布在信息板上,出行者通过选择较短的行驶时间来作出路径选择决策。由于时间反馈策略存在一定的滞后性,系统存在较大的振荡。随后,Lee 等(2001)、付传技等(2006)进一步研究了平均速度反馈策略的可能性,将即时平均速度发布在可变信息板上,动态车依据发布信息作出路径选择决策,研究结果表明,将即时平均速度作为发布信息比行驶时间具有明显的优势。Wahle 等(2002)将每一个驾驶者作为 multi-agent model 中的一个 agent,并运用到具体的路径选择情景中,研究了动态信息对交通系统的影响。付传技等(2006)在选择路径时引入了智能择路机制,发现机械地利用不好的反馈信息,系统将会存在很大的振荡,智能地利用反馈信息可以提高系统的利用效率。Wang 等(2005)还提出了更加有效的拥挤系数反馈策略。Zhao 等(2015)提出,为了避免 ATIS 准确信息对出行者出行决策所产生的负面效应,应设定有限理性阈值来提高系统的整体效率。

智能交通系统可以实时反馈路况信息,诱导出行者选择路径,但如果出行者过度依赖信息,信息的发布可能会造成出行者聚集,造成系统振荡,甚至出现信息过度和集中现象。由于出行个体是有意识的,具有智能的实体,出行者接受信息的程度以及信息的数量和质量会影响路径选择的结果,完全服从诱导信息反而不利于顺利出行。理解个体出行行为对设计 ATIS 是非常关键的。然而,出行者对信息的反应仍然没有得到彻底的回答。当出行者面对太多信息时就会出现信息过饱和现象,出行者需要处理大量信息,因此他们将趋向于采用简单的探索法解决问题。面对信息,出行者也可能作出过度反应行为,从而造成系统振荡。因此,在交通预测当中应当考虑出行者的行为,从而使发布信息更加合理。

2)日常路径出行行为研究概述

日常路径选择是一个有许多参与者的长期的非合作博弈过程,巨量的交通个体可以通过获得新的路网信息,不断更新对路网的认识,进而依据与自身行为禀赋有关的择路原则调整出行路线。交通系统具有很强的社会属性,单个出行者作出的决策并非是独立的,尽管出行者并没有明确进行交流,但整个系统却呈现出明确的合作过程。在 ATIS 条件下,出行者对备选方案的属性的认知主要有两个途径:历史经验和 ATIS 信息,出行者在这个过程中表现出来的认知行为是一种"学习行为"。出行者的历史经验是出行者以前多次出行对网络的感知和认识形成的。历史经验可以看作内在信息,而信息服务系统的信息是外在信息。前者随出行者对路网的熟悉程度而不同,后者随出行者获得信息的能力而不同。在没有诱导系统支持的情况下，路网信息不对外发布，出行者不知道当天别人的择路情况，但可以根据自己过去选择多条路径的历史经验来作出判断，也就是根据自己的长期观察来积累经验，建立一种路径更新规则，不断调整自己的路径，最后可能使系统达到用户均衡（黄海军，1994）或"准用户均衡"状态。针对只有两条路径的简单路网，Selten等（2007）以18个波恩大学的学生为实验对象进行了路径选择行为实验，利用非合作博弈方法将实验结果与路网平衡的解析结果进行对比分析，分析了局中人的四种行为策略。Klügl 和 Bazzan（2003）运用简单的自适应更新规则研究了日常路径选择行为及交通预测的效果，进一步研究了出行者在日常路径选择中的学习能力，结果表明路网的流量分布可以收敛到用户均衡状态。在 ATIS 支持下，Bazzan 和 Klügl（2005）进一步考虑司机忽视和接受信息的概率以及信息提供的类型，对 Brase 诡异现象进行了模拟。Liu 和 Huang（2007）使用基于 multi-agent 的模拟仿真系统 SeSAm 研究了发布信息与不发布信息情况下的路径更新规则，结果表明，发布信息情况下路径流能演化到 Logit 随机用户均衡状态，如果仅仅依靠出行者的感知经验和学习能力也能使系统达到稳定平衡态，但演化效率却是较低的。

  Adler 等（1994）利用 FASTCARS（freeway and arterial street traffic conflict arousal and resolution simulation，快速路和主干道交通冲突产生和解决模拟器）研究了交通网络的熟悉程度对出行者路径选择行为的影响，通过仿真系统 FASTCARS 从27个参加者中收集数据，发现越是没有使用过信息系统经历的出行者越愿意接受交通信息。Lotan（1997）应用 ART（approximate reasoning for transportation，交通的近似推理）模型和 RUM（random utility model，随机效用模型），研究了对网络熟悉程度不同的出行者的路径选择行为。Horowitz（1984）首先针对出行者在路径选择过程中的学习行为进行了研究，假设出行者将通过对以前时段内出行成本的加权平均来计算出本次出行的平均感知出行成本（mean perceived travel cost），该平均感知出行成本将作为路径选择的依据。但在他的研究中未考虑出行时间的变动性以及出行信息的影响。Adler（2001）将出行者随机分成四组，每一组的信息服务水平都不同，要求他们在一个特定的起讫（OD）对间完成 15 次旅行，来观察他们对信息作出的反应。结果表明，对不熟悉路网的出行者来说，接受路径诱导和交通信息都可以得到明显的短期利益。然而，当出行者熟悉路网后，使用交通信息比接受路径诱导显示出更多的优越性，能使出行者获得更多空间信息。而 Rossetti 和 Liu（2005）通过一个实际的多智能体仿真模型评价了出行者对先前路径信息的反应。出行者由一组自治个体组成，出行需求由每位出行者的出行路线和出发时间决定，通过将先前路径信息发布给所有出行者来观察其集计行为。仿真结果表明，系统受到外生信息的影响，尤其是需求构成和网络拓扑结构的影响。熊轶等（2003）则认为实时的交通信息和出行者的经验信息构成了出行者的信息集合。根据出行者对交通信息的态度将出行者分为信任乐观者和悲观怀疑者：信任乐观者将选择信息集合中的最小值，悲观怀疑者将选择最大值作为路径选择依据。张玺等（2013）将出行者经验积累过程引入ATIS作用下的认知更新过程，并设置路网系统的路径流量作为随机变量，提出了一个基于认知更新的随机动态分配模型，证明了该模型产生的路径流量渐近收敛于一个平稳概率分布。度巍等（2013）按照出行者对交通信息的接受程度，将其分为保守和乐观两种类型，通过引入刻画交通流演化的 Logit 动态方程研究了先进交通信息系统下城市网络交通流的动态演化行为。

1.2.2 现有研究中遇到的问题

作为交通系统的微观主体，出行者的心理行为特征是影响路径或方式选择的主要因素之一，从而影响整个交通系统的均衡及演化。（累积）前景理论为不确定环境下的风险决策提供了一个很好的理论框架，能够将出行个体的心理特征融入理论模型当中，国内外学者基于累积前景理论不断检验或改进着出行选择均衡模型。但由于累积前景理论引入交通领域的时间并不太长，故许多交通情景下的微观行为并未获得关注。此外，随着信息技术的不断渗透，人们在出行过程中对于信息的依赖日益增强。然而现有的结合信息反馈策略的交通行为研究主要是在简单路网上实现的，因此，复杂网络结构下，结合个体微观特征和信息反馈策略来研究通勤个体的动态决策行为尚存在许多空间。目前这些方面存在的不足和研究空间主要表现在以下几个方面。

（1）目前基于累积前景理论的研究主要针对一般路网结构下的出行选择均衡模型，未涉及合乘或停车换乘出行方式的考虑。传统的合乘或停车换乘出行研究多是在确定的出行场景下展开的。而现实中的交通出行环境具有不确定性，极大地影响着通勤个体的方式选择，这一点不可忽略，因而研究不确定出行环境下的合乘或停车换乘出行均衡选择非常符合现实需要。

（2）出行者对出行时间的估计通常带有模糊认识而难以做到准确表达。在出行模糊决策方面，基于if-then准则的模糊逻辑、模糊层次分析法、模糊多属性决策等是当前主要的研究理论基础，那么，尝试以出行时间区间来表达对出行时间属性的模糊认识，在历经实践和检验的累积前景理论框架下建立最优路径选择模型具有非常重要的现实意义。

（3）出行者的习惯偏好、风险态度等有限理性心理行为特征是决定路径选择的主要因素之一，从而影响最终的系统演化均衡。以往研究出行者习惯偏好对路径选择的影响多为实证分析。而日常通勤是反复决策的过程，出行者逐日学习路径实际情况，如路径出行时间的波动、交通管控措施的变更等，其认知在这一过程中不断更新，继而影响决策。对交通系统日常均衡演化的研究，应当考虑出行个体的学习反馈及偏好习惯。因此，模拟路径偏好在路径选择中扮演的角色，并对比不同感知出行时间更新学习机制对流量演化的影响是非常必要的。

（4）拥挤收费作为重要的缓解交通拥堵的策略之一，虽未广泛普及，但在理论和实际中被证明是切实经济有效的。目前拥挤收费理论的研究主要是在确定性的交通网络结构中开展的，因此时间和费用对出行决策的影响在以往研究中多通过线性方式化为同一出行成本，在此基础上进行讨论和分析。但考虑到时间和费用成本之间并非简单的线性关系，因此，结合不确定的交通环境，考虑出行个体的风险偏好等特征，将两者分开，设定时间和费用两维度双参考点，探索有效的动态收费方式，对拥挤收费的实践具有重要的指导意义。

（5）在实际的交通系统中，相比道路上的随机因素而言，由于多条路径之间存在重叠路段而引起的交通拥堵现象更加严重。然而目前对于信息反馈策略的研究工作只是在只有一个起讫需求对，两条并行路径的简单路网上进行模拟，没有考虑网络中存在路径重叠的情形。当多条路径之间共用一条路段时，它们之间将存在相互干扰，很明显，在这种复杂的路网结构下研究信息反馈策略对系统出行效率和个体出行时间的影响能够帮助我们发现现有反馈策略的不足，从而设计出更加合理的信息反馈策略。

（6）在具有 HOT 车道的多种车道混合路网中，在考虑出行者是否愿意选择 HOT 车道作为目标车道这一问题时，在确定是否换道时是通过设计模型来确定的，并没有在实时信息反馈的基础上判断是否换道。当采用实时信息作为出行者是否换道的依据时，很明显，系统发布信息的质量会影响出行者的换道行为，因此，研究不同的信息反馈策略对出行者的换道行为影响是非常有意义的，而关于这方面的研究工作尚未开展。

（7）在日常路径出行行为的研究中，目前的研究中系统提供给出行者的信息均是静态的，通过计算密度或车辆数来获得可能的出行时间，出行者根据获得的信息作出路径选择决策，择路行为均是在静态信息基础上进行的，未考虑反馈真实的实时动态交通信息的情况。然而由于交通系统中存在很多随机的因素，交通条件随时都在发生改变，静态信息显然影响出行者作出正确的路径选择。同时，在发布实时信息作用下，有装置通勤者和无装置通勤者之间的出行效率差异的研究也需要进行进一步探讨和研究。

（8）在现实中，经常存在公交停靠站下游不远处是信号交叉口的情形，如果车辆无法在信号灯周期内及时消散，排队就会向后传播甚至波及公交停靠站，从而影响公交停靠站的正常工作。然而，在对车辆停靠行为进行分析的过程中，之前的工作只简单假设停靠行为是在某个指定的小区域内完成，很显然，现实情形远比这更为复杂。事实上，车辆都是具有智能的实体，往往会提前为停靠做好准备，如果满足换道条件则较早地换入目标车道，从而减少实际停靠时间。因此，对公交停靠站附近的微观停靠行为进一步细化，研究局部微观行为对整个交通系统流量的影响是有必要的。

1.3 本书的主要研究问题和思路

1.3.1 研究目标

本书选题及主要内容是在国家自然科学基金面上项目"路面通行时间不确定下通勤个体出行安排决策行为建模与分析"、国家自然科学基金青年科学基金项目"考虑参考依赖偏好的交通拥挤收费机制优化与福利分析研究"和福建省杰出青年科学基金项目"不确定性作用下出行方式和出发时刻同步决策问题建模、分析和优化"等科研项目的框架中进行的。针对现有的关于出行者出行路径以及方式选择等方面研究的不足，本书综合运用行为科学、微观经济学及交通科学等相关理论，依托理论模型和仿真手段解读微观通勤行为，以求能够更加细致地刻画出行个体的决策行为，透析交通行为的本质，进一步丰富交通运输规划与管理理论，为交通运输管理与控制奠定理论基础。

1.3.2 研究内容

交通系统均衡及演化理论、出行者路径或方式选择行为研究、缓解拥堵的交通政策设计、交通系统动态仿真等内容皆为交通运输规划与管理理论研究的重要分支。作为交通需求的主体，出行个体的决策行为受到其微观行为特征，如风险态度、择路偏好、驾驶习惯等因素的影响。因此，在建模与仿真过程中考虑微观个体的心理特征和行为习惯，将会使理论模型更趋丰富与完善。本书分为建模篇与仿真篇，分别对出行个体的决策行为进行相关分析和模拟。

建模篇中，其一，考虑公路开设 HOV 车道和普通车道，基于累积前景理论和期望效用理论分别建立了不确定出行环境下考虑三类通勤者的合乘出行决策模型；其二，考虑停车换乘出行的不确定通勤场景，分析了累积前景理论下的交通系统均衡状态，以及通勤者选择停车换乘出行对城市中心区的截流作用；其三，进一步探讨了用区间数表示通勤者对出行时间属性具有内在模糊感知，建立了基于累积前景理论的择路模型；其四，以累积前景理论为框架，分别考虑出行时间和费用两个动态参考点，对出行者日常路径选择行为进行了建模分析；其五，基于 Dogit 模型，考虑出行者路径偏好，构建了不确定环境下的日常出行路径选择模型。

其主要研究内容如下。

第 2 章在累积前景理论的决策框架下开展了合乘出行均衡选择行为研究。在开设有 HOV 车道的高速公路出行场景中，假设公路出行时间随机项服从某一离散型分布，考虑具有相同时间价值的通勤者，分别建立三类通勤者的出行费用函数，讨论通勤者选择单独驾车还是合乘出行的条件，将期望通勤费用和通勤时间作为参考点设置的依据，得出了类似于 Wardrop 用户均衡的条件。最后在数值算例中比较了期望效用理论和累积前景理论决策框架下的用户均衡结果，并对单独驾车者比例参数、公路通行能力和参考点、风险态度偏好、损失规避系数等个体偏好参数进行了敏感性分析。

第 3 章考虑停车换乘出行的不确定通勤场景，与第 2 章不同的是，假设公路出行时间变量服从某一连续型随机正态分布，换乘地铁则能保证出行时间是确定的，随后建立通勤者总出行费用函数，推导出 CPV 的定义，讨论基于累积前景理论的用户均衡条件并设计均衡求解算法，进而在新的理论框架下对通勤总需求、公路风险系数、地铁票价、停车费和个体偏好参数等进行敏感性分析，基于累积前景理论考察 P&R 通勤出行方式对 CBD 的截流作用以及通勤者感知价值的变化。

第 4 章考虑现实中的通勤者往往对路径出行时间具有模糊感知，以出行时间区间来描述感知的路径可能出行时间，建立了考虑一个心理参考点的综合价值函数，并进一步分析了出行者日常通勤时考虑两个心理参考点的情形，给出了基于 CPV 的择路模型。最后在所构建的模型基础上，设置了两个出行场景以计算最优路径结果，并对参考点进行了敏感性分析。

第 5 章考虑动态双参考点的多用户网络均衡与演化。以累积前景理论为框架，假设出行者存在时间和费用两个维度的参考点，其中，时间参考点由出行者以往的出行经验累积和风险态度决定，费用参考点与出行者意愿支付费用以及相应节省的时间有关，参考点随着感知出行时间变化逐日动态更新并且因人而异。基于此，引入基于试错法的动态收费，研究了出行者与路面出行情况双向反馈下的均衡演化，对比分析了不同时间价值以及不同时间前景值和费用前景值权重的用户路径选择的不同。

第 6 章基于 Dogit 模型构建了考虑个体偏好的日常出行决策模型。选择改进 MNL 模型的 Dogit 模型作为随机选择模型，模型新增的参数解释为个体路径偏好。考虑两种类型的出行者感知出行时间学习更新模式：基于传统的指数平滑法以及基于峰终定理的学习更新模式,前者注重逐日经验的累积,而后者关注极端情况对决策者的影响。在此基础上,研究静态和动态路径偏好形成对均衡的影响并对比不同学习机制下出行者不同的路径选择。最后,引入基于试错法的动态收费机制,分析交通流和费用的演化情况以及探讨不同习惯偏好和不同时间价值用户路径选择行为的差异性。

仿真篇中,首先借助一个含重叠路段的路网,采用无信号控制方式在时间反馈策略和平均速度反馈策略下对个体择路行为进行模拟仿真,在此基础上,采用信号控制方式,比较四种信息反馈策略,即时间反馈策略、基于个体目的的平均速度反馈策略、基于系统目的的平均速度反馈策略和拥挤系数反馈策略在系统利用效率和用户公平性方面产生的效果。其次在具有 HOT 专用车道的多车道混合路网中,探讨信息反馈策略对出行者换道行为的影响。并通过反馈实时动态信息和给定个体学习规则,对日常路径选择行为的演化过程进行刻画。最后基于元胞自动机模型,详细刻画车辆在停靠站附近的局部换道和停靠行为,对双车道混合交通流进行模拟研究。

其主要研究内容如下。

第 7 章借助含重叠路段的路网,首先采用无信号控制方式在时间反馈策略和平均速度反馈策略下对个体择路行为进行模拟仿真。其次采用信号控制方式,在前面研究工作的基础上,比较四种反馈策略,即时间反馈策略、基于个体目的的平均速度反馈策略、基于系统目的的平均速度反馈策略和拥挤系数反馈策略在系统利用效率和用户公平性方面的差异,并进一步研究用户类别与信息反馈策略的关系。

第 8 章在具有 HOT 专用车道的多车道混合路网中,通过引入一种基于指数分布的动态实时收费策略,将 HOT 车道与普通车道上的行驶时间差与收费结合起来,分析不同的信息反馈策略对出行者微观换道行为的影响。

第 9 章基于动态实时反馈信息对日常路径出行的演化过程进行模拟,用户分为有装置通勤者和无装置通勤者两类,两类通勤者采用不同的方式获取路径理解时间,在时间反馈策略和平均速度反馈策略下,对比分析两类通勤者的行驶时间差距与总出行需求、对昨天信息依赖程度和市场渗透率的关系。

第 10 章考虑交叉口和公交停靠站的组合配置情景,基于元胞自动机模型,在开放边界条件下对双车道混合交通流的局部车辆换道和停靠行为进行细化,并模拟研究需求变化和公交比例变化对整个交通系统的影响。

最后是结论与展望,总结本书的主要研究结论,以及阐述对未来研究的展望。

本书的结构安排见图 1-3。

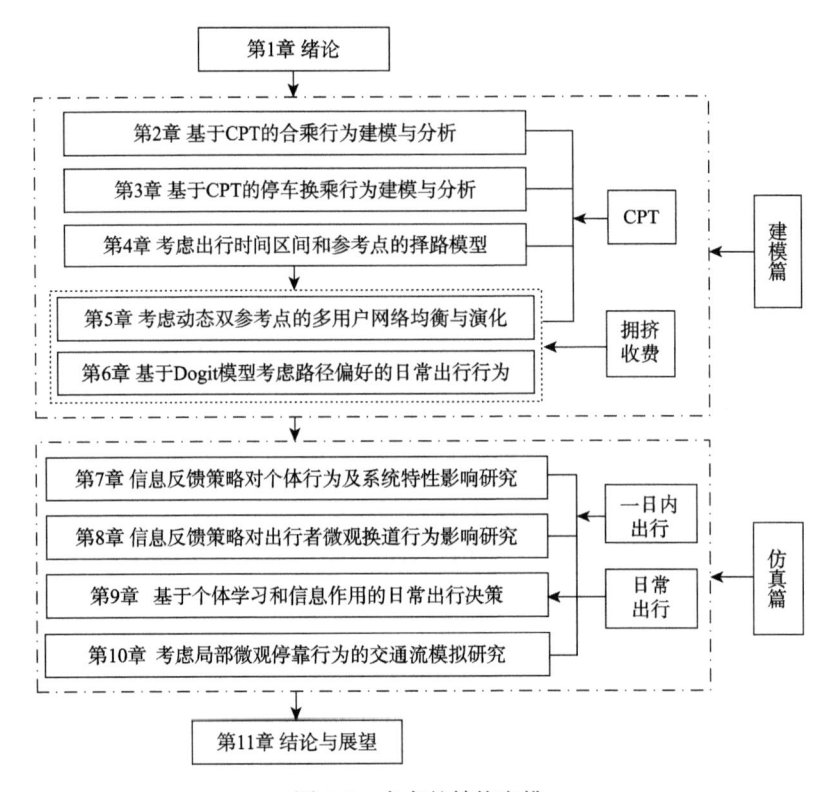

```
                    ┌──────────────┐
                    │  第1章 绪论   │
                    └──────┬───────┘
        ┌──────────────────┼────────────────────┐
        │  第2章 基于CPT的合乘行为建模与分析    │──┐
        │  第3章 基于CPT的停车换乘行为建模与分析│──┤ CPT    ┐
        │  第4章 考虑出行时间区间和参考点的择路模型│      │
        │       ┌────────────────────────────┐    │       │ 建模篇
        │       │ 第5章 考虑动态双参考点的多用户网络均衡与演化 │── 拥挤收费│
        │       │ 第6章 基于Dogit模型考虑路径偏好的日常出行行为│      │
        │       └────────────────────────────┘    │       ┘
        └──────────────────┬────────────────────┘
        ┌──────────────────┼────────────────────┐
        │ 第7章 信息反馈策略对个体行为及系统特性影响研究│──┐        ┐
        │ 第8章 信息反馈策略对出行者微观换道行为影响研究│── 一日内出行│
        │ 第9章 基于个体学习和信息作用的日常出行决策  │──┐        │ 仿真篇
        │ 第10章 考虑局部微观停靠行为的交通流模拟研究 │── 日常出行 │
        └──────────────────┬────────────────────┘        ┘
                    ┌──────┴───────┐
                    │第11章 结论与展望│
                    └──────────────┘
```

图 1-3 本书的结构安排

第一篇 建 模

第 2 章　基于 CPT 的合乘行为建模与分析

通勤出行是城市居民最基本和最重要的行为之一。面对各种出行方式，通勤者究竟倾向于选择哪种方式出行，取决于使用这些不同的出行方式各自所产生的成本。近年来，随着停车难以及停车收费高昂等问题变得日益普遍，上下班合乘出行已经成为一种生活常态。合乘者不仅可以共同分担燃油费和停车费，在设有 HOV 专用车道的城市，在高峰期还拥有使用 HOV 车道的特权。政府管理者也希望通过鼓励合乘从而缓解日益严峻的交通拥堵，改善空气质量。互联网技术的快速发展，也使通勤者可以在"拼车网"上快速、准确地找到匹配信息，迅速达成合乘意愿，这进一步刺激了合乘行为的增加，合乘出行正逐渐成为城市高峰期通勤出行的重要手段和方式。

关于合乘行为的交通模型大部分是在确定性网络中开展的，而现实生活中的交通网络是随机网络，通常具有不确定性。传统的做法是假设出行者是完全理性的，采用期望效用理论或随机效用理论研究不确定性条件下的个体决策行为。实际上，面对众多的随机因素，人们的判断和决策选择并非总是完全理性的，而是受到个人风险认知、习惯偏好、风险敏感程度等影响而表现出有限理性的特征。个体的心理认知等微观特征因素如何影响出行决策一直是一个令人着迷又充满困惑的话题。然而关于个体微观特征是否会影响通勤者的合乘行为以及合乘后的路径选择方面的研究几乎没有，而合乘行为的普遍存在又急需理论数据来支持和帮助政府管理者进行决策。基于这一考虑，在一个存在 HOV 车道的交通道路系统中，本章将基于累积前景理论对高峰期通勤行为进行建模，考察在具有 HOV 车道的交通系统中通勤者的出行方式和路径选择问题，并进一步探讨个体偏好等微观特征参数如何影响通勤者的出行决策。

2.1 合乘与 HOV 车道

在治理道路拥挤这一方面，单靠扩建道路以增加供给的方法已经行不通了。随着经济的高速发展，居民收入水平的逐渐提高，私家车数量的增长速度远远超过了道路的建设速度，由此带来道路交通密度过高的问题。此外，由于我国人口基数过大，尽管政府部门提供公共交通资源的数量在逐年增长的转移部分私家车出行需求，但仍显不足。与国外发达城市出行主要依赖轨道交通不同，国内一线城市居民出行对地面交通的依赖程度更高[①]。鉴于此，应寻找其他的交通需求管理措施。例如，开设 HOV 车道促进合乘出行以提高道路资源利用率从而缓解道路拥挤。

HOV 即高承载率车，指乘客数至少为两人的车辆。HOV 概念最初起源于 20 世纪 60 年代末的北美，由公共汽车专用道演化而来。20 世纪 70 年代开始，美国新泽西州、弗吉尼亚州、洛杉矶等地方均设置了 HOV 车道，通常路面附有钻石标志，即专门供 HOV 车辆行驶的车道，旨在减少交通流量、提高通行能力的 HOV 车道由此得到了快速发展。具体而言，通过 HOV 车道合乘出行具有以下优点：高峰期在有限道路资源条件下输送更多的通勤者出行，进而减少车辆对有限道路资源的竞争；提高车辆行驶速度从而减少通勤者的出行时间和货币成本；未来如果对车道的需求增加，保留发展空间以将 HOV 车道转化为普通车道；减少汽车尾气排放；等等。

在美国，为促进合乘出行的拼车网站盛行，国内近些年也涌现出许多拼车网站，然而 HOV 车道在国内尚不普及。

2.2 累积前景理论

前景理论是由 Kahneman 和 Tversky 通过修正主观期望效用理论发展而来的，它假设不确定决策过程分为编辑和评价两个阶段。在编辑阶段，个体凭借"描述框架""参考点"等采集和处理信息。在评价阶段依赖价值函数和主观概率的权重函数对信息予以判断，或者说，人们以编辑后的结果为依据，按照一定的决策规则作出最终选择，即利用价值函数 $v(\cdot)$ 和决策权重函数 $\pi(\cdot)$ 进行相应计算并选择 CPV 最大的方案。

---

① 地面交通依赖度=地面交通出行占比/轨道交通出行占比，数值越高说明越依赖地面交通。

参考点是前景理论的一个重要参数，衡量决策者的心理预期。前景理论最初应用在经济学的赌博/股票投资领域，设置参考点后对投资方案判定可能是"收益"或是"损失"。例如，有学者认为参考点应设置等于股票刚买入时的价格；也有学者认为应等于所买入股票未来获益时的预期价格而不是刚买入时的价格；如果再把时间因素考虑进来，由于股票价格会随着时间的流逝而波动，那么应设置投资参考点等于刚买入时的价格和未来预期价格之间。心理上的"收益"或"损失"是相对于参考点而言的，假设刚买入时的股票单位价格是 10 元。如果设定 10 元为参考点，那么在未来时期如果抛售的价格是大于 10 元的，投资者心理感知"收益"，小于 10 元则为"损失"，抛售价刚好 10 元则为中性的结果；如果设定 12 元为参考点，那么在未来时期如果抛售的价格是大于 12 元的，投资者心理感知"收益"，小于 12 元则为"损失"，抛售价刚好 12 元则为中性的结果，即使大于刚买入时的 10 元价格。此外，参考点应该是依赖于决策情境的，决策者会根据参与情境灵活调整其参考点。

确定参考点之后，价值函数反映了"收益"或"损失"结果与决策者主观满足大小之间的函数关系。先考虑一个参考点情形下的价值函数。与假设决策者是风险中立的期望效用函数相比，价值函数 $v(x)$ 呈现 S 形（图 2-1），一个明显特征是价值函数曲线存在一个拐点，即参考点，"收益"或"损失"是相对于参考点的主观结果。在"收益"区域，价值函数曲线表现出凹性特征，而在"损失"区域，则表现出凸性特征，表明"面临损失时，决策者表现出风险寻求；面临收益时，决策者表现出风险规避"；越往两端延伸，曲线斜率越小，体现出"边际递减规律"。此外，价值函数曲线在拐点处附近的损失区域更为陡峭的特征体现决策者通常对"损失"更为敏感的事实。

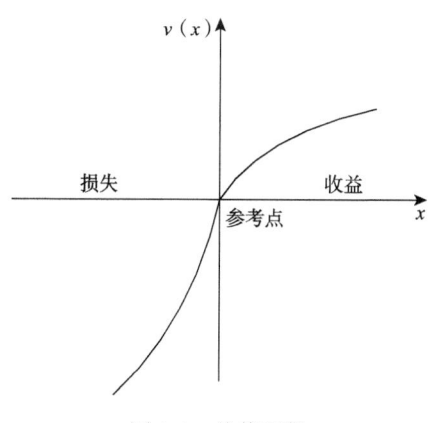

图 2-1 价值函数

根据以上描述，价值函数通常被定义为

$$v(x) = \begin{cases} (x - x_0)^\alpha, & x \geqslant x_0 \\ -\lambda (x_0 - x)^\beta, & x < x_0 \end{cases} \quad (2-1)$$

式（2-1）由 Tversky 和 Kahneman 提出，其中，x_0 为决策者的参考点；α、β（$0 < \alpha \leqslant 1$，$0 < \beta \leqslant 1$）为风险敏感系数，衡量在"损失"或"收益"区域远离参考点 x_0 的敏感性递减程度，当 $\alpha = 1$ 时，表示决策者对待决策事件持有风险中立的态度。λ（$\lambda > 1$）衡量损失规避程度，越大则意味着对等量损失越敏感，损失规避程度越大。式（2-1）参数经由 Tversky 和 Kahneman 标定，为 $\alpha = \beta = 0.88$，$\lambda = 2.25$。

期望效用理论直接应用概率值来计算期望效用值，而在前景理论中，概率权重函数值"代替"了概率值。概率权重函数是一个严格单调递增的函数，在概率等于 0 或 1 时具有不连续性。Tversky 和 Kahneman 提出了在面临"收益"或"损失"时的概率权重函数计算公式，具体如下：

当面临"收益"时

$$w^+(p) = \frac{p^\gamma}{\left[p^\gamma + (1-p)^\gamma\right]^{1/\gamma}} \quad (2-2)$$

当面临"损失"时

$$w^-(p) = \frac{p^\delta}{\left[p^\delta + (1-p)^\delta\right]^{1/\delta}} \quad (2-3)$$

其中，$w^+(0) = w^-(0) = 0$，$w^+(1) = w^-(1) = 1$。γ、δ 反映概率权重函数曲线的曲率。p 为结果可能发生概率，$w^+(p)$、$w^-(p)$ 分别对应面临"收益"和"损失"时的主观感知概率。从图 2-2 中可以发现，概率权重函数呈现出倒 S 形，体现了大部分决策者总是高估小概率事件 [$w(p) > p$]，低估中概率和高概率事件 [$w(p) < p$] 的特性。

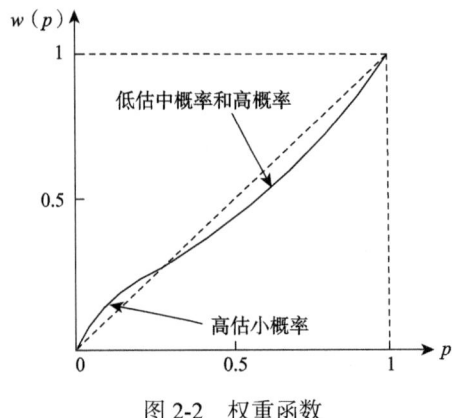

图 2-2 权重函数

与前景理论相比，累积前景理论的贡献在于采用累积概率权重而不是单个的概率权重，因此可用于描述无限甚至连续的备选方案情形。假设某一不确定的备选方案 ϕ 由一系列组合 (x_i, p_i) 构成，且 $-m \leqslant i \leqslant n$。为简单起见，令结果 x_i 按照递增的方式排序。正的下标用来表示正的可能结果，负的下标用来表示负的可能结果，0 表示中性的可能结果。那么决策权重 π_i^+ 和 π_i^- 可以表示为

$$\pi_i^+ = w^+(p_i + \cdots + p_n) - w^+(p_{i+1} + \cdots + p_n), 0 \leqslant i < n \text{ 且 } \pi_n^+ = w^+(p_n) \quad (2\text{-}4)$$

$$\pi_i^- = w^-(p_{-m} + \cdots + p_i) - w^-(p_{-m} + \cdots + p_{i-1}), -m < i \leqslant 0 \text{ 且 } \pi_{-m}^- = w^-(p_{-m}) \quad (2\text{-}5)$$

其中，p_i 表示第 i 种情形发生时对应的概率值；p_n 表示第 n 种"收益"的情形对应的概率值；p_m 表示第 m 种"损失"的情形对应的概率值；π_i^+ 和 π_i^- 分别表示面临"收益"和"损失"时的累积决策权重函数。可以这样来理解 π_i^+ 和 π_i^-：相对于第 i 种情形的结果，至少跟 i 一样好（差）的结果发生概率累加后转化的概率权重减去严格比 i 好（差）的结果发生概率累加后转化的概率权重。经由 Tversky 和 Kahneman 标定，式（2-4）和式（2-5）中，$\gamma = 0.61$，$\delta = 0.69$。

根据以上描述，在确定了参考点、价值函数 $v(x)$ 以及概率权重函数 $w(p)$，进而决策权重函数 $\pi(\cdot)$ 后，就可以计算 CPV。假设 Z 为决策者的心理状态集合，$z(\forall z \in Z)$ 表示某一种心理状态，R 表示结果的集合，即决策者做决策的所有可能的各种发生结果的集合，也就是可能的"收益"或"损失"结果。定义一个函数 h，$h: Z \to R$ 表示从心理状态到可能发生结果的映射。那么，基于累积前景理论，有以下计算公式成立：

$$h^+(z) = \begin{cases} h(z), & h(z) > 0 \\ 0, & h(z) \leqslant 0 \end{cases}$$
$$h^-(z) = \begin{cases} h(z), & h(z) \leqslant 0 \\ 0, & h(z) > 0 \end{cases} \quad (2\text{-}6)$$

进一步，CPV 可表示为

$$\text{CPV}(h) = \text{CPV}(h^+) + \text{CPV}(h^-) \quad (2\text{-}7)$$

$$\text{CPV}(h^+) = \sum_{i=1}^{n} \pi_i^+ v(x_i), \text{CPV}(h^-) = \sum_{i=-m}^{0} \pi_i^- v(x_i) \quad (2\text{-}8)$$

其中，CPV(h) 表示整体的累积前景值；CPV(h^+) 表示"收益"部分的累积前景值；CPV(h^-) 表示"损失"部分的累积前景值。

2.3 基于 CPT 考虑 HOV 车道的合乘出行模型

2.3.1 模型描述

在每个工作日的早高峰期，有一定数量的具有相同时间价值的通勤者需要驾驶小汽车通过一条连接居住地和 CBD 工作地的多车道高速公路去上班（图 2-3）。存在两种可能的出行方式：单独驾车出行，或与另一位通勤者合乘出行。为简单起见，这里只考虑两人合乘的情况，合乘人数增加势必导致合乘组合成本也相应增加，两人合乘的情况在现实生活中具有较高的普遍性。组合成本涉及因合乘而产生的各类成本，包括达成合乘意愿所花费的时间成本、因不可预测的相互等待而产生的时间成本、合乘导致的私人空间缺失所产生的成本，以及行程不便利产生的成本等。如果高速公路的车道是不加以区分的，那么就不存在出行路径选择的问题，出行者只需根据单独驾车或合乘出行所产生的成本去选择相应的出行方式。设 f 为一次出行产生的燃油消耗成本，a 为组成一次合乘而产生的组合成本。对于通勤者来说，到底选择单独驾车还是合乘出行，取决于 f 与 a 的大小，有三种可能的情形：①如果 $a > f$，所有的出行者全部选择单独驾车出行；②如果 $a < f$，所有的出行者全部选择合乘出行；③如果 $a = f$，出行者将任意选择合乘出行或单独驾车出行，但选择出行方式的流量不能唯一确定。

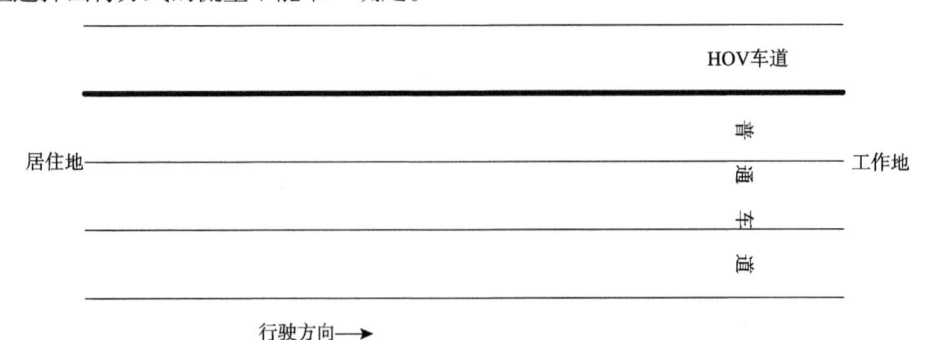

图 2-3 开设有 HOV 车道的多车道高速公路示意图

在现实生活中，政府管理部门为了鼓励合乘行为，减少道路拥挤和尾气排放，通常会为合乘者专门设置一条 HOV 专用车道，只允许合乘者使用。假设存在一条仅允许合乘者使用的 HOV 车道，与普通车道，或称 GP 车道（general purpose lane）共同服务所有的上下班通勤者，那么，高速公路就会被划分为 HOV 车道和 GP 车道，假设两种车道的道路长度相等，两种车道的自由流时间均

为 t_0，HOV 车道和 GP 车道的道路通行能力分别为 C_1 和 C_2，显然，高速公路的道路总通行能力 $C=C_1+C_2$。在这一情形下，对于单独驾车者来说，只能选择 GP 车道，对于合乘者来说，则有两种车道可选，而具体选择哪种车道取决于两种车道上的交通状况。值得注意的是，HOV 车道合乘出行具有这一特点：一方面，如果通勤者选择单独驾车的出行方式，那么他"没得选"，只能选择普通车道的出行路径而不能选择 HOV 车道出行；另一方面，如果通勤者选择 HOV 车道这一出行路径，那么他"没得选"，只能选择合乘出行的出行方式而不能选择单独驾车出行。也就是说，通勤者在这两方面情形下是对出行方式和路径的同时选择，而不是先后选择出行方式或路径。

设总通勤流量为 Q，Q_1 为 HOV 车道上的合乘者数量，Q_2 为 GP 车道上的合乘者数量，Q_3 为 GP 车道上的单独驾车者数量，那么显然有 $Q_1+Q_2+Q_3=Q$ 成立。考虑到交通出行环境是具有不确定性的，为使模型更接近现实情景，假设出行者无论选择 HOV 车道还是 GP 车道通勤出行都会经历一段随机的出行时间，具体的分布通勤者是预先已知的，这主要源于以往的出行经验或先进的出行者信息系统发布的信息。不失一般性，本章中公路出行时间采用 BPR 函数进行计算。综合以上分析，下面引入三类通勤者，即 HOV 车道上的合乘者、GP 车道上的合乘者、GP 车道上的单独驾车者，他们的出行费用函数 G_1、G_2、G_3 如下：

$$G_1 = \varepsilon\left[t_0 + 9\left(\frac{Q_1/2}{C_1}\right)^4 + t_1'\right] + \frac{f+a}{2} \qquad (2\text{-}9)$$

$$G_2 = \varepsilon\left[t_0 + 9\left(\frac{Q_2/2+Q_3}{C_2}\right)^4 + t_2'\right] + \frac{f+a}{2} \qquad (2\text{-}10)$$

$$G_3 = \varepsilon\left[t_0 + 9\left(\frac{Q_2/2+Q_3}{C_2}\right)^4 + t_2'\right] + f \qquad (2\text{-}11)$$

由式（2-9）~式（2-11）可以看出，三类通勤者的出行费用都包括出行时间成本和货币成本。其中，t_1' 与 t_2' 分别为 HOV 车道和 GP 车道上离散的随机出行时间。注意到，由于只考虑两人合乘的情况，当合乘者数量为 Q_1 或 Q_2 时，合乘车辆数分别为 $Q_1/2$ 或 $Q_2/2$。由于 HOV 车道仅为合乘者服务，车道上的流量为 $Q_1/2$；而 GP 车道可为合乘者和单独驾车者服务，车道上的流量为 $(Q_2/2+Q_3)$。

2.3.2 参考点设置

面对不确定的出行环境，为了避免不确定的出行时间可能导致的损失，以往的文献一般假设出行者会预留一个出行时间预算，在此基础上进行出行决策。然而在实际出行中，通勤者的总出行成本除了时间成本，还包含通勤费用，如停车费、燃油费或路桥通行费等。基于这一考虑，这里采用基于期望通勤时间 T_{Desired} 和期望通勤费用 l_{Desired} 组成的期望出行费用作为通勤者的参考点：

$$x_0 = \varepsilon T_{\text{Desired}} + l_{\text{Desired}} \quad (2\text{-}12)$$

其中，ε 为时间价值系数，为接近现实数据，取 $\varepsilon = S/(8 \cdot 30 \cdot 60)$，$S$ 为每月平均工资，按平均每日工作 8 小时，每月 30 个工作日计算。

2.3.3 均衡条件

按照 Wardrop 提出的用户均衡思路，在期望效用理论框架下，当道路网络中没有一个用户能够通过单方面改变其出行方式或路径选择来降低期望出行成本时，达到用户均衡状态。在累积前景理论框架下，通勤者通过将式（2-9）~式（2-11）中的出行费用与参考点作比较，按照"收益"或"损失"的判断结果根据式（2-1）~式（2-8）进行计算，通过比较两种出行方式对应不同车道的 CPV，按照 CPV 最大化的原则进行决策。在均衡态中，没有任何一个出行者可以通过单方面改变其出行方式或路径选择来提高自己的 CPV。

2.4 均衡结果与参数敏感性分析

下面通过算例来考察通勤者的个体偏好特征如何影响其出行决策。具体的实验参数设为：总需求 $Q = 250$（人），$t_0 = 10$（分钟），HOV 车道通行能力 $C_1 = 45$（辆/分钟），GP 车道通行能力 $C_2 = 135$（辆/分钟），燃油消耗成本 $f = 6$（元），平均工资 $S = 5\,793$（元），期望通勤时间 $T_{\text{Desired}} = 25$（分钟），期望通勤费用 $l_{\text{Desired}} = 6$（元），因此 $\varepsilon = 0.43$（元/分钟），参考点 $x_0 = 16.75$（元），取 $\alpha = \beta = 0.88$，$\lambda = 2.25$，$\gamma = 0.61$，$\delta = 0.69$。随机项 t_1'、t_2' 具有不同的概率分布，具体数据如表 2-1 所示。

表 2-1 出行时间随机项的概率分布

出行时间随机项	概率分布
t_1'	(2, 5%; 4, 20%; 6, 50%; 7, 20%; 8, 5%)
t_2'	(2, 75%; 6, 10%; 10, 5%; 20, 5%; 30, 5%)

2.4.1 均衡结果分析

接下来对式（2-9）~式（2-11）分 3 种情况来讨论，进而将分别在累积前景理论框架下和期望效用理论框架下对通勤者的出行方式和路径选择结果进行比较，考察不同条件下的用户均衡结果。

（1）当 $a>f$，即 $(f+a)/2>f$ 时，有 $G_2>G_3$，此时合乘者肯定不会选择 GP 车道，因为通勤者选择 GP 车道合乘出行的费用大于通勤者选择 GP 车道单独驾车出行的费用，因此 $Q_2\equiv 0$。模型退化为两类用户的均衡问题，均衡条件可表示为

$$\begin{cases} G_1 = G_{a>f}, Q_1 \geqslant 0 \\ G_2 > G_{a>f}, Q_2 \equiv 0 \\ G_3 = G_{a>f}, Q_3 \geqslant 0 \end{cases} \quad (2-13)$$

其中，$G_{a>f}$ 表示对应 $a>f$ 时的均衡出行费用，取 a 为 7，可计算得基于累积前景理论和基于期望效用理论的均衡结果，如表 2-2 所示。

表 2-2 当 $a>f$ 时基于累积前景理论和基于期望效用理论的均衡结果

基于累积前景理论的均衡结果	基于期望效用理论的均衡结果
$Q_1=99.70$；$Q_2\equiv 0$；$Q_3=150.30$	$Q_1=98.05$；$Q_2\equiv 0$；$Q_3=151.95$
$\mathrm{CPV}_1=\mathrm{CPV}_3=-4.44$	$E[G_1]=E[G_3]=18.70$

表 2-2 中 $E[\cdot]$ 表示期望出行成本，即在期望效用理论框架下考虑离散随机时间后的出行成本。可以发现，累积前景理论框架下的合乘流量均衡结果与期望效用理论下的结果存在差异，这说明通勤者的风险偏好和参考依赖特征确实会影响其出行方式选择。由于组合成本较高，通勤者的 CPV 是负值，感受到的是"损失"。这里，举例说明表 2-2 累积前景值 CPV_1 和期望出行成本 $E[G_1]$ 的计算过程。

当 $Q_1=99.70$ 时，综合随机项 t_1' 的各种可能取值，可计算得 G_1 的可能取值为（17.49，18.35，19.21，19.64，20.07），与参考点 $x_0=16.75$ 作比较后按从大到小的顺序排序，可得差值分别为（–0.74，–1.60，–2.46，–2.89，–3.32）[①]，相应的发生概率分别为（0.05，0.2，0.5，0.2，0.05）。从而，$\phi^-=$（–0.74，0.05；–1.60，0.2；–2.46，0.5；–2.89，0.2；–3.32，0.05）。因此，根据式（2-1）~式（2-8），可得

$$\mathrm{CPV}_1 = \mathrm{CPV}_1^+ + \mathrm{CPV}_1^- = -4.44$$

其中，

[①] 由于涉及的概念是成本，所以差值结果取负数。

$$CPV_1^+ = 0$$

$$\begin{aligned}CPV_1^- = &-\lambda(0.74)^\beta\left[w^-(1)-w^-(0.95)\right]-\lambda(1.60)^\beta\left[w^-(0.95)-w^-(0.75)\right]\\&-\lambda(2.46)^\beta\left[w^-(0.75)-w^-(0.25)\right]-\lambda(2.89)^\beta\left[w^-(0.25)-w^-(0.05)\right]\\&-\lambda(3.32)^\beta w^-(0.05)\end{aligned}$$

当 $Q_1 = 98.05$ 时，综合随机项 t_1' 的各种可能取值，可算得 G_1 的可能取值为 (17.11, 17.97, 18.83, 19.26, 19.69)，那么

$$E[G_1] = 17.11 \times 0.05 + 17.97 \times 0.20 + 18.83 \times 0.50 + 19.26 \times 0.20 + 19.69 \times 0.05$$
$$= 18.70$$

（2）当 $a < f$，即 $(f+a)/2 < f$ 时，有 $G_2 < G_3$，通勤者选择 GP 车道合乘出行的出行费用总是低于通勤者选择 GP 车道单独驾车出行的费用，此时没有通勤者选择单独驾车出行，因此 $Q_3 \equiv 0$。合乘者将根据 HOV 车道和 GP 车道对应的成本选择相应的车道出行，同样可退化为两类用户的均衡问题，均衡条件可表示为

$$\begin{cases}G_1 = G_{a<f}, Q_1 \geqslant 0\\G_2 = G_{a<f}, Q_2 \geqslant 0\\G_3 > G_{a<f}, Q_3 \equiv 0\end{cases} \quad (2\text{-}14)$$

其中，$G_{a<f}$ 表示对应 $a<f$ 时的均衡出行费用，取 a 为 5，可计算得基于累积前景理论和基于期望效用理论的均衡结果，如表 2-3 所示。

表 2-3 当 $a < f$ 时基于累积前景理论和基于期望效用理论的均衡结果

基于累积前景理论的均衡结果	基于期望效用理论的均衡结果
$Q_1 = 84.31$；$Q_2 = 165.69$；$Q_3 \equiv 0$	$Q_1 = 58.95$；$Q_2 = 191.05$；$Q_3 \equiv 0$
$CPV_1 = CPV_2 = 1.39$	$E[G_1] = E[G_2] = 12.96$

可以发现，期望效用理论和累积前景理论框架下的流量均衡结果差异非常明显。期望效用理论框架下对通勤者选择 HOV 车道的流量会大大低估，这是由于忽略了通勤者的参考点依赖特性。此外，由于组合成本较低，通勤者的 CPV 是正值，感受到的是"收益"。

（3）当 $a = f$，即 $(f+a)/2 = f$ 时，有 $G_2 = G_3$，通勤者选择 GP 车道合乘出行的出行费用等于通勤者选择 GP 车道单独驾车出行的费用，是关于三类通勤者的均衡问题，在均衡态中，所有通勤者的出行费用相等，但存在多个可能的均衡解，均衡解不唯一。为了便于接下来分析个体偏好如何影响通勤者的出行决策，这里先固定单独驾车者的比例，即设 $Q_3 = \varpi Q$，$\varpi(0 \leqslant \varpi \leqslant 1)$ 为比例参数，研究固定单独驾车者需求时合乘者如何选择出行路径。下面首先研究当 $\varpi = 0.4$，即

$Q_3 =100$ 时的均衡结果。接下来将对比例参数 ϖ 做敏感性分析，探讨 ϖ 的变化如何影响用户均衡结果。

图 2-4 首先在累积前景理论框架下研究了 HOV 车道流量在 $[0,150]$ 区间变化时三类通勤者的 CPV 的变化趋势，其中 GP 车道合乘者与单独驾车者的 CPV 曲线重叠。可以发现，随着 HOV 车道流量的增加，该车道逐渐变得拥挤，合乘者的 CPV 值由平缓下降转为急剧下降，而 GP 车道上通勤者的 CPV 由于道路拥挤逐渐得到缓解而呈现出缓慢增加的趋势。当流量结果为 $Q_1 =93.77$，$Q_2 =56.23$，$Q_3 =100$ 时，三类通勤者达到均衡状态，此时 $CPV_1 = CPV_2 = CPV_3 = -1.19$。这表明政府管理部门开设 HOV 车道后，过度刺激了合乘出行的需求，因此 HOV 车道变得过于拥挤而导致部分合乘用户只能转向 GP 车道，合乘用户此时在出行费用上并不享有绝对优势。

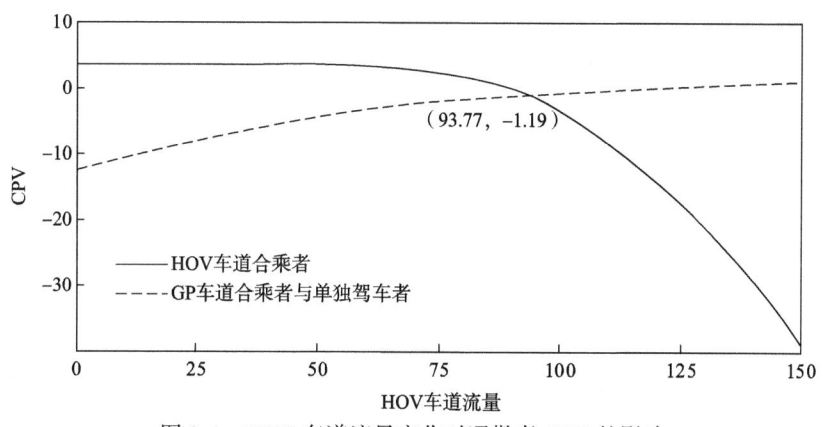

图 2-4 HOV 车道流量变化对通勤者 CPV 的影响

为了验证两种理论框架下的均衡结果是否一致，图 2-5 在期望效用理论框架下给出了当 HOV 车道流量在 $[0,150]$ 变化时三类通勤用户的期望出行成本的变化趋势。类似地，随着 HOV 车道流量增加，HOV 车道通勤者的期望出行成本由平缓上升转为急剧上升，而另外两类通勤者的期望出行成本则缓慢下降。当流量结果为 $Q_1 = 86.26$，$Q_2 = 63.74$，$Q_3 =100$ 时，三类通勤者达到均衡状态，此时期望出行成本为 $E[G_1] = E[G_2] = E[G_3] =16.02$。将这一流量结果，即 $Q_1 = 86.26$，$Q_2 = 63.74$，$Q_3 =100$ 在累积前景理论框架下计算可得 $CPV_1 = 0.65$，$CPV_2 = CPV_3 = -1.53$，显然未实现累积前景理论框架下的 CPV 均衡。进一步与图 2-4 中的流量均衡结果，即 $Q_1 = 93.77$，$Q_2 = 56.23$，$Q_3 =100$ 对比可以发现，期望效用理论框架下会低估通勤者使用 HOV 车道出行的需求。

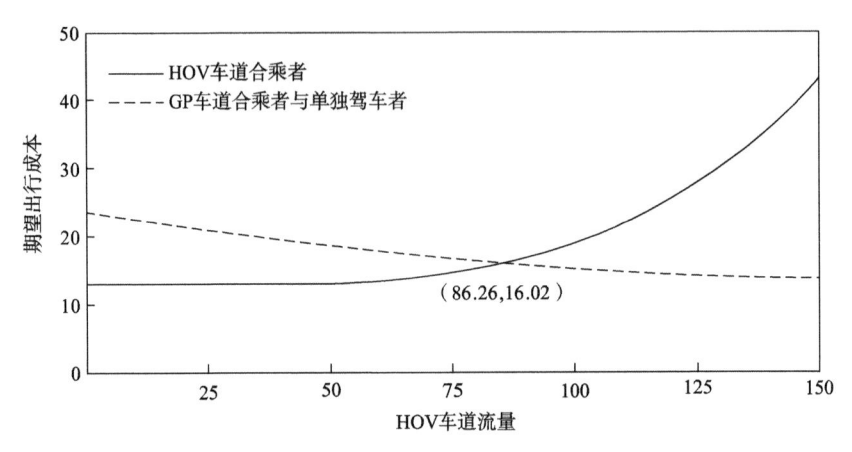

图 2-5　HOV 车道流量变化对通勤者期望出行成本的影响

2.4.2　参数敏感性分析

下面对比例参数 ϖ 进行敏感性分析，图 2-6 中显示了当比例参数 ϖ 从 0 到 1 变化时三类通勤者的均衡流量和均衡 CPV 变化趋势。如图 2-6（a）所示，随着比例参数 ϖ 的增加，即单独驾车者数量不断增多，GP 车道上的合乘者数量逐渐减少，HOV 车道上的合乘者数量缓慢提高，而当 $\varpi>0.596$ 时，合乘者将不再选择 GP 车道，这是因为 GP 车道拥挤程度越来越严重。图 2-6（b）中，当 $0<\varpi\leqslant 0.596$ 时，均衡 CPV 呈现出平缓下降的趋势，但所有通勤者的 CPV 是相同的，合乘者根据 HOV 车道和 GP 车道的拥挤程度自由选择出行路径。特别是当 $\varpi\leqslant 0.248$ 时，通勤者的 CPV 是正值，而一旦超过这个比例值，通勤者感受到的将是"损失"，这说明提高合乘比例能够有助于整个社会获得正的"收益"。而一旦 $\varpi>0.596$，由于 GP 车道已经非常拥挤，合乘者将只会选择 HOV 车道出行，此时，合乘者的 CPV 总是大于单独驾车者的 CPV，且这一差距随着比例参数 ϖ 的继续提高而逐渐增加。这说明在存在 HOV 车道的交通道路系统中，如果不允许单独驾车者使用 HOV 车道，当合乘者数量较少时，将可以较为畅通地享用 HOV 车道，具有一定的优越性，但这显然会刺激部分单独驾车者为了避免拥挤而转向合乘出行，直到达到均衡状态，这说明 $\varpi>0.596$ 的均衡状态是非稳定的。

为了对比两种理论下，随比例参数 ϖ 改变对应均衡结果的差异，图 2-7 同样也给出了在期望效用理论下的均衡流量和期望出行成本的变化趋势。可以发现，尽管与图 2-6 的曲线有类似的变化趋势，但图 2-7（a）中的均衡流量的具体取值和变化幅度却明显不同。在期望效用理论下，合乘者开始享有优越性的临界比例是

(a)均衡流量　　　　　　　　　　　(b)均衡 CPV

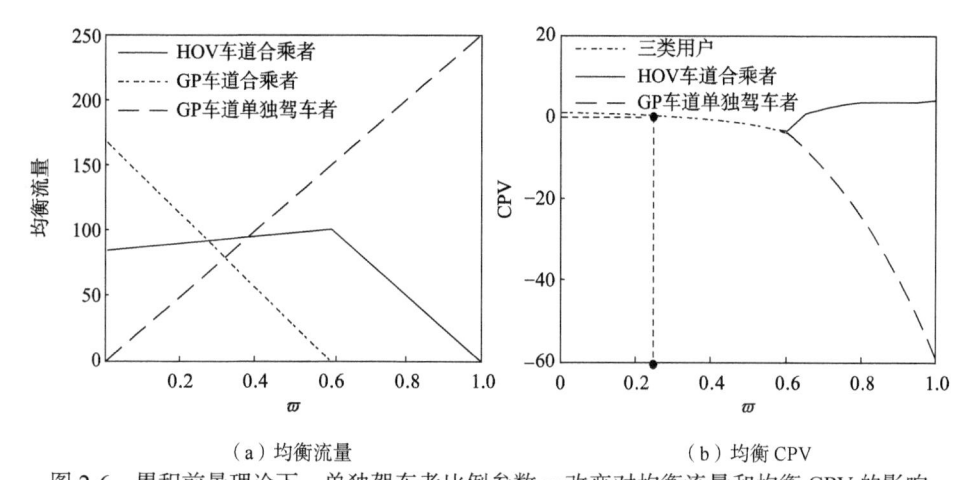

图 2-6　累积前景理论下，单独驾车者比例参数 ϖ 改变对均衡流量和均衡 CPV 的影响

$\varpi=0.600$，在临界值以内，期望效用理论总是低估选择 HOV 车道出行的合乘者数量，见图 2-6（a）和图 2-7（a）。

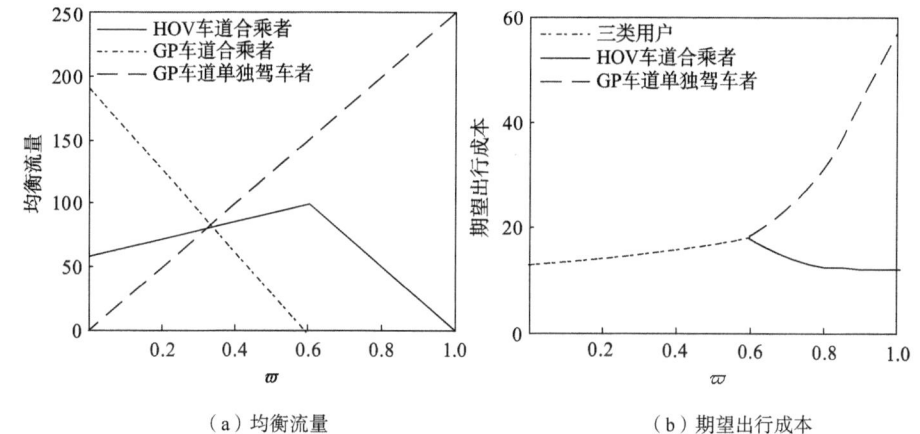

(a)均衡流量　　　　　　　　　　　(b)期望出行成本

图 2-7　期望效用理论下，单独驾车者比例参数 ϖ 改变对均衡流量和期望出行成本的影响

接下来，本节将研究个体偏好参数如何影响三类通勤者的均衡选择结果。图 2-8 首先画出了当参考点 x_0 从 0 到 33.5 变化时三类通勤者的均衡流量和均衡 CPV 的变化趋势。由于假设单独驾车者的比例是固定的，所以其流量呈现出一条水平直线，那么所考察的实际上是当单独驾车者人数给定后合乘者如何选择出行路径，即 HOV 车道和 GP 车道的问题。可以发现，当参考点 $x_0<13.40$ 时，流量几乎不受参考点影响，而当参考点 $13.40 \leqslant x_0<20.10$ 时，流量开始出现波动，呈现出明显的参考点依赖效应，随着参考点的增加，HOV 车道上合乘者数量增加，而 GP 车道上的合乘者数量则表现出相反的趋势，出现这一现

象的主要原因是，当参考点不断增大时，均衡 CPV 不断增加，通勤者的感知价值由"损失"逐渐转为"收益"[图 2-8（b）]。由于流量为 100 的单独驾车者一定会选择 GP 车道出行，故出于风险规避的考虑，合乘者更青睐于选择 HOV 车道出行；而当参考点 $x_0 \geq 20$ 时，流量变化再次趋于稳定，几乎不受参考点的影响。

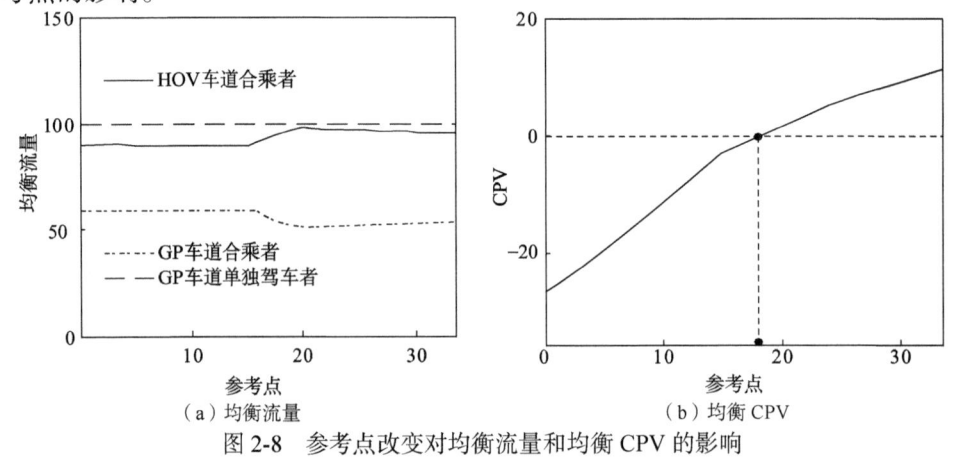

（a）均衡流量　　　　（b）均衡 CPV

图 2-8　参考点改变对均衡流量和均衡 CPV 的影响

为了解 $\alpha(\beta)$、λ、γ 和 δ 等个体微观特征参数对用户均衡结果的影响，在表 2-4 中分别对这几个参数作了敏感性分析，所有结果都是在只改变对应参数，而其他参数保持不变的情况下获得的。括号中的百分数表示在原基数的基础上加减原基数的百分比值。根据前文的描述，$\alpha(\beta)$ 反映通勤者面临"收益"或"损失"时的风险厌恶程度，λ 衡量通勤者对损失的敏感程度，γ 和 δ 衡量对客观概率主观化后的主观概率大小程度。可以发现，随着 $\alpha(\beta)$ 增加，选择 HOV 车道的合乘者数量也持续增加，且增加幅度先提高后降低，而对应的 CPV 则逐渐减小。随着 λ 增加，表示通勤者对损失看得越重要，选择 HOV 车道的合乘者数量同样也持续增加，但增加幅度却是逐步降低的，而对应的 CPV 也是逐渐减小，出行者经历了由"收益"到"损失"的变化。γ 和 δ 的改变对选择 HOV 车道的合乘者数量和 CPV 的影响是一致的。随着 γ 或 δ 的增加，HOV 车道的合乘者数量持续降低，而 CPV 则表现出持续增加的趋势。

表 2-4　个体偏好参数值敏感性分析

$\alpha(\beta)$	Q_1	Q_2	Q_3	CPV	λ	Q_1	Q_2	Q_3	CPV
（−30%）0.62	90.97	59.03	100	−0.50	（−55%）1.01	90.53	59.47	100	0.08
（−20%）0.70	91.77	58.23	100	−0.67	（−25%）1.69	92.73	57.27	100	−0.61
（−10%）0.79	92.75	57.25	100	−0.91	2.25	93.77	56.23	100	−1.19

续表

$\alpha(\beta)$	Q_1	Q_2	Q_3	CPV	λ	Q_1	Q_2	Q_3	CPV
0.88	93.77	56.23	100	−1.19	(+25%) 2.81	94.41	55.59	100	−1.79
(+10%) 0.97	94.75	55.25	100	−1.54	(+55%) 3.49	94.93	55.07	100	−2.52
γ	Q_1	Q_2	Q_3	CPV	δ	Q_1	Q_2	Q_3	CPV
(−30%) 0.48	96.31	53.69	100	−1.62	(−30%) 0.43	94.99	55.01	100	−1.58
(−20%) 0.55	95.51	54.49	100	−1.56	(−20%) 0.49	94.53	55.47	100	−1.43
(−10%) 0.62	94.65	55.35	100	−1.40	(−10%) 0.55	94.14	55.86	100	−1.30
0.69	93.77	56.23	100	−1.19	0.61	93.77	56.23	100	−1.19
(+10%) 0.76	92.89	57.11	100	−0.97	(+10%) 0.67	93.44	56.56	100	−1.11
(+20%) 0.83	92.12	57.88	100	−0.74	(+20%) 0.73	93.16	56.84	100	−1.04
(+30%) 0.90	91.46	58.54	100	−0.51	(+30%) 0.79	92.92	57.08	100	−0.98

最后，本节还考察了提高HOV车道的通行能力（GP车道通行能力不变）对均衡流量和均衡CPV的影响。如图2-9（a）和图2-9（b）所示，随着道路通行能力的提高，选择HOV车道的合乘者数量由93.77增加至146.08，而选择GP车道的合乘者数量由56.23减少至3.92；均衡CPV由−1.19增加至0.42，通勤者经历了由"损失"到"收益"的变化，这表明拓宽HOV车道通行能力对所有通勤者是有益的，感知价值得到提高，但是否可以提高整个社会的福利，还需要综合考虑拓宽道路所需的投资成本。

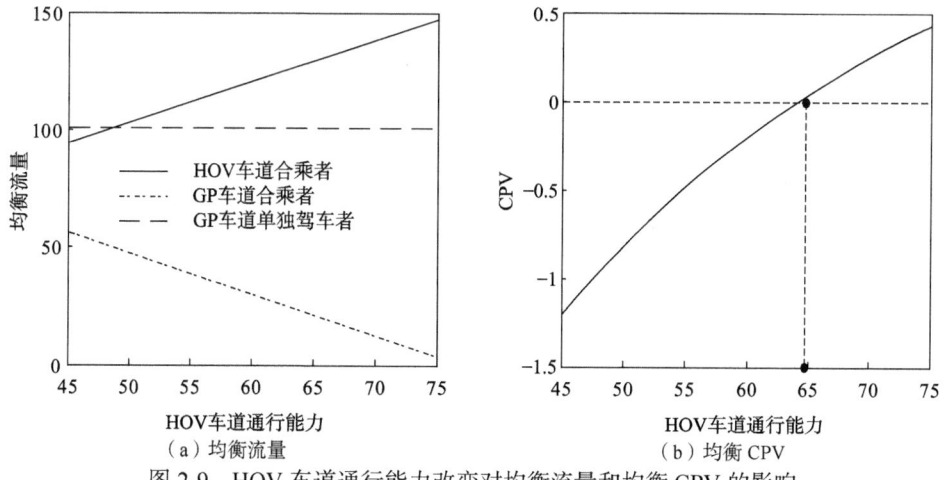

图2-9 HOV车道通行能力改变对均衡流量和均衡CPV的影响

2.5 本章小结

针对国内车均道路面积过低、对地面交通的依赖度过高的现状，本章首先提出合乘出行、开设HOV车道的概念及其主要优点，进而在一个设置有HOV车道的交通系统中，尝试引入累积前景理论来研究高峰期通勤行为，考察通勤者的个体偏好等微观特征如何影响其出行方式和出行路径选择。考虑 HOV 车道和 GP 车道两种车道，以及两类出行方式：单独驾车出行和合乘出行，本章建立了可能出现的三类通勤者的出行费用函数，分别在累积前景理论与期望效用理论下比较和分析了均衡结果的差异。对单独驾车者比例的敏感性分析表明，当单独驾车者比例超过某一临界值后，合乘者将具有比单独驾车者较高的 CPV，具有一定的优越性，这显然将刺激单独驾车者转向合乘出行，而期望效用理论则会稍微高估这一临界比例。个体偏好等微观特征参数敏感性分析表明，通勤者的风险偏好和参考依赖特征确实会影响出行方式和出行路径选择结果，个体选择结果存在明显的参考依赖效应，忽略参考依赖特性将导致低估选择 HOV 车道的通勤者数量。此外，研究发现，提高HOV车道通行能力确实能够提高HOV车道通勤者数量，并提高通勤者感知价值，但是否能够提高整个社会的福利还取决于拓宽道路需要支付的成本。

第 3 章　基于 CPT 的停车换乘行为建模与分析

第 2 章考察了高速公路开设 HOV 车道从而鼓励通勤者合乘出行的交通网络均衡行为，本章将继续从交通网络均衡的视角出发，基于累积前景理论考察另一项交通需求管理措施，即鼓励通勤者停车换乘出行对通勤行为的影响。

停车换乘从广义上来讲，是引导出行流量从低载客量的出行方式向高载客量的出行方式转移。狭义的停车换乘是指通勤者驾驶小汽车至 CBD 外围的停车设施中转站，而后转乘地铁、轻轨或公共汽车等公共交通工具进入 CBD，停车换乘处的停车场对小汽车通勤者收取低价停车费甚至免费，而公共交通管理者可对换乘通勤者给予票价优惠等。鼓励 P&R 出行有助于对进入 CBD 的车辆部分截流，减少进入 CBD 的通勤车辆，在一定程度上有效缓解城市中心区的道路拥挤和停车难问题。

随着城市人口的快速增长和城市规模的急剧扩张，越来越多的上班族居住在 CBD 外围的城市郊区，因此在早高峰期经由交通走廊从居住地前往工作地上班的通勤行为变得非常普遍。从 20 世纪 30 年代开始，停车换乘就已经开始作为一种管理交通需求的方法被广泛使用，尤其是在各大城市，小汽车通勤者在 CBD 外围的停车场停靠车辆，随后换乘地铁进入 CBD。这一方式不仅可以有效缓解交通路面拥堵，而且能够减轻城市中心区的停车压力，获得了来自国内外学者的广泛关注。然而过去的研究大多集中在确定的交通出行环境下。现实中的城市交通环境复杂多变，呈现出典型的不确定性。如前文的描述，作为一个描述不确定性条件下的决策理论，（累积）前景理论近年来在交通领域被不断检验和实践。那么，在一个具有停车换乘方式的交通系统中，采用累积前景理论来描述通勤者的决策行为是否会表现出较强的现实解释力，从而为政府管理 P&R 设施提供理论支持和现实参考？基于这一考虑，针对全程驾车和停车换乘两种出行方式，本章将构建基于累积前景理论的停车换乘出行选择模型，并在此模型中讨论个体微观特征等因素对通勤决策的影响。

3.1 基于 CPT 考虑停车换乘出行的模型

3.1.1 模型描述

考虑如图 3-1 所示的交通走廊，走廊上分布着两个停车场 Park1 和 Park2，Park1 位于 CBD 外围的城市郊区，而 Park2 位于 CBD 的工作地。考虑一人一车的情形，通勤者可经由两种出行方式从居住地 O 出发前往工作地 D 上班：出行方式 1 为驾驶小汽车通过路段 1 和路段 2 到达工作地；出行方式 2 为停车换乘出行，在驾车行驶完路段 1 后在 CBD 外围的 Park1 停车换乘地铁进入 CBD。假设在公路上总是存在不确定性，与第 2 章假设公路出行时间具有离散随机项不同，为简单起见，本章设路段出行时间 $T_i(i=1,2)$ 服从正态分布，即 $T_i \sim N\left[t_i(n_i)L_i, \sigma_i^2\right]$，其中，$L_i(i=1,2)$ 为路段 i 的长度，$t_i(n_i)$ 为路段 i 上的单位距离出行时间，与第 2 章描述公路出行时间一致，采用 BPR 函数表示为

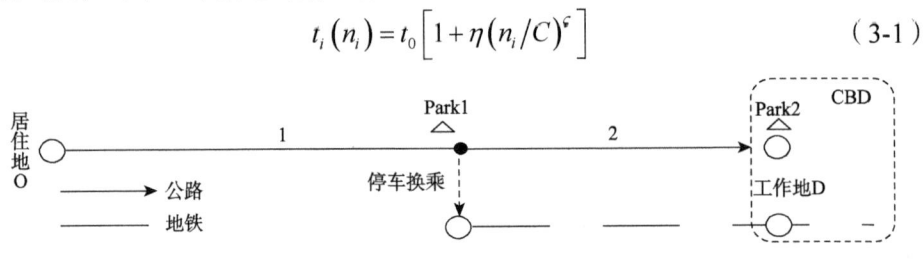

$$t_i(n_i) = t_0\left[1+\eta(n_i/C)^\varsigma\right] \tag{3-1}$$

图 3-1 交通走廊示意图

其中，t_0 为路段 i 的单位距离的自由流时间；n_i 为路段 i 上的流量；C 为公路的道路通行能力；η 和 ς 为 BPR 函数参数；$\sigma_i = v_i t_i(n_i) L_i$ 表示路段 i 上出行时间的随机误差；$v_i(>0)$ 表示路段 i 上的风险系数，风险系数 v_i 越高，路段单位距离出行时间 $t_i(n_i)$ 越长，路段长度 L_i 越长，则路段 i 的出行时间波动范围越大。在给出路段出行时间之后，那么，选择出行方式 $m(=1,2)$ 的总出行费用 G_m 可分别表示为

$$G_1 = \varepsilon(T_1+T_2) + F_A(L_1+L_2) + C_{P2} \tag{3-2}$$

$$G_2 = \varepsilon T_1 + \varepsilon L_3/V + \pi g(N_2) + F_A(L_1) + P(L_3) + C_{P1} \tag{3-3}$$

其中，ε 表示时间价值；N 为总通勤人数，$N_m(m=1,2)$ 为选择出行方式 m 的通勤人数，且 $N_1+N_2=N$，$n_1=N_1+N_2$ 和 $n_2=N_1$ 成立；$F_A(\kappa)=\vartheta\kappa$ 为与路段行驶距

离 κ 有关的燃油成本，ϑ 为燃油费率；C_{P1} 和 C_{P2} 分别为停车场 Park1 和 Park2 的停车费；L_3 为地铁行驶里程距离；V 为地铁运行速度，设通勤者在停车场 Park1 和 Park2 的停车位空间搜索和获得时间相同（停车换乘处的站点等待时间忽略不计）；$P(\upsilon)=2+\theta\upsilon$ 为与地铁乘坐距离 υ 有关的地铁票价，θ 为地铁票价率；$g(n)=an^2+bn$ 表示与乘坐人数 n 有关的地铁车厢拥挤成本，a 与 b 为固定参数，单位拥挤成本为 π。

从以上描述可以发现，总出行费用 G_1 由公路行驶时间成本、燃油成本和 CBD 处停车场的停车费组成；而停车换乘方式的总出行费用 G_2 则由公路和地铁行驶时间成本、地铁车厢内拥挤成本、燃油成本、停车换乘处停车场的停车费和地铁票价组成。与以往研究假设路段出行时间分布相互独立一样，那么由正态分布函数的可加性可知，总出行费用 G_1、G_2 也都服从正态分布，其均值和方差容易根据路段出行时间的均值和方差计算而得。

3.1.2 可能结果服从连续分布的累积前景值定义

CPV 的概念最早由 Tversky 和 Kahneman 提出，是在累积前景理论框架下对前景值的计算结果。Connors 等在累积前景理论框架下给出了一个类似 Wardrop UE 的用户均衡条件，进一步推导出了不确定交通环境下可能结果服从随机连续分布条件下的 CPV 定义。由上文已经得知选择出行方式 m 的总出行费用 x 服从连续分布，设其累积分布函数（cumulative distribution function，CDF）为 $\varPhi_m(x)$。此外，为了便于表达，把居住地-工作地写为 OD，出行个体的参考点设为 x_0。那么，根据这一定义，本章中 OD 之间选择出行方式 m 的 CPV，即 $\chi_{\mathrm{CPV}}^{\mathrm{OD}m}$ 可表示为

$$\chi_{\mathrm{CPV}}^{\mathrm{OD}m}=\int_{\underline{x_0}}^{x_0}\frac{\mathrm{d}w\bigl[\varPhi_m(x)\bigr]}{\mathrm{d}x}\cdot v_m(x)\mathrm{d}x+\int_{x_0}^{\overline{x_0}}-\frac{\mathrm{d}x\bigl[1-\varPhi_m(x)\bigr]}{\mathrm{d}x}\cdot v_m(x)\mathrm{d}x \quad (3-4)$$

其中，$w(p)$ 为概率权重函数；p 为事件结果发生的可能概率；$v_m(x)$ 为价值函数；$\overline{x_0}$ 与 $\underline{x_0}$ 分别表示出行方式 m 总出行费用的上界和下界。

在对式（3-4）的由来进行推导之前，先给出价值函数和权重函数的定义。由于存在不确定性，通勤者往往无法精确获知出行方式成本的实际发生概率，而是通过对不确定信息进行加工处理后获得一个主观概率。不失一般性，本章采用 Prelec 经过实证的概率权重函数：

$$w(p)=\mathrm{e}^{-[-\ln(p)]^{\gamma}} \quad (3-5)$$

式（3-5）概率权重函数的曲率由参数 $0<\gamma\leqslant 1$ 决定，通常取 γ 为 0.74；e 为自然常数。这一函数曲线能够呈现出严格递增的倒 S 形，反映人们通常高估小概

率事件而低估中大概率事件的特性。此外，根据第 2 章的描述，出行方式 m 的价值函数被定义为

$$v_m(x) = \begin{cases} (x_0 - x)^\alpha, & x \leqslant x_0 \\ -\lambda(x - x_0)^\beta, & x > x_0 \end{cases} \quad (3-6)$$

其中，参数 $\alpha, \beta(0 < \alpha \leqslant 1, 0 < \beta \leqslant 1), \lambda(\lambda > 1)$ 的解释如式（2-1）所描述，取 $\alpha, \beta = 0.88$，$\lambda = 2.25$。

接下来对式（3-4）的由来进行推导。

从出行效用越多收益越高的角度出发，Connors 等推导了出行效用服从连续随机分布条件下 CPV 的表达式。而本章从总出行费用（即负效用）越多损失越大的角度来推导 CPV 的表达式。

引入概率论的知识，设出行费用 x 的累积分布函数为 $\varPhi(x)$；又根据前文描述，将无限甚至连续的结果 x_i 按递增方式排序，$-m \leqslant i \leqslant n$，$p_i$ 为对应的可能发生概率，那么有

$$p_{-m} + \cdots + p_i = P(x \leqslant x_i) = \varPhi(x_i)$$

同理有

$$p_{-m} + \cdots + p_{i-1} = \varPhi(x_{i-1})$$

$$p_i + \cdots + p_n = 1 - p_{-m} - \cdots - p_{i-1} = 1 - (p_{-m} + \cdots + p_{i-1}) = 1 - P(x \leqslant x_{i-1}) = 1 - \varPhi(x_{i-1})$$

$$p_{i+1} + \cdots + p_n = 1 - p_{-m} - \cdots - p_i = 1 - (p_{-m} + \cdots + p_i) = 1 - P(x \leqslant x_i) = 1 - \varPhi(x_i)$$

进而有

$$\pi_i^+ = w^+(p_{-m} + \cdots + p_i) - w^+(p_{-m} + \cdots + p_{i-1}) = w^+(\varPhi(x_i)) - w^+(\varPhi(x_{i-1}))$$

$$= \frac{w^+(\varPhi(x_i)) - w^+(\varPhi(x_{i-1}))}{x_i - x_{i-1}} (x_i - x_{i-1})$$

由于当结果 x_i 连续分布时，$x_{i-1} \to x_i$，意味着 $(x_i - x_{i-1}) \to 0$，借助极限的知识，$\lim\limits_{x_{i-1} \to x_i}(x_i - x_{i-1}) = \mathrm{d}x$，且 $\varPhi(x)$ 在有意义区间内连续可微，$w^+(p)$［或 $w^-(p)$］在区间（0，1）内也连续可微，那么根据微积分和复合函数求导的知识，可得

$$\lim_{(x_i - x_{i-1}) \to 0} \left(w^+(\varPhi(x_i)) - w^+(\varPhi(x_{i-1})) \right) = \mathrm{d}w^+(\varPhi(x))$$

进一步得到

$$\pi_i^+ = \frac{\mathrm{d}w^+(\varPhi(x))}{\mathrm{d}x} \mathrm{d}x$$

同理

$$\pi_i^- = w^-(p_i + \cdots + p_n) - w^-(p_{i+1} + \cdots + p_n) = w^-(1-\Phi(x_{i-1})) - w^-(1-\Phi(x_i))$$

$$= -\frac{w^-(1-\Phi(x_i)) - w^-(1-\Phi(x_{i-1}))}{x_i - x_{i-1}}(x_i - x_{i-1})$$

$$\lim_{(x_i - x_{i-1}) \to 0} \left(w^-(1-\Phi(x_i)) - w^-(1-\Phi(x_{i-1}))\right) = \mathrm{d}w^-(1-\Phi(x))$$

进一步得到

$$\pi_i^- = -\frac{\mathrm{d}w^-(1-\Phi(x))}{\mathrm{d}x}\mathrm{d}x$$

从而有

$$\mathrm{CPV}^+ = \int_{\underline{x_0}}^{x_0} \frac{\mathrm{d}w^+(\Phi(x))}{\mathrm{d}x} v(x) \mathrm{d}x$$

$$\mathrm{CPV}^- = \int_{x_0}^{\overline{x_0}} -\frac{\mathrm{d}w^-(1-\Phi(x))}{\mathrm{d}x} v(x) \mathrm{d}x$$

$$\mathrm{CPV} = \mathrm{CPV}^+ + \mathrm{CPV}^- = \int_{\underline{x_0}}^{x_0} \frac{\mathrm{d}w^+(\Phi(x))}{\mathrm{d}x} v(x) \mathrm{d}x + \int_{x_0}^{\overline{x_0}} -\frac{\mathrm{d}w^-(1-\Phi(x))}{\mathrm{d}x} v(x) \mathrm{d}x$$

结合式（3-5）和式（3-6），即可通过式（3-4）求得选择出行方式 m 的 CPV。

3.1.3 均衡条件

正如第 2 章所描述，在累积前景理论决策规则下，通勤者将通过比较实际总出行费用与参考点来判断是"收益"还是"损失"，依据 CPV 的大小进行出行决策。在均衡态，所有通勤者的 CPV 相等，没有任何一位通勤者可以通过单方面改变出行方式来提高 CPV。考虑公路出行时间服从连续分布，上述均衡条件等价于寻找一个向量 f^*，$f^* = \{f_m^{\mathrm{OD}^*}\}$ 表示均衡态下出行方式流量列向量，使其满足以下条件：

$$\begin{cases} \chi_{\mathrm{CPV}}^{\mathrm{OD}m}(f_m^{\mathrm{OD}^*}) = \chi_{\max}^{\mathrm{OD}}(f^*), & \text{如果} f_m^{\mathrm{OD}^*} > 0 \\ \chi_{\mathrm{CPV}}^{\mathrm{OD}m}(f_m^{\mathrm{OD}^*}) \leqslant \chi_{\max}^{\mathrm{OD}}(f^*), & \text{如果} f_m^{\mathrm{OD}^*} = 0 \end{cases} \quad (3\text{-}7)$$

$$\sum_{m \in M_{\mathrm{OD}}} f_m^{\mathrm{OD}^*} = N^{\mathrm{OD}} \quad (3\text{-}8)$$

$$f_m^{\mathrm{OD}^*} \geqslant 0 \quad (3\text{-}9)$$

其中，$f_m^{\mathrm{OD}^*}$ 为 OD 之间出行方式 m 的均衡流量；M_{OD} 为 OD 之间所有可能的出行集（即全程驾车出行方式 1 和停车换乘出行方式 2）；$\chi_{\mathrm{CPV}}^{\mathrm{OD}m}(f^*)$ 为 OD 之间

出行方式 m 的均衡 CPV；$\chi_{\max}^{OD}(f^*)$ 为 OD 之间的出行方式最大 CPV；N^{OD} 为 OD 之间的总通勤人数。式（3-7）表明，用户均衡态下，只有那些被使用的方式 m 具有最大的 CPV，而未被使用的方式 m 的 CPV 小于或等于最大的 CPV。式（3-8）为出行方式流量守恒约束条件。式（3-9）为出行方式流量非负条件。

由式（3-7）的互补性条件，可进一步转化为一个有限维度的变分不等式（variational inequality，VI）问题，即找到一个向量 f^*，当且仅当

$$\Delta(f^*)^T (f - f^*) \leq 0, \quad \forall f \in \Omega \tag{3-10}$$

成立，则 $f^* \in \Omega$ 是 VI 问题的解。其中，$\Delta(f^*) = \{\chi_{CPV}^{OD_m}(f^*)\}$ 表示均衡态下的出行方式 CPV 列向量，$\Omega = \left\{ f \mid f \geq 0, \sum_{m \in M_{OD}} f_m^{OD} = N^{OD} \right\}$。下面证明式（3-10）的解存在。

在有限维度空间，Ω 是紧凸集，对于任意的 $f \in \Omega$，总有最接近 f 的唯一点 $g(f) \in \Omega$ 使 f 投影在 Ω 上。那么定义一个映射 $y: \Omega \to \Omega$，且有 $y(f) = g(f + \chi(f))$。所以当且仅当 $y(f) = f$，f 为出行方式用户均衡的一个均衡解。根据布劳威尔的不动点理论，如果映射 $y(\cdot)$ 是一个连续映射，那么该 VI 问题的解存在。由于上文的出行方式总出行费用 G_m、价值函数（3-6）和概率权重函数（3-5）是连续的，所以 $\chi(f)$ 是连续的，从而 $y(\cdot)$ 也是连续的，得证。

3.2　模型求解算法

3.1 节证明了基于累积前景理论的出行方式用户均衡解的存在，根据式（3-10）的 VI 条件，等价的最小化问题可以定义为

$$B(f^k) = \min_{f \in \Omega} \left(\max_{m \in M'_{OD}} \left(\chi_{CPV}^{OD_m}(f) \right) - \min_{m \in M'_{OD}} \left(\chi_{CPV}^{OD_m}(f) \right) \right) \tag{3-11}$$

其中，M'_{OD} 为 OD 之间的非零流量出行方式集合，均衡流量解是式（3-11）最小化问题的解。均衡解将通过设计流量分配算法，即 MSA 来求解，步骤如下。

第 1 步：初始化。设 $k = 0$，定义 OD 之间的可能出行集 M_{OD}（即全程驾车出行方式 1 和停车换乘出行方式 2），找到初始可行流量 f^0。

第 2 步：计算 CPV。将 f^k 分配到随机道路网络，并根据 CPV 定义即式（3-1）计算每一种出行方式的 CPV。设 $\chi(f^k)$ 为出行方式的 CPV 的向量。

第 3 步：确定搜索可行方向。对于 OD 之间的可能出行集，找到具有最大 CPV 的出行方式。定义 o^k 以保证 OD 之间的通勤流量都分配到具有最大 CPV 的出行方式上。

第 4 步：流量更新。$f^{k+1}=f^k+\dfrac{1}{\min(10\times(k+1),10^3)}(o^k-f^k)$，即步长为 $\dfrac{1}{\min(10\times(k+1),10^3)}$。

第 5 步：检查收敛与否。计算 $B(f^k)$ 的值，如果 $B(f^k)/\|f^k\|\leqslant\psi$ 或 $k>k_{\max}$，则算法迭代停止，得到均衡流量解和均衡 CPV。其中，$\|f^k\|$ 表示对 f^k 求模，ψ 为收敛指标，$\psi=10^{-7}$，$k_{\max}$ 是最初设定的最大迭代步数，$k_{\max}=1000$。否则，设 $k=k+1$，返回第 1 步。

为了方便使用 MATLAB 7.0.1 计算 CPV，即求解算法的第 2 步，特对式（3-4）推导如下：

$$\begin{aligned}\chi_{\mathrm{CPV}}^{\mathrm{OD}m}&=\int_{\underline{x_0}}^{x_0}\frac{\mathrm{d}w(\varPhi_m(x))}{\mathrm{d}x}\bullet v_m(x)\mathrm{d}x+\int_{x_0}^{\overline{x_0}}-\frac{\mathrm{d}w(1-\varPhi_m(x))}{\mathrm{d}w}\bullet v_m(x)\mathrm{d}x\\
&=\int_{\underline{x_0}}^{x_0}w(\varPhi_m(x))\bullet(-\gamma)\bullet(-\ln(\varPhi_m(x)))^{\gamma-1}\bullet\left(-\frac{1}{\varPhi_m(x)}\right)\bullet[\varPhi_m(x)]'\bullet v_m(x)\mathrm{d}x\\
&\quad+\int_{x_0}^{\overline{x_0}}-\left\{w(1-\varPhi_m(x))\bullet(-\gamma)\bullet(-\ln(\varPhi_m(x)))^{\gamma-1}\bullet\left(-\frac{1}{\varPhi_m(x)}\right)\bullet[1-\varPhi_m(x)]'\bullet v_m(x)\right\}\mathrm{d}x\\
&=\int_{\underline{x_0}}^{x_0}w(\varPhi_m(x))\bullet\gamma\bullet(-\ln(\varPhi_m(x)))^{\gamma-1}\bullet\frac{1}{\varPhi_m(x)}\bullet\varphi_m(x)\bullet v_m(x)\mathrm{d}x\\
&\quad+\int_{x_0}^{\overline{x_0}}w(1-\varPhi_m(x))\bullet\gamma\bullet(-\ln(\varPhi_m(x)))^{\gamma-1}\bullet\frac{1}{1-\varPhi_m(x)}\bullet\varphi_m(x)\bullet v_m(x)\mathrm{d}x\end{aligned}$$

其中，$\varphi_m(x)$ 由 $\varPhi_m(x)$ 对 x 求导所得，为对应的概率密度函数。

3.3　均衡结果与参数敏感性分析

3.2 节推导了 CPV 表达式，定义了均衡条件并证明了均衡解的存在，进而设计了均衡求解算法。3.3 节将通过算例对模型结果进行分析和研究，参数设置如下：时间价值系数 $\varepsilon=27$（元/小时），通勤总需求 $N=2\,500$（人），路段 1 长度 $L_1=15$（千米），路段 2 长度 $L_2=10$（千米），地铁行驶里程 $L_3=10$（千米），地铁行驶速度 $V=64$（千米/小时），车厢拥挤成本函数参数 $a=0.15$，$b=0.4$，单位拥挤成本 $\pi=1/100\,000$（元/单位拥挤），地铁票价率 $\theta=0.25$，燃油费率 $\vartheta=0.3$，停车费 $C_{P1}=6$（元），$C_{P2}=12$（元），单位距离路段自由流时间 $t_0=0.011$（小时），参数 $\eta=0.15$，$\varsigma=4$，路段通行能力 $C=1\,500$（辆/小时），路段风险系数 $v_1=0.3$，$v_2=0.1$，参考点 $x_0=30/60\times27+27\times8/12=31.5$（元），即期望通勤时间 T_{Desired} 为 30 分钟，期望通勤费用 l_{Desired} 为每日工资的 1/12，按每日工作 8 小时计。期望总出行费用的上界 $\overline{x}_0=8\times\varepsilon=216$（元），下界 $\underline{x}_0=0$。

3.3.1 均衡结果分析

利用 MSA 求解可得模型（3-1）~模型（3-6）的均衡流量解为 $N_1=1\,008$，$N_2=1\,492$，超过 1/2 的通勤者选择了停车换乘方式出行，可见，与全程驾车方式相比，P&R 方式具有较大的吸引力，这为城市中心区的交通流量起到了一定的截流效果。同时，解得均衡 CPV 为 -2.17，通勤者感知到的是"损失"。接下来本节将对模型相关参数进行敏感性分析，讨论通勤总需求、道路风险管理、地铁票价率、燃油费率和停车费等交通政策及个体偏好参数对通勤出行行为的影响。需要说明的是，在进行敏感性分析过程中只改变对应的参数值。

3.3.2 参数敏感性分析

图 3-2（a）首先给出了通勤总需求从 2\,000 到 3\,000 改变时，全程驾车和 P&R 方式的均衡流量变化结果。随着通勤总需求增加，全程驾车出行的流量增幅最大，而 P&R 出行方式的流量增幅却不明显。这是因为一方面路段 2 的通行能力相对较大，尚能不断容纳更多的小汽车出行，全程驾车出行行驶时间相对得到缩短；另一方面路段 2 的风险系数较小且保持不变。尽管如此，随着通勤总需求增加，仍有一少部分通勤者会选择在 Park1 处停车换乘地铁进入 CBD，以规避公路出行面临的不确定性和 CBD 高昂的停车收费。图 3-2（b）为相应的均衡 CPV 变化趋势，通勤出行需求的不断增加导致通勤者的感知"收益"状态逐渐转变为感知"损失"。

（a）均衡流量　　　　　　　　　（b）均衡 CPV

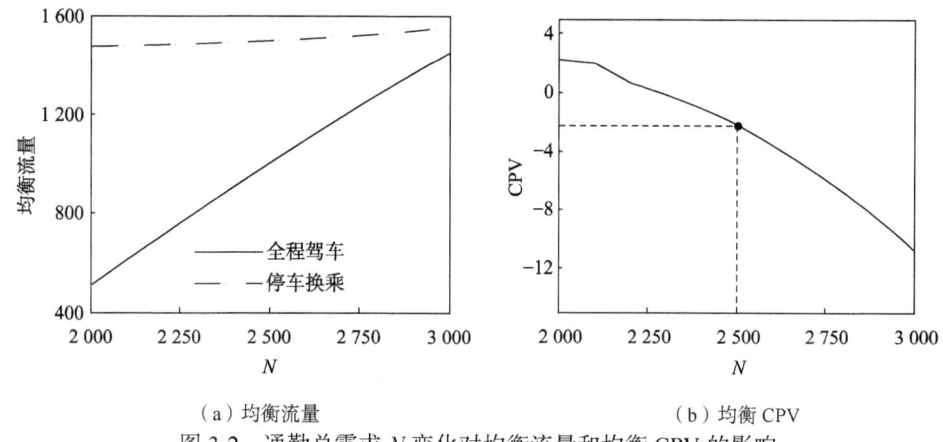

图 3-2　通勤总需求 N 变化对均衡流量和均衡 CPV 的影响

图 3-3 进一步研究了通勤总需求和路段 2 的风险系数改变时，全程驾车和停车换乘方式的均衡流量和均衡 CPV 的变化趋势。下面对此进行详细分析。从图 3-3（a）可以发现，固定路段 2 的风险系数 v_2 无论处在哪一个水平，增加通勤出行需求都会导致全程驾车出行的流量大幅增加，P&R 方式的流量增幅相对不明显，这与图 3-2（a）的发现是一致的。相比风险系数 v_2 处于较高水平时（$0.17 < v_2 \leqslant 0.33$）[①]，增加通勤出行需求得到的 P&R 出行方式的流量增幅相对较大，当路段 2 的风险系数 v_2 处于较低水平时（$0 < v_2 \leqslant 0.17$），增加通勤出行需求得到的 P&R 出行方式的流量增幅相对较小，这进一步验证了图 3-2（a）中对 P&R 出行方式的流量增幅却不明显的第二方面原因的推断。另外，从纵向视角来看图 3-3（a），当固定通勤出行需求量 N 且 $2250 \leqslant N \leqslant 2750$，随着路段 2 的风险系数 v_2 的增加，选择全程驾车出行的通勤者流量逐渐减少。这与人们的直觉是一致的，不确定性增加将导致全程驾车出行的通勤流量降低。然而，当固定通勤出行需求量 N 且处于低水平时（$N=2000$），提高路段 2 的风险系数 v_2，结果却是全程驾车出行的通勤者流量逐渐小幅增加，表现出"风险寻求"。这主要是因为通勤出行需求量小而路段 2 的道路通行能力大，因此能保证小汽车通畅行驶，尽管路段 2 的风险系数 v_2 在增加，但流量却是小幅增加的。而当固定通勤出行需求量 N 且处于高水平时（$N=3000$），随着路段 2 的风险系数 v_2 的增加，全程驾车和停车换乘出行方式的流量却是几乎不变的，$N_1 = 1447$，$N_2 = 1553$。就均衡 CPV 而言，当固定通勤出行需求量 N 时，随着路段 2 的风险系数 v_2 的

[①] 正态分布的概率密度函数曲线图中，均值加减 3 个标准差范围内包含的面积高达 99.7%，为保证路段可能出行时间为正值，风险系数最高取到 0.33。

降低，图 3-3（b）显示均衡 CPV 的变化不明显，但有小幅提升的趋势。尽管如此，这也表明风险管理是有助于提高通勤者的出行感知价值的。因而，政府部门应努力消除风险源，改善交通环境，并加大宣传力度，增强道路文明行车和安全意识。

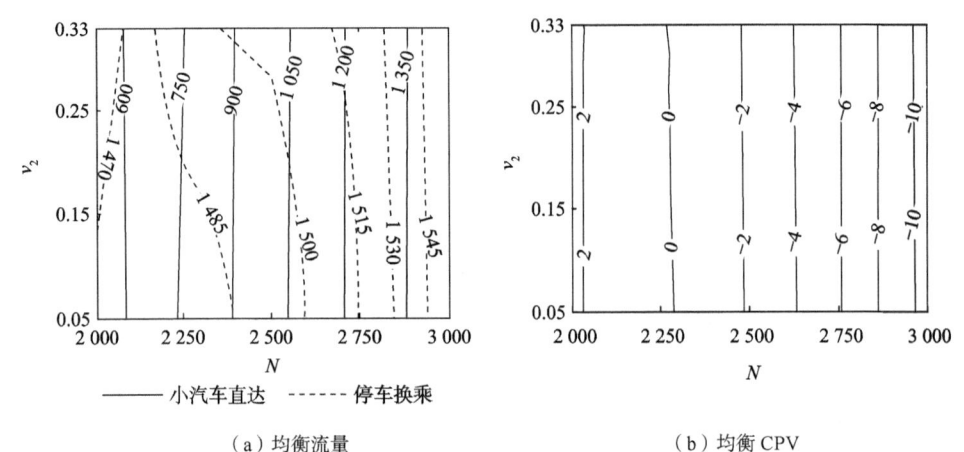

（a）均衡流量　　　　　　　　　　（b）均衡 CPV

图 3-3　通勤总需求 N 和路段 2 风险系数 v_2 改变对均衡流量和均衡 CPV 的影响

为了解地铁票价率和小汽车燃油费率对通勤出行选择行为的影响，图 3-4（a）画出了票价率从 0 到 0.5 改变时，即地铁票价从 2 元到 7 元改变时，两种出行方式的均衡流量变化趋势。可以发现，随着票价率的提高，越来越多的通勤者逐渐转向全程驾车出行，选择 P&R 出行方式的通勤者数量逐渐减少。此外，可以注意到，当票价率等于 0.363 时，选择全程驾车和 P&R 出行的通勤者数量相等，需要在 Park1 处提供 1 250 个停车位；当票价率为 0，即采用固定票价时，P&R 出行方式的流量最大，但需要在 Park1 处提供至少 1 959 个停车位。可见，地铁票价率的调整对通勤者的出行方式选择行为以及停车设施布局的影响都非常显著，政府部门应设置一个合适的地铁票价来引导出行需求在不同出行方式间的合理分布，优化出行结构和资源配置。图 3-5（a）则给出了燃油费率从 0.2 上调至 0.5 时两种方式均衡流量的变化情况。与图 3-4（a）对比可以发现，上调燃油费率与下调地铁票价率的效果是一致的，总能促进 P&R 出行方式流量的增加，同时降低全程驾车通勤者的数量。这一结果提示政府管理部门应充分考虑交通政策的预期调整幅度来规划 Park1 处的停车位数量。图 3-4（b）与图 3-5（b）为对应的均衡 CPV 变化趋势，可见上调燃油费率或地铁票价率都会导致通勤者出行感知价值的降低，甚至感知"损失"。

(a) 均衡流量

(b) 均衡 CPV

图 3-4 地铁票价率 θ 变化对均衡流量和均衡 CPV 的影响

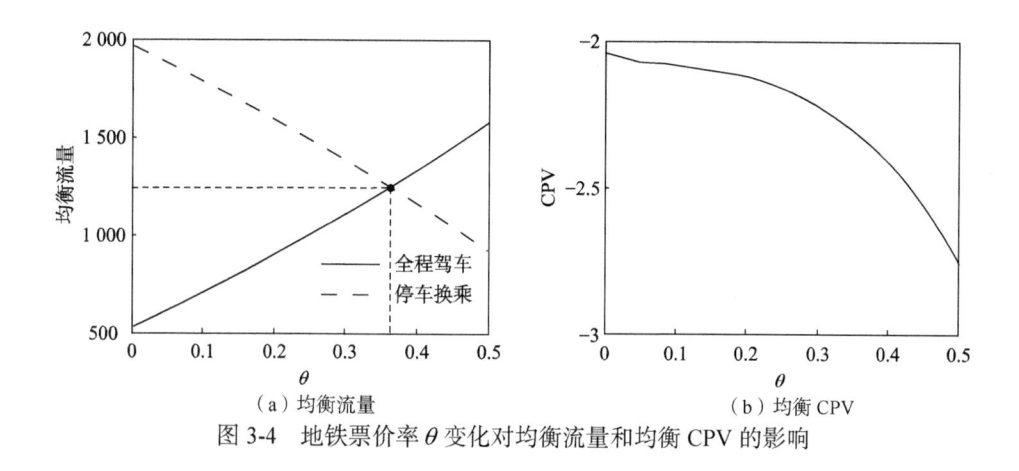

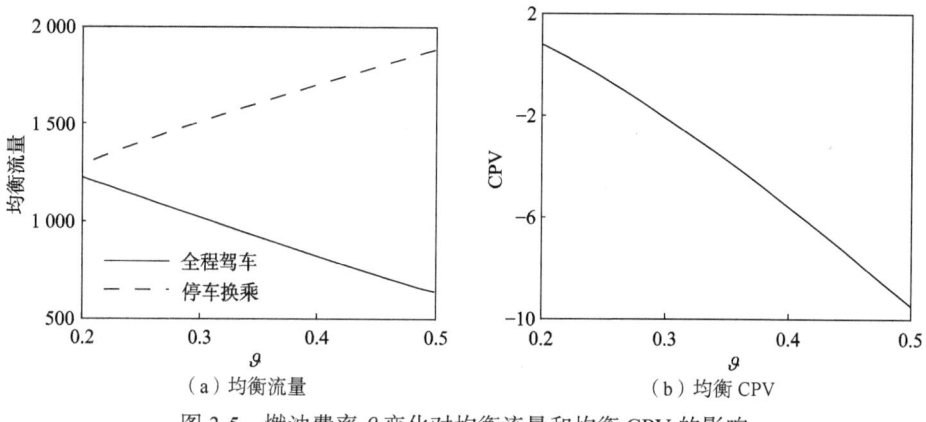

(a) 均衡流量

(b) 均衡 CPV

图 3-5 燃油费率 ϑ 变化对均衡流量和均衡 CPV 的影响

接下来，图 3-6（a）考察了停车换乘处和 CBD 工作地停车场的停车费同步调整时两种出行方式的均衡流量变化结果。可以发现，随着 C_{P1} 的降低和 C_{P2} 的提高，选择 P&R 出行方式的通勤者数量逐渐增加，在本算例中，当 $C_{P1}=4$ 和 $C_{P2}=14$ 时，停车换乘出行的流量达到最高，有 2 198 位通勤者选择了停车换乘方式出行，全程驾车出行的通勤流量逐渐减少。这也说明了停车费的调整确实显著影响通勤者的出行方式选择行为，对于规划两处停车场的停车位个数有显著影响。就均衡 CPV 而言，图 3-6（b）画出了其变化趋势。当固定停车换乘处的停车费 C_{P1}，提高 CBD 工作地停车场的停车费 C_{P2} 时，会使通勤者均衡 CPV 从正值逐步趋于负值而感知"损失"。另一方面，固定 CBD 工作地停车场的停车费 C_{P2}，相比 C_{P2} 处于较高水平时（$12<C_{P2}\leqslant 14$），C_{P2} 处于较低水平时（$10\leqslant C_{P2}\leqslant 12$）提高 C_{P1} 得到的均衡 CPV 减少的幅度要大得多；特别是当 CBD 工作地停车场的停车费 C_{P2} 逐渐逼近最高收费 14 时，降低停车换乘处停车场停车

费 C_{P1}，通勤者作出出行方式选择而获得的均衡 CPV 却是几乎不变的，可以看到图 3-6（b）中均衡 CPV 为-4.5 的等值线几乎是一条水平线。这表明当 CBD 工作地的停车场停车收费很高时，对于前往 CBD 工作地上班的通勤者来说，即使不断降低停车换乘处的停车费，通勤者的感知价值也没有得到显著提高，仍然感知"损失"。

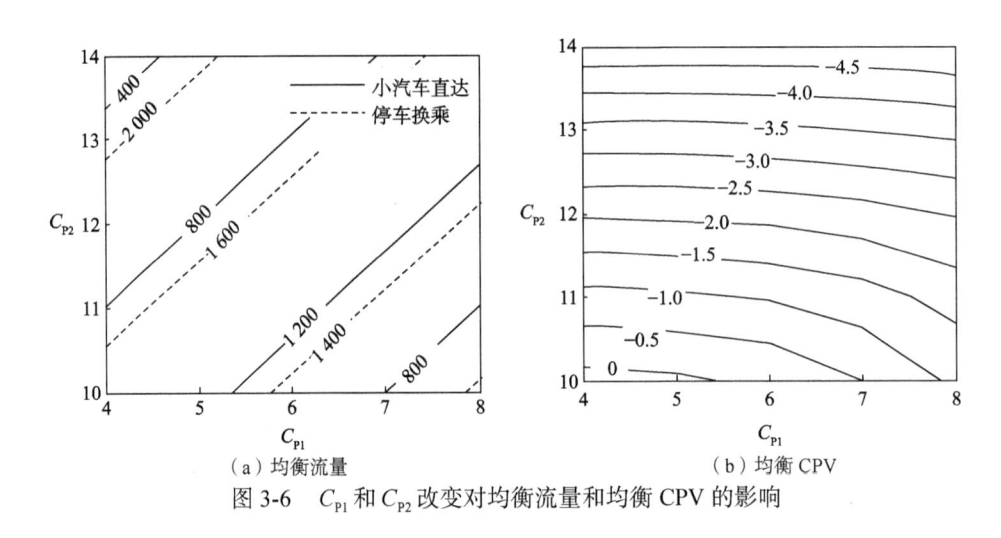

（a）均衡流量　　　　　　　　（b）均衡 CPV

图 3-6　C_{P1} 和 C_{P2} 改变对均衡流量和均衡 CPV 的影响

本章最后还研究了两种出行方式的均衡流量和均衡 CPV 随概率权重函数参数 γ 从 0 到 1 改变而变化的结果。参数 γ 越小，意味着个体越是高估小概率事件，低估中大概率事件，γ 越大，个体的感知概率与实际概率越接近。图 3-7（a）中显示，全程驾车和 P&R 出行方式的均衡流量均出现小幅波动，在 γ 较小时波动较大，但随着 γ 增加变化都逐渐趋缓，其中全程驾车出行方式的流量表现出上升而后逐渐平缓的趋势，P&R 出行方式的流量则表现出下降而后逐渐平缓的趋势。这说明概率权重参数 γ 对均衡流量的影响是存在的，但不是特别显著。此外，从图 3-7（b）中可以看出，均衡 CPV 曲线表现出先下降后上升的趋势，当 $\gamma=0.35$ 时，均衡 CPV 出现极小值。当 γ 趋于 0 时，通勤者对所有事件的感知概率几乎是一致的，这说明只有当通勤者干脆忽略事件的实际发生概率，才能获得最高的出行感知价值。而当 $\gamma>0.35$ 且趋于 1 时，感知概率逐渐趋于事件结果发生的实际概率，这也说明只有当通勤者能够逐步掌握事件的实际发生概率时才能逐步获得越来越高的出行感知价值。

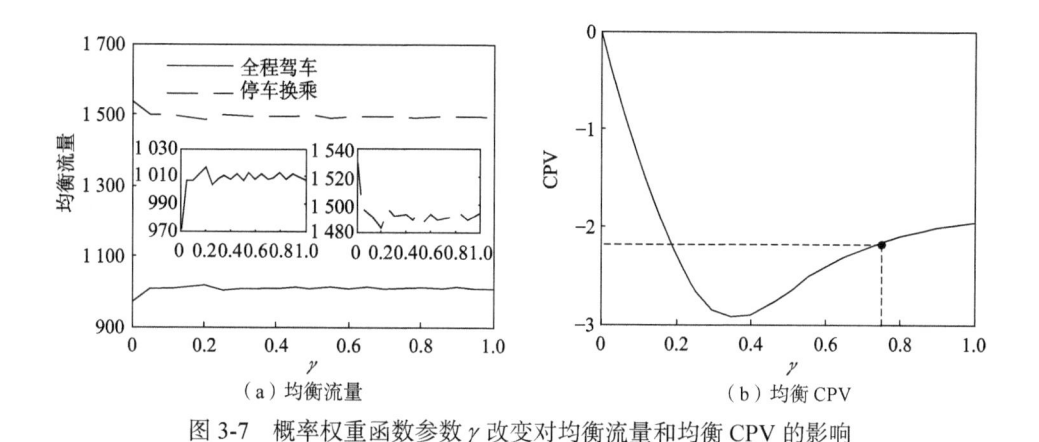

图 3-7 概率权重函数参数 γ 改变对均衡流量和均衡 CPV 的影响

3.4 本章小结

停车换乘出行方式把小汽车和公共交通出行结合起来，在 CBD 外围拦截了部分车流，它包括两个方面的考虑：首先，通过设施的改变使出行者能够自由选择使其出行更快和更加方便的方式；其次，鼓励出行者使用公共交通作为其出行的一部分。在全程驾车和停车换乘两种出行方式的通勤背景下，本章先阐述了停车换乘的定义，建立了考虑停车换乘行为的出行方式选择模型，推导出可能结果服从连续分布条件下的 CPV 定义，并通过 MSA 流量分配算法和算例分析研究了各种交通政策和个体偏好参数等因素对均衡结果的影响，并针对模型结果给出了一些政策建议。

第4章 考虑出行时间区间和参考点的择路模型

  作为实现城市日常通勤出行高效有序的重要内容和手段，研究不确定交通环境下的通勤者出行路径选择行为有助于理解城市交通拥堵的形成机理，提出行之有效的解决措施和政策建议。近年来，考虑通勤者的参考点依赖特性，基于（累积）前景理论对出行路径选择问题进行建模与分析，成为国内外交通领域学者的主要研究课题之一。然而，纵观过去的文献，所采用模型中大多假定出行时间服从某一离散或连续随机分布，通勤者在出行前能够获知其分布参数，这与现实生活中通勤者的真实感知并不完全相符。实际上，通勤者对可能出行时间的了解是模糊的，针对通勤者对出行路径属性如出行时间具有模糊感知这一特点，很多学者采用基于 if-then 准则的模糊层次分析法来确定路径决策规则。另外，众所周知，现实中的交通环境具有不确定性，出行者很难根据以往的出行经验准确预知每次出行的路径行驶时间或获知其分布形态，而更习惯于基于主观上的模糊认识，给出一个关于路径出行时间的区间数。例如，使用"驾驶10~20分钟""路上用时 40~50 分钟"等这样的方式来表达，而不是以分布参数（如均值、方差等）来识别可能的出行时间。基于这一考虑，为了深入了解通勤者的出行路径选择决策动机，第 4 章将对第 2 章和第 3 章中的公路可能出行时间属性的表达方式和通勤者的心理参考点设置个数做进一步改进，引入出行时间区间来表示出行者对备选路径出行时间的模糊认识，同时基于累积前景理论扩展至考虑通勤者的两个心理参考点的情形。

4.1 备选路径的累积前景值

  假设通勤者可经由多条备选路径从居住地前往工作地上班。考虑通勤者的参考点依赖特性和模糊感知的最优路径决策依据是选择具有最大 CPV 的备选路径，其中，CPV 由累加综合价值函数和决策权重函数的乘积来计算获得。下面将分别对综合价值函数和决策权重函数进行定义。

4.1.1 综合价值函数

先针对出行时间是区间数且仅考虑一个心理参考点的情形，建立通勤者的综合价值函数，下文将进一步扩展至考虑两个心理参考点的情形。

1. 一个参考点的情形

区间数代表不确定性。由于交通出行环境具有不确定性且通勤者对出行时间具有模糊感知，路径 i（$i=1,2,\cdots,m$）发生可能事件 j（$j=1,2,\cdots,n$）的出行时间以区间数表示为 $\tilde{t}_{ij}=[t_{ij}^{L},t_{ij}^{U}]$[①]，且 $0 \leqslant t_{ij}^{L} \leqslant t_{ij}^{U}$ 成立。例如，通勤者可经由某一路径从居住地前往工作地上班，该备选路径可能发生事件一：95%的概率路上花费时间为 35~45 分钟，可能发生事件二：5%的概率路上花费时间为 45~55 分钟。设 t_{ij} 为区间 $\left[t_{ij}^{L},t_{ij}^{U}\right]$ 内的随机变量，在区间 $\left[t_{ij}^{L},t_{ij}^{U}\right]$ 内服从均匀分布，令 $f(t_{ij})$ 为 t_{ij} 的概率密度函数，那么有

$$f(t_{ij}) = \begin{cases} 1/(t_{ij}^{U}-t_{ij}^{L}), & t_{ij}^{L} \leqslant t_{ij} \leqslant t_{ij}^{U} \\ 0, & \text{其他} \end{cases}, i=1,2,\cdots,m; j=1,2,\cdots,n \quad (4-1)$$

考虑通勤者存在单个心理参考点，设期望出行时间为 t_R，即心理参考点为 t_R，那么存在三种可能的情形。

（1）当 $t_R \leqslant t_{ij}^{L} \leqslant t_{ij}^{U}$ 时，路径 i 发生可能事件 j 的出行时间总是大于参考点 t_R，通勤者心理感知"损失" L_{ij}，$L_{ij} = \int_{t_{ij}^{L}}^{t_{ij}^{U}}(t_{ij}-t_R)f(t_{ij})\mathrm{d}t_{ij}$，从而

$$L_{ij} = 0.5(t_{ij}^{L}+t_{ij}^{U})-t_R, i=1,2,\cdots,m; j=1,2,\cdots,n \quad (4-2)$$

（2）当 $t_{ij}^{L} \leqslant t_R \leqslant t_{ij}^{U}$ 时，路径 i 发生可能事件 j 的出行时间可能小于或大于参考点 t_R，那么 $t_{ij} \in \left[t_{ij}^{L},t_R\right]$ 时通勤者感知"收益" G_{ij}，G_{ij} 可由 $\left[t_{ij}^{L},t_R\right]$ 与 t_R 之间的感知差异来表达，$t_{ij} \in \left[t_R,t_{ij}^{U}\right]$ 时通勤者感知"损失" L_{ij}，L_{ij} 可由 $\left[t_R,t_{ij}^{U}\right]$ 与 t_R 之间的感知差异来表达，注意到这里的"损失" L_{ij} 是用正值来表示的。

---

① $\tilde{t}_{ij}$ 可结合通勤者的历史出行经验或先进的出行者信息系统提供的信息获得。此外，当 $t_{ij}^{L}=t_{ij}^{U}$ 成立时，对应的出行时间为精确值。

$$G_{ij} = 0.5(t_R - t_{ij}^L), \ i=1,2,\cdots,m; \ j=1,2,\cdots,n$$
$$L_{ij} = 0.5(t^U - t_R), \ i=1,2,\cdots,m; \ j=1,2,\cdots,n \quad (4\text{-}3)$$

（3）当 $t_{ij}^L \leqslant t_{ij}^U \leqslant t_R$ 时，路径 i 发生可能事件 j 的出行时间总是小于参考点 t_R，通勤者心理感知"收益" G_{ij}：

$$G_{ij} = t_R - 0.5(t_{ij}^L + t_{ij}^U), \ i=1,2,\cdots,m; \ j=1,2,\cdots,n \quad (4\text{-}4)$$

从而有，综合价值函数：

$$V_{ij} = \begin{cases} V^-(L_{ij}), & t_R \leqslant t_{ij}^L \leqslant t_{ij}^U \\ V^+(G_{ij}) + V^-(L_{ij}), & t_{ij}^L \leqslant t_R \leqslant t_{ij}^U \\ V^+(G_{ij}), & t_{ij}^L \leqslant t_{ij}^U \leqslant t_R \end{cases} \quad (4\text{-}5)$$

其中，$V^+(G_{ij})$ 表示通勤者面临"收益"时的主观感知价值；$V^-(L_{ij})$ 表示通勤者面临"损失"时的主观感知价值，且价值函数根据式（2-1）改写为

$$\begin{cases} V^+(G_{ij}) = (G_{ij})^\alpha, & G_{ij} \geqslant 0 \\ V^-(L_{ij}) = -\lambda(L_{ij})^\beta, & L_{ij} \geqslant 0 \end{cases} \quad (4\text{-}6)$$

其中，参数 $\alpha, \beta (0 < \alpha \leqslant 1, 0 < \beta \leqslant 1)$，$\lambda (\lambda > 1)$ 的解释如式（2-1）所描述。

2. 两个参考点的情形

上文考虑了一个心理参考点的情形，并构建了相应的综合价值函数。然而，在日常通勤出行安排时，通勤者往往存在两个心理参考点：可接受的最早到达时间 t_R^E，以及工作开始时间 t_R^L。早于可接受的最早到达时间，为过早到达；晚于工作开始时间，为迟到到达。此外，通常选取较接近 t_R^L 的某个时间 t_P 作为通勤者的最偏好到达时间，以保证可以在预留的时间段 $(t_R^L - t_P)$ 内做好上班前的准备，如更换工作服、刷卡签到以及晨会前准备等，舒缓紧迫感。需要指出的是，t_P 是一个伪参考点，且 $t_R^E < t_P < t_R^L$ 成立。先回顾路径 i 发生事件 j 的出行时间以精确值 t_{ij}^A 表示的情形，见图 4-1。相应地，基于累积前景理论的价值函数为

$$\begin{cases} V_1^-(t_{ij}^A) = -\beta_1(t_R^E - t_{ij}^A)^{\alpha_1}, & 0 \leqslant t_{ij}^A \leqslant t_R^E \\ V_1^+(t_{ij}^A) = \beta_2(t_{ij}^A - t_R^E)^{\alpha_2}, & t_R^E \leqslant t_{ij}^A \leqslant t_P \\ V_2^+(t_{ij}^A) = \beta_3(t_R^L - t_{ij}^A)^{\alpha_3}, & t_P \leqslant t_{ij}^A \leqslant t_R^L \\ V_2^-(t_{ij}^A) = -\beta_4(t_{ij}^A - t_R^L)^{\alpha_4}, & t_{ij}^A \geqslant t_R^L \end{cases} \quad (4\text{-}7)$$

其中，$0<\alpha_i\leqslant 1$ $(i=1,2,3,4)$ 分别刻画曲线在（早到或晚到）收益或损失区域的凹凸程度，反映通勤者在（早到或晚到）收益或损失区域对微量变化的敏感程度。相对于 β_2、β_1 刻画了通勤者在早到区域的损失规避程度；相对于 β_3、β_4 刻画了通勤者在晚到区域的损失规避程度。为了反映通勤者对于损失更加敏感的事实，有如下的参数大小关系：$\beta_1>\beta_2$，$\beta_4>\beta_3$，此外，为了保证价值函数曲线在 t_P 处连续，有等式关系：

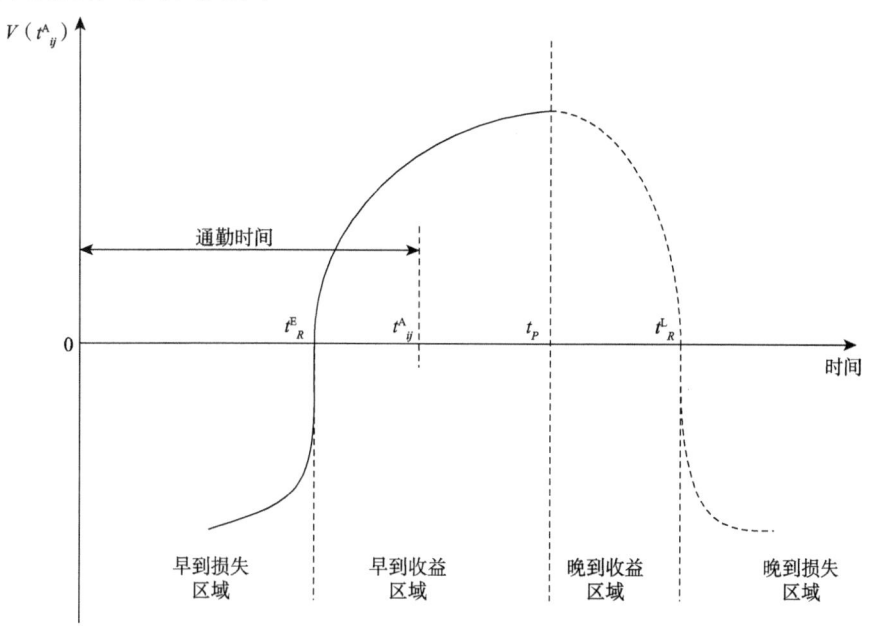

图 4-1 考虑两个参考点的价值函数

$$\beta_2\left(t_p-t_R^E\right)^{\alpha_2}=\beta_3\left(t_R^L-t_p\right)^{\alpha_3} \tag{4-8}$$

下面进一步给出路径 i 发生可能事件 j 的出行时间以区间数 $\tilde{t}_{ij}=\left[t_{ij}^L,t_{ij}^U\right]$ 表示时，路径 i 发生可能事件 j 的综合价值 V_{ij}。

（1）当 $t_{ij}^L\leqslant t_{ij}^U\leqslant t_R^E<t_p<t_R^L$ 时，面临早到损失 L_{ij}^E，L_{ij}^E 可由 $\left[t_{ij}^L,t_{ij}^U\right]$ 与 t_R^E 之间的感知差异来表达：

$$L_{ij}^E=t_R^E-0.5\left(t_{ij}^L+t_{ij}^U\right),\ i=1,2,\cdots,m;\ j=1,2,\cdots,n \tag{4-9}$$

（2）当 $t_{ij}^L\leqslant t_R^E\leqslant t_{ij}^U\leqslant t_p<t_R^L$ 时，早到损失 L_{ij}^E 与早到收益 G_{ij}^E 分别为

$$\begin{aligned}L_{ij}^E&=0.5\left(t_R^E-t_{ij}^L\right),\ i=1,2,\cdots,m;\ j=1,2,\cdots,n\\ G_{ij}^E&=0.5\left(t_{ij}^U-t_R^E\right),\ i=1,2,\cdots,m;\ j=1,2,\cdots,n\end{aligned} \tag{4-10}$$

类似地，其他情况总结如表4-1所示。其中，$V_E^-\left(L_{ij}^E\right)$表示在早到区域通勤者面临损失时的主观感知价值；$V_E^+\left(G_{ij}^E\right)$表示在早到区域通勤者面临收益时的主观感知价值；$V_L^+\left(G_{ij}^L\right)$表示在晚到区域通勤者面临收益时的主观感知价值；$V_L^-\left(L_{ij}^L\right)$表示在晚到区域通勤者面临损失时的主观感知价值。根据式（4-7），当考虑路径i发生可能事件j的出行时间以区间数表示时，表4-1中的价值函数可表示为

$$\begin{cases} V_E^-\left(L_{ij}^E\right) = -\beta_1 \left(L_{ij}^E\right)^{\alpha_1}, & L_{ij}^E \geqslant 0 \\ V_E^+\left(G_{ij}^E\right) = \beta_2 \left(G_{ij}^E\right)^{\alpha_2}, & G_{ij}^E \geqslant 0 \\ V_L^+\left(G_{ij}^L\right) = \beta_3 \left(G_{ij}^L\right)^{\alpha_3}, & G_{ij}^L \geqslant 0 \\ V_L^-\left(L_{ij}^L\right) = -\beta_4 \left(L_{ij}^L\right)^{\alpha_4}, & L_{ij}^L \geqslant 0 \end{cases} \quad (4\text{-}11)$$

其中，参数$\alpha_i\,(i=1,2,3,4)$，$\beta_i\,(i=1,2,3,4)$的解释如式（4-7）所描述。

表4-1 不同情形下的早到（晚到）损失与收益及综合价值

不同情形	早到损失L_{ij}^E和收益G_{ij}^E 晚到收益G_{ij}^L和损失L_{ij}^L	综合价值V_{ij}
$t_{ij}^L < t_{ij}^U \leqslant t_R^E < t_P < t_R^L$	$L_{ij}^E = t_R^E - 0.5\left(t_{ij}^L + t_{ij}^U\right)$	$V_{ij} = V_E^-\left(L_{ij}^E\right)$
$t_{ij}^L \leqslant t_R^E \leqslant t_{ij}^U \leqslant t_P < t_R^L$	$L_{ij}^E = 0.5\left(t_R^E - t_{ij}^L\right)$ $G_{ij}^E = 0.5\left(t_{ij}^U - t_R^E\right)$	$V_{ij} = V_E^-\left(L_{ij}^E\right) + V_E^+\left(G_{ij}^E\right)$
$t_{ij}^L \leqslant t_R^E < t_P \leqslant t_{ij}^U \leqslant t_R^L$	$L_{ij}^E = 0.5\left(t_R^E - t_{ij}^L\right)$ $G_{ij}^E = 0.5\left(t_P - t_R^E\right)$ $G_{ij}^L = t_R^L - 0.5\left(t_P + t_{ij}^U\right)$	$V_{ij} = V_E^-\left(L_{ij}^E\right) + V_E^+\left(G_{ij}^E\right) + V_L^+\left(G_{ij}^L\right)$
$t_{ij}^L \leqslant t_R^E < t_P < t_R^L \leqslant t_{ij}^U$	$L_{ij}^E = 0.5\left(t_R^E - t_{ij}^L\right)$ $G_{ij}^E = 0.5\left(t_P - t_R^E\right)$ $G_{ij}^L = 0.5\left(t_R^L - t_P\right)$ $L_{ij}^L = 0.5\left(t_{ij}^U - t_R^L\right)$	$V_{ij} = V_E^-\left(L_{ij}^E\right) + V_E^+\left(G_{ij}^E\right) + V_L^+\left(G_{ij}^L\right) + V_L^-\left(L_{ij}^L\right)$
$t_R^E \leqslant t_{ij}^L < t_{ij}^U \leqslant t_P < t_R^L$	$G_{ij}^E = 0.5\left(t_{ij}^L + t_{ij}^U\right) - t_R^E$	$V_{ij} = V_E^+\left(G_{ij}^E\right)$
$t_R^E \leqslant t_{ij}^L \leqslant t_P \leqslant t_{ij}^U \leqslant t_R^L$	$G_{ij}^E = 0.5\left(t_{ij}^L + t_P\right) - t_R^E$ $G_{ij}^L = t_R^L - 0.5\left(t_P + t_{ij}^U\right)$	$V_{ij} = V_E^+\left(G_{ij}^E\right) + V_L^+\left(G_{ij}^L\right)$
$t_R^E \leqslant t_{ij}^L \leqslant t_P < t_R^L \leqslant t_{ij}^U$	$G_{ij}^E = 0.5\left(t_{ij}^L + t_P\right) - t_R^E$ $G_{ij}^L = 0.5\left(t_R^L - t_P\right)$ $L_{ij}^L = 0.5\left(t_{ij}^U - t_R^L\right)$	$V_{ij} = V_E^+\left(G_{ij}^E\right) + V_L^+\left(G_{ij}^L\right) + V_L^-\left(L_{ij}^L\right)$
$t_R^E < t_P \leqslant t_{ij}^L < t_{ij}^U \leqslant t_R^L$	$G_{ij}^L = t_R^L - 0.5\left(t_{ij}^L + t_{ij}^U\right)$	$V_{ij} = V_L^+\left(G_{ij}^L\right)$

续表

不同情形	早到损失 L_{ij}^{E} 和收益 G_{ij}^{E} 晚到收益 G_{ij}^{L} 和损失 L_{ij}^{L}	综合价值 V_{ij}
$t_R^E < t_P \leq t_{ij}^L \leq t_R^L \leq t_{ij}^U$	$G_{ij}^L = 0.5(t_R^L - t_{ij}^L)$ $L_{ij}^L = 0.5(t_{ij}^U - t_R^L)$	$V_{ij} = V_L^+(G_{ij}^L) + V_L^-(L_{ij}^L)$
$t_R^E < t_P < t_R^L \leq t_{ij}^L < t_{ij}^U$	$L_{ij}^L = t_R^L - 0.5(t_{ij}^L + t_{ij}^U)$	$V_{ij} = V_L^-(L_{ij}^L)$

4.1.2 决策权重函数

由于备选路径的可能出行时间以区间数表示，与参考点直接作比较后，无法确定选择某一路径面临的是"收益"、"中性"还是"损失"。由此，这里借鉴参考文献确定决策权重的计算方法：对于路径 i，可根据式（4-6）或表 4-1 计算出路径 i 发生可能事件 j（$j = 1, 2, \cdots, n$）的价值 $V_{i1}, V_{i2}, \cdots, V_{in}$，进一步排序得到 $V_{i(1)} \geq \cdots \geq V_{i(h)} \geq 0 \geq V_{i(h+1)} \geq \cdots \geq V_{i(n)}$，设 $V_{i(g)}$ 表示排在第 g（$g = 1, 2, \cdots, n$）位的价值，那么有

$$\begin{cases} V_{i(g)} \geq 0, & g \leq h \\ V_{i(g)} \leq 0, & g \geq h+1 \end{cases} \quad (4-12)$$

令 $p_{i(g)}$ 为路径 i 发生可能事件 g（$g = 1, 2, \cdots, n$）的概率，可得对应于 $V_{i(g)}$ 的决策权重函数为

$$\pi_{i(g)} = \begin{cases} w^+\left(\sum_{j=1}^{g} p_{i(j)}\right) - w^+\left(\sum_{j=1}^{g-1} p_{i(j)}\right), & g = 2, 3, \cdots, h, \pi_{i(1)} = w^+(p_{i(1)}) \\ w^-\left(\sum_{j=g}^{n} p_{i(j)}\right) - w^-\left(\sum_{j=g+1}^{n} p_{i(j)}\right), & g = h+1, h+2, \cdots, n-1, \pi_{i(1)} = w^-(p_{i(n)}) \end{cases} \quad (4-13)$$

式（4-13）中，采用 Tversky 和 Kahneman 提出的概率权重函数式（2-2）和式（2-3）。其中，$w^+(p)$，$w^-(p)$ 分别对应 $V_{i(g)} \geq 0$ 和 $V_{i(g)} \leq 0$ 的主观感知概率。另外，应注意到 $g=1$ 或 n 时 $\pi_{i(1)}$ 或 $\pi_{i(n)}$ 的计算公式。

4.1.3 累积前景值

结合 4.1.1 节和 4.1.2 节，可以计算出通勤者对备选路径 i 的累积感知价值为

$$\text{CPV}_i = \text{CPV}_i^+ + \text{CPV}_i^- \quad (4-14)$$

其中，$CPV_i^+ = \sum_{g=1}^{h} \pi_{i(g)} V_{i(g)}$ 表示收益部分的累积感知价值；$CPV_i^- = \sum_{g=h+1}^{n} \pi_{i(g)} V_{i(g)}$ 表示损失部分的累积感知价值。如果存在 m 条出行路径可供通勤者选择，那么当且仅当

$$CPV_r = \max\left(CPV_1, CPV_2, \cdots, CPV_r, \cdots, CPV_m\right) \qquad (4\text{-}15)$$

成立时，通勤者将会在 m 条路径中选择路径 r 出行，实现到达工作地的目的。

4.2 最优路径选择与分析

4.2.1 最优路径计算和分析

假设路径出行时间是不确定的，且备选路径的出行时间以区间数表示（图4-2），以两个出行场景和两个备选路径组合为算例，本节将根据4.1.3节定义的累积感知价值计算通勤者的最优路径选择结果。

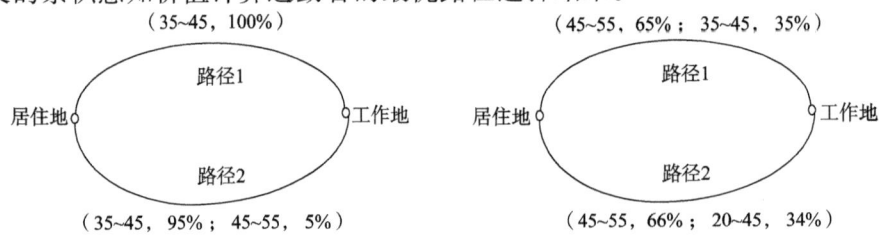

图 4-2　备选路径组合 1 和 2 示意图

备选路径组合1：路径1有100%的概率路上花费时间为35~45分钟；路径2有95%的概率路上花费时间为35~45分钟，5%的概率路上花费时间为45~55分钟。

备选路径组合2：路径1有65%的概率路上花费时间为45~55分钟，35%的概率路上花费时间为35~45分钟；路径2有66%的概率路上花费时间为45~55分钟，34%的概率路上花费时间为20~45分钟。

出行场景1：从居住地出发，驾驶小汽车前往工作地上班，期望在45分钟内到达工作地，即心理参考点 $t_R = 45$。

出行场景2：从居住地出发，驾驶小汽车前往工作地上班，期望在30~45分钟到达工作地，最佳的路上行程时间为40分钟，即心理参考点 $t_R^E = 30$，$t_R^L = 45$ 和 $t_P = 40$。

根据 Tversky 和 Kahneman 的统计调查研究，如前文，取 $\alpha = \beta = 0.88$，$\lambda = 2.25$，$\gamma = 0.61$，$\delta = 0.69$。取 $\alpha_1 = \alpha_2 = \alpha_3 = \alpha_4 = 0.88$，$\beta_1 = 2.25$，$\beta_2 = 1$，由等式（4-8）可

得 $\beta_3 =1.84$，从而 $\beta_4 =2.25$。针对上述两个出行场景和两个备选路径组合，根据式（4-1）~式（4-15），表 4-1 和式（4-2）~式（4-3），路径 1 和 2 的 CPV 与最优路径选择结果如表 4-2 所示。

表 4-2 路径 1 和 2 的 CPV 与最优路径选择结果

对应路径	出行场景 1 路径组合 1	出行场景 1 路径组合 2	出行场景 2 路径组合 1	出行场景 2 路径组合 2
路径 1	CPV_1=4.12	CPV_1=−3.70	CPV_1=10.01	CPV_1=−5.97
路径 2	CPV_2=2.24	CPV_2=−2.05	CPV_2=6.04	CPV_2=−9.99
最优路径	路径 1	路径 2	路径 1	路径 1

由表 4-2 可以看出，通勤者在出行场景 1 或出行场景 2 面临备选路径组合 1 时，路径 1 均为最优路径。这表明，无论通勤者有一个还是两个心理参考点，在面临确定性收益时，均表现出风险规避而选择路径 1。对于通勤者在出行场景 1 面临备选路径组合 2 时，通勤者有一个心理参考点，备选路径 1 和 2 均有较大可能（65%和 66%的概率）面临损失，表现出风险寻求，选择有可能（34%的概率）获得较大收益的路径 2 出行。然而，对于通勤者在出行场景 2 面临备选路径组合 2 时，通勤者有两个心理参考点，同样备选路径 1 和 2 均有较大可能（65%和 66%的概率）面临损失，却选择路径 1 出行，这是因为考虑到早于可接受的最早到达时间到达工作地也是一种损失，从而选择有可能（35%的概率）获得较大收益的路径 1 出行。下面试算表 4-2 在出行场景 1 出行路径组合 1、出行路径组合 2 的 CPV。

首先，出行场景 1 的心理参考点为 45 分钟；路径 2 有 95%的概率路上花费时间为 35~45 分钟，5%的概率路上花费时间为 45~55 分钟。

其次，对于可能发生的事件一：路上花费时间为 35~45 分钟，对应概率为 0.95。计算 V_{21}，对应式（4-5）中 $t_{ij}^L \leq t_{ij}^U \leq t_R$ 的情形，先计算 $G_{21} = 45 - 0.5 \times (35+45) = 5$。

由 $V^+(G_{ij}) = (G_{ij})^{\alpha}$，$G_{ij} \geq 0$，$\alpha=0.88$，得 $V^+(G_{21}) = (5)^{0.88} = 4.12$。

那么，$V_{21} = V^+(G_{21}) = 4.12 > 0$。

对于可能发生的事件二：路上花费时间为 45~55 分钟，对应概率为 0.05。计算 V_{22}，对应式（4-5）中 $t_R \leq t_{ij}^L \leq t_{ij}^U$ 的情形，先计算 $L_{22} = 0.5 \times (55+45) - 45 = 5$。

由 $V^-(L_{ij}) = -\lambda (L_{ij})^{\beta}$，$L_{ij} \geq 0$，$\beta=0.88, \lambda=2.25$，得 $V^-(L_{22}) = -2.25 \times (5)^{0.88} = -9.27$。

那么，$V_{22} = V^-(L_{22}) = -9.27 < 0$。

然后，根据式（4-12），有 $V_{21} = 4.12 > V_{22} = -9.27$，再计算相应的决策权重

值 $\pi_{2(1)} = w^+(0.95) = 0.79$，$\pi_{2(2)} = w^-(0.05) = 0.11$。

最终得 $\text{CPV}_2 = V_{21} \cdot \pi_{2(1)} + V_{22} \cdot \pi_{2(2)} = 2.24$。

接下来，图 4-3 给出了仅考虑一个参考点时，出行场景 1 中 t_R 改变对备选路径组合 1 和 2 的 CPV 的影响。可以发现，随着 t_R 的增加，路径组合 1 和 2 中的路径 1 和 2 的 CPV 均表现出同向递增的趋势，且图 4-3（a）中的路径 1 和图 4-3（b）中的路径 2 总是处于占优地位。这是因为尽管可能的出行时间以区间数的形式表现，在单个参考点的情形下，结果直接对应的仍然不是损失就是收益，没有进一步考虑早到或晚到的因素，因此，参考点的增加意味着通勤者心理的期望出行时间标准逐步放宽，收益越来越多，CPV 自然也越来越高。

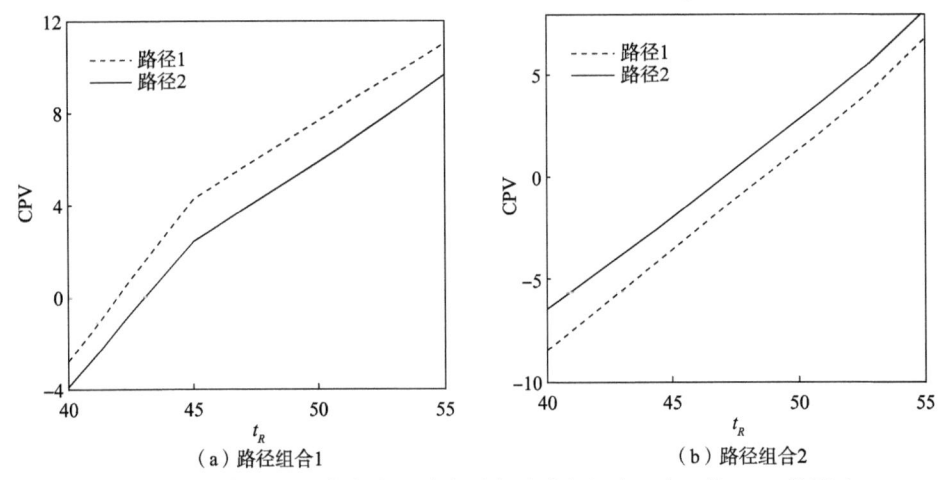

图 4-3 出行场景 1 中参考点 t_R 改变对备选路径组合 1 和 2 的 CPV 的影响

图 4-4 进一步研究了考虑早到（晚到）损失或收益时，改变最佳到达时间 t_P（$t_P - t_R^E = 10$ 和 $t_R^L - t_P = 5$ 保持不变），路径组合 1 和 2 中两条路径的 CPV 的变化趋势。图 4-4（a）中，随着 t_P 增加，路径 1 和 2 的 CPV 曲线都表现出先上升后下降的趋势，这与图 4-3 不同，主要是因为在两个参考点的情形下，早到并非越早越好，而且针对最偏好到达时间，模型考虑有早到和晚到收益之分。例如，当 $t_P = 44$ 时，$t_R^E = 34$，$t_R^L = 49$，此时有早到和晚到收益；而当 $t_P = 45$ 时，$t_R^E = 35$，$t_R^L = 50$，此时仅有早到收益，且通勤者对晚到区域的收益更为敏感，表现在 $\beta_3 / \beta_2 = 1.84$，所以，路径 1 和 2 的 CPV 曲线相应地呈下降趋势。当 $35 \leq t_P < 46$ 时，CPV_1 大于 CPV_2，路径 1 为占优路径；而当 $t_P \geq 46$ 时，CPV_2 大于 CPV_1，这是因为对于路径 1 而言，随着 t_P、t_R^E、t_R^L 增加，越早到损失越大，从而路径 2 成为最优路径。图 4-4（b）中的曲线下降和上升现象可由前做类似的

解释，且路径 1 为占优路径。

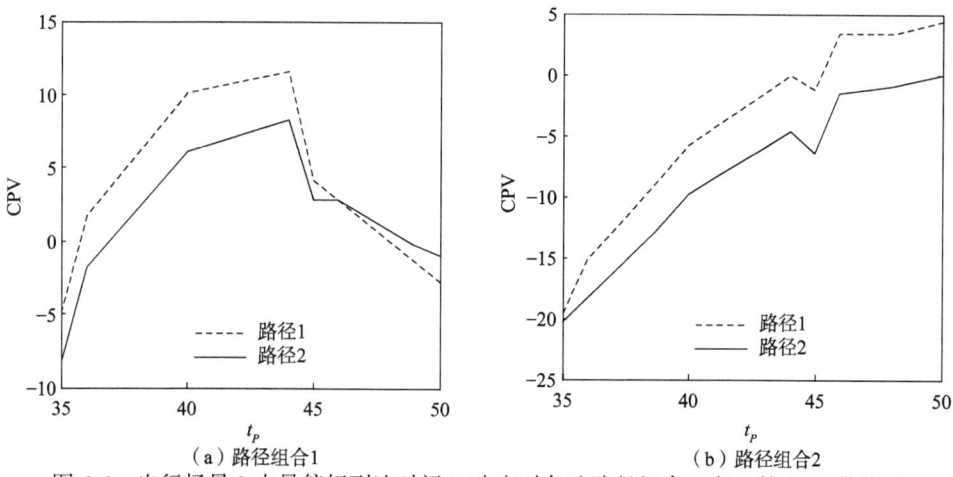

(a) 路径组合1

(b) 路径组合2

图 4-4　出行场景 2 中最偏好到达时间 t_P 改变对备选路径组合 1 和 2 的 CPV 的影响

4.2.2　实证调查数据

基于前面的两个出行场景和两个备选路径组合，设计网络调查问卷，开展 SP 调查，回收有效问卷 229 份。问卷受访者的来源统计如图 4-5 所示，调查结果统计如表 4-3 和表 4-4 所示。

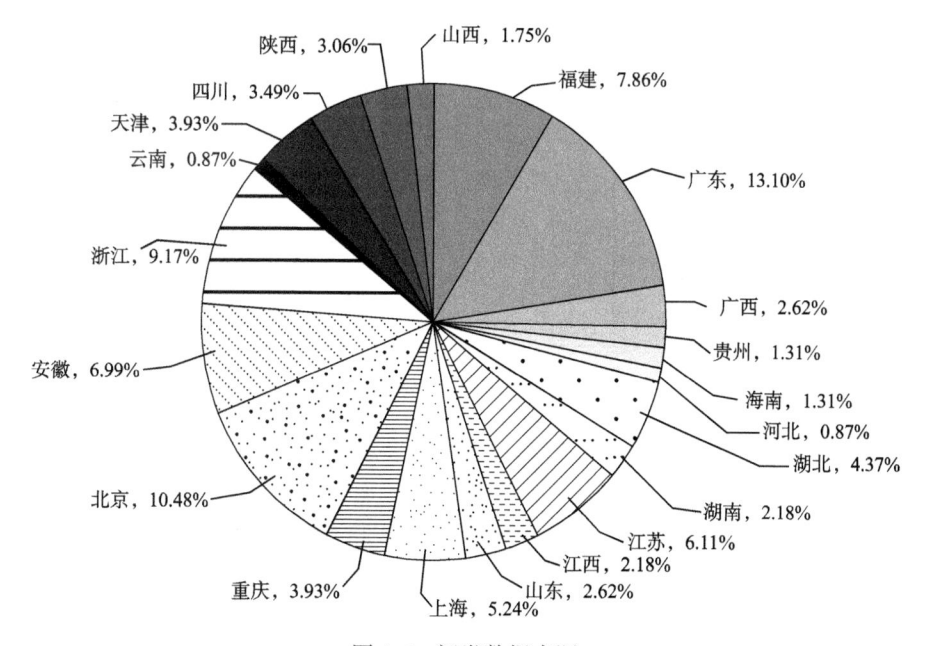

图 4-5　问卷数据来源

表 4-3 SP 调查结果

出行场景 1 选项	小计	比例
路径 1：100%的概率路上花费时间为 35~45 分钟	168	73.36%
路径 2：95%的概率路上花费时间为 35~45 分钟，5%的概率路上花费时间为 45~55 分钟	61	26.64%
本题有效填写人次	229	

出行场景 1 选项	小计	比例
路径 1：65%的概率路上花费时间为 45~55 分钟，35%的概率路上花费时间为 35~45 分钟	82	35.81%
路径 2：66%的概率路上花费时间为 45~55 分钟，34%的概率路上花费时间为 20~45 分钟	147	64.19%
本题有效填写人次	229	

出行场景 2 选项	小计	比例
路径 1：100%的概率路上花费时间为 35~45 分钟	175	76.42%
路径 2：95%的概率路上花费时间为 35~45 分钟，5%的概率路上花费时间为 45~55 分钟	54	23.58%
本题有效填写人次	229	

出行场景 2 选项	小计	比例
路径 1：65%的概率路上花费时间为 45~55 分钟，35%的概率路上花费时间为 35~45 分钟	151	65.94%
路径 2：66%的概率路上花费时间为 45~55 分钟，34%的概率路上花费时间为 20~45 分钟	78	34.06%
本题有效填写人次	229	

表 4-4 SP 调查结果汇总

出行场景	路径选择结果	人数	所占比例
出行场景 1	（路径 1，路径 1）	56	24.45%
	（路径 1，路径 2）	112	48.91%
	（路径 2，路径 1）	26	11.35%
	（路径 2，路径 2）	35	15.28%
	合计	229	100%
出行场景 2	（路径 1，路径 1）	111	48.47%
	（路径 1，路径 2）	64	27.95%
	（路径 2，路径 1）	40	17.47%
	（路径 2，路径 2）	14	6.11%
	合计	229	100%

由图 4-5 可知，问卷受访者来自中国大部分省市，主要集中在广东、北京、浙江、福建等地。表 4-3 针对表 4-2 中的出行场景和备选路径组合，依次对路径选择结果进行了调查和统计，可以发现，绝大多数受访者的路径选择结果与表 4-2 中的最优路径选择结果是一致的。表 4-4 对表 4-3 中的路径选择结果作了更进一步的统计，场景 1 的路径选择组合（路径 1，路径 2）和场景 2 的路径选择组合（路径 1，路径 1）占比分别为最高的 48.91%和 48.47%，与表 4-2 中的理论结果一致，这说明上述构建的同时考虑区间数和参考依赖特性的决策模型能够较好地模拟大多数

受访者的择路行为。

4.3 本章小结

本章通过引入出行者对路径出行时间的模糊感知，以区间数来表示路径可能发生的出行时间，并分别考虑出行者有一个和两个心理参考点的情形，在累积前景理论决策规则下推导了综合价值函数和决策权重函数，构建了最优路径选择模型。研究发现，当出行者仅考虑一个参考点时，参考点增加将导致 CPV 持续增加，且最优路径保持不变，但当出行者考虑两个参考点时，增加最偏好到达时间将使期望 CPV 先增加后减少，且最优路径会发生改变，这说明在进行交通路径诱导时考虑出行者的心理认知是非常必要的。最后，基于算例开展了网络问卷调查，其实证数据支持理论模型结果，进一步验证了模型的有效性。

第5章 考虑动态双参考点的多用户网络均衡与演化

由于天气变化、交通事故及市政施工等原因，城市交通网络呈现出典型的不确定性。面对诸多不确定性因素，再加上信息不对称以及出行者自身的认知能力偏差，出行者的日常出行决策行为并非完全理性。大量研究说明了出行者的路径选择行为存在参考效应，并且符合累积前景理论框架。

第2章至第4章在累积前景理论框架下分析了出行个体的微观特征对路径或方式选择均衡结果的影响。但在实际出行中，当实行道路拥挤收费时，出行者的出行成本包含出行时间和出行费用两部分，过去的研究倾向于将两者捆绑考虑，设定一个参考点。为了单独探讨时间和费用对出行者的影响，本章单独设立了与出行者意愿支付费用和相应节省时间有关的费用参考点，并将时间和费用前景值分成两个维度予以考虑，假设出行者的时间参考点与各自的感知出行时间和风险态度相关，且根据每天的路网情况逐日更新，而费用参考点则与各类出行者的出行价值相关并逐日变化，在此基础上构建基于时间和费用双参考点的多用户日常路径选择均衡模型，在新的模型框架下解读交通政策或个体微观特征对决策行为的影响。

5.1 基于动态拥挤收费和双参考点的路径感知价值

5.1.1 符号与假设

假设 $G(N,A)$ 是具有多起点和多讫点的强连通网络，N 为网络结点集，A 为有向路段集，W 为 OD 对的集合，R_w 为 OD 对 W 之间的所有路径集，d_w^n 为第 n 天 OD 对 W 之间的出行需求，f_{rw}^n 为第 n 天路径 r $(r \in R_w)$ 上的流量，v_a^n 为第 n

天路段 a 上的流量，$\delta_{a,r}$ 为路段路径关联矩阵，若路径 r 经过路段 a，则 $\delta_{ar}=1$，反之为 0。t_a^n 为第 n 天在路段 a 上的实际出行时间，t_{rw}^n 和 $\tilde{t}_{rw}^n$ 分别为第 n 天在路径 r $(r\in R_w)$ 上的实际出行时间和感知出行时间，设 τ_a^n 表示第 n 天在路段 a 上收取的拥挤费用。根据路段和路径之间的关系，路网的流量和出行时间满足如下关系：

$$d_w^n = \sum_{r=R_w} f_{rw}^n \tag{5-1}$$

$$v_a^n = \sum_{w\in W}\sum_{r\in R_w} f_{rw}^n \delta_{ar} \tag{5-2}$$

$$t_{rw}^n = \sum_{a\in A} t_a^n \delta_{ar} \tag{5-3}$$

5.1.2 日常动态拥挤收费设计

通常，计算最优拥挤收费需要事先知道确切的出行者需求函数，但这一点在现实中很难做到。为解决这一困难，Yang 等（2010）提出了基于试算法的收费方式，即以路段通行能期望目标，根据路网流量确定相应收费，并通过观察流量变化不断调整收费，直到流量达到期望目标。在此基础上，结合 day-to-day 出行情境，Guo 等（2016）设计了拥挤收费的动态调整和设计思路，分析了在不同期望目标下，流量和收费的动态演化结果。同样地，本章也采用这一思路，拥挤收费水平随着实际路面通行情况而动态调整，即采用基于试错法的动态拥挤收费对通行流量进行 day-to-day 调整。在这一思路下，政府管理者依据某一特定目标，如路径通行速度、拥堵系数等对拥挤收费水平进行动态调整，收费水平与特定目标互相反馈，直到达到均衡状态。不失一般性，本章选取路段交通饱和度即 V/C 作为调整目标，基于此，日常动态拥挤收费水平设计为

$$\tau_a^{n+1} = \tau_a^n + \zeta\cdot\max\left(\left(v_a^n/C_a - \eta\right),0\right), \eta\in(0,\infty) \tag{5-4}$$

其中，τ_a^n，τ_a^{n+1} 分别为第 n 天和第 $n+1$ 天在路段 a 上收取的费用；v_a^n 为第 n 天路段 a 上的实际通行流量；C_a 为路段 a 的通行能力；ζ 为调整速度；η 为道路交通饱和度的调整目标。当路段流量导致该路段交通饱和度超过调整目标时则增加路段拥挤收费水平，若未达到则保持拥挤收费水平不变[①]。

[①] 在采用这一动态拥挤收费设计思路时，首次征收的拥挤收费水平需设置一个较小的值，然后通过每日动态调整逐渐调高收费水平，直到找到均衡状态。

5.1.3 动态双参考点的计算依据

日常通勤时，出行者主要依据过去的出行经验进行路径选择。根据 Horowitz（1984）提出的学习模型，出行者的感知出行时间是过去实际出行时间的加权平均，距离决策当天越近，则对应出行时间的权重越大，反之越小，基于此，感知出行时间的均值更新过程表示为

$$\overline{t}_{rw}^{n+1} = \frac{2}{n(n+1)} \sum_{i=1}^{n} i \cdot t_{rw}^{i}, \ r \in R_w, \ w \in W \tag{5-5}$$

不失一般性，本章中的感知出行时间均值也采用这一更新模式，并假设感知出行时间服从正态分布，记为 $\tilde{t}_{rw}^{n} \sim N(\overline{t}_{rw}^{n}, \theta_{rw} \overline{t}_{rw}^{n})$，其中 θ_{rw} 为方差系数。

由于信息掌握程度、认知能力等的限制，出行者决策时表现为有限理性，路径选择行为具有参考依赖特征，前景理论因能较为真实地描述出行者这类有限理性决策行为受到了众多学者的青睐。在前景理论决策框架下，参考点的选择至关重要。本章引入动态拥挤收费调节流量的分布，因此出行者会同时面临时间和费用的抉择。假设出行个体需要分别基于时间参考点和费用参考点来进行判断，即分别计算各自的前景值再进行线性组合后作出最终的择路决策，那么，就需要分别给出时间参考点和费用参考点的计算依据。

在日常路径选择过程中，路径出行时间每天都在发生变化，因此，依据历史经验择路的出行者也会根据路网的变化而不断更新其参考点。借鉴 Xu 等（2011）内生参考点的确定方式，本章假设参考点逐日动态变化，出行个体每一天对每条路径都有一个参考点，且具有相同的风险态度，基于此，出行个体第 n 天对路径 r ($r \in R_w$) 的日常时间参考点 u_{rw}^{n} 可表示为

$$u_{rw}^{n} = \overline{t}_{rw}^{n} + \rho \cdot \sigma_{rw}^{n}, \ r \in R_w, \ w \in W \tag{5-6}$$

其中，$\overline{t}_{rw}^{n}$ 和 $\sigma_{rw}^{n}(= \theta_{rw} \overline{t}_{rw}^{n})$ 分别表示第 n 天路径 r ($r \in R_w$) 的感知出行时间均值和标准差；ρ 为出行者的风险态度系数，ρ 越大，则表示对路径出行时间的预估越保守。从式（5-6）可以看出，出行者的日常时间参考点与感知出行时间及其波动程度，以及出行个体自身的风险态度有关，感知出行时间和标准差逐日变化，参考点也随之调整。假设每位出行个体都以所有路径中的最小预估时间作为日常时间参考点，那么出行者第 n 天的日常时间参考点 u_0^{n} 可表示为

$$u_0^{n} = \min(u_{rw}^{n}), \ r \in R_w, \ w \in W \tag{5-7}$$

在给出日常时间参考点的计算依据后，接下来讨论费用参考点将如何获得。通常来说，人们决定是否购买某件商品时，商品的性价比是主要的影响因素。当

实施拥挤收费时，道路资源这一"商品"的特点是，出行者支付一定的货币，从而节省一定的出行时间，其性价比体现在出行者的支付费用与节省的出行时间的多少上，出行者的支付意愿与实施拥挤收费后可减少的路径出行时间有关。本章假设出行个体愿意支付的拥挤费用是可减少的路径出行时间的凹的增函数，即随着可减少的路径出行时间增加，出行个体愿意支付的拥挤费用是递增的，且边际增幅递减。此外，假设出行个体的时间价值是异质的，将出行者划分为 M 类，令 μ_m $(m=1,2,\cdots,M)$ 为第 m 类出行者的时间价值。基于此，第 m 类出行者在第 n 天的日常费用参考点 $\kappa_0^{m,n}$ 可确定为

$$\kappa_0^{m,n} = \mu_m \left(u_0^n - t_{rw}^n\right)^k, m=1,2,\cdots,m, r \in R, w \in W \quad (5\text{-}8)$$

其中，$k \in (0,1)$ 为固定参数。显然，时间价值 μ_m 越大，则费用参考点越大。当拥挤收费水平小于日常费用参考点时，出行者感受到收益，反之为损失。

5.1.4 路径综合感知价值推导过程

在日常时间参考点和费用参考点确定后，沿袭累积前景理论的通常做法，针对时间和费用分别以对应参考点为界分为获得和损失两部分，通过价值函数和权重函数分别计算备选方案的前景值，从而获得基于双参考点的路径综合感知价值，出行个体则基于各路径的综合感知价值作出最终的择路决策。不失一般性，价值函数和权重函数分别表示为

$$g_{rw}^n(t) = \begin{cases} \left(u_0^n - t_{rw}^n\right)^\alpha, & t_{rw}^n \leqslant u_0^n \\ -\lambda \left(t_{rw}^n - u_0^n\right)^\beta, & t_{rw}^n > u_0^n \end{cases} \quad (5\text{-}9)$$

$$h_{rw}^{m,n}(t) = \begin{cases} \left(\kappa_0^{m,n} - \tau_a^n\right)^\alpha & \tau_a^n \leqslant \kappa_0^{m,n} \\ -\lambda \left(\tau_a^n - \kappa_0^{m,n}\right)^\beta & \tau_a^n > \kappa_0^{m,n} \end{cases}, m=1,2,\cdots,M \quad (5\text{-}10)$$

$$w(p) = \frac{p^\gamma}{\left[p^\gamma + (1-p)^\gamma\right]^{\gamma-1}} \quad (5\text{-}11)$$

其中，$g_{rw}^n(t)$ 表示第 n 天在路径 r $(r \in R_w)$ 上出行时间偏离参考点的价值；$h_{rw}^{m,n}(t)$ 表示第 m 类出行者第 n 天在路径 r $(r \in R_w)$ 上出行费用偏离参考点的价值；$0 < \alpha, \beta \leqslant 1$ 表示出行者对获得和损失敏感性递减的程度；λ 为风险规避系数。$w(p)$ 将事件的客观概率转化成个体的主观概率，γ 体现了人们常常高估小概率低估高概率的事实。根据累积前景理论，出行者第 n 天在路径 r $(r \in R_w)$ 上的时间前景值 VT_{rw}^n 和第 m 类出行者第 n 天在路径 r $(r \in R_w)$ 上的费用前景值 $\mathrm{VC}_{rw}^{m,n}$ 可分别表示为

$$\mathrm{VT}_{rw}^{n} = \int_{t_a^0}^{u_0^n} \frac{\mathrm{d}w(F(t))}{\mathrm{d}t} \cdot g_{rw}^n(t)\mathrm{d}t$$
$$+ \int_{u_0^n}^{\overline{t}_{rw}^n + 3\sigma_{rw}^n} -\frac{\mathrm{d}w(1-F(t))}{\mathrm{d}t} \cdot g_{rw}^n(t)\mathrm{d}t, r \in R_w, w \in W \quad (5\text{-}12)$$

$$\mathrm{VC}_{rw}^{m,n} = \int_{t_a^0}^{u_0^n} \frac{\mathrm{d}w(F(t))}{\mathrm{d}t} \cdot h_{rw}^{m,n}(t)\mathrm{d}t$$
$$+ \int_{u_0^n}^{\overline{t}_{rw}^n + 3\sigma_{rw}^n} -\frac{\mathrm{d}w(1-F(t))}{\mathrm{d}t} \cdot h_{rw}^{m,n}(t)\mathrm{d}t, r \in R_w, w \in W \quad (5\text{-}13)$$

其中，$F(t)$为路径出行时间分布函数①，出行时间的下界选取为路径的自由流时间，上界选取为感知出行时间的均值加 3 倍标准差（即遵从3σ原则）。根据上述定义的感知价值函数，对费用前景值进行归一化处理后，第m类出行者第n天对路径r $(r \in R_w)$的综合感知价值$\mathrm{PV}_{rw}^{m,n}$可表示为

$$\mathrm{PV}_{rw}^{m,n} = \mathrm{VT}_{rw}^n + \varphi \cdot \left(\min_{r,w}(\mathrm{VT}_{rw}^{m,n}) + \left(\max_{r,w}(\mathrm{VT}_{rw}^{m,n}) - \min_{r,w}(\mathrm{VT}_{rw}^{m,n}) \right) \cdot K \right) \quad (5\text{-}14)$$

其中，φ为调节参数，表示时间和费用的前景值对出行者决策的影响权重，φ值越大，则说明费用的影响越大；$K = \left(\mathrm{VC}_{rw}^{m,n} - \min_{r,w}(\mathrm{VC}_{rw}^{m,n}) \right) \bigg/ \left(\max_{r,w}(\mathrm{VC}_{rw}^{m,n}) - \min_{r,w}(\mathrm{VC}_{rw}^{m,n}) \right)$是一个属于$(0,1)$的数。

5.2 day-to-day 多用户网络均衡以及求解算法

5.2.1 多用户网络均衡条件

出行者在 day-to-day 择路决策过程中，将通过最大化综合感知价值来进行路径选择。在均衡状态下，同一类出行者具有相同的路径综合感知价值。因此，均衡问题等价于找到这样一个向量$f^*\left(=\{f_{rw}^{m,n*}, m=1,2,\cdots,M, r \in R_w, w \in W\}\right)$，满足以下条件：

$$\mathrm{PV}_{rw}^{m,n}(f^*) = \begin{cases} = \pi_w^{m,n}, & \text{若}f_{rw}^{m,n} > 0 \\ \leqslant \pi_w^{m,n}, & \text{若}f_{rw}^{m,n*} = 0 \end{cases}, m=1,2,\cdots,M, r \in R_w, w \in W \quad (5\text{-}15)$$

$$\sum_m \sum_{r \in R_w} f_{rw}^{m,n*} = d_w^n, r \in R_w, w \in W \quad (5\text{-}16)$$

$$f_{rw}^{m,n*} \geqslant 0, r \in R_w, w \in W \quad (5\text{-}17)$$

---

① 为简单起见，出行时间分布函数的上下标在此处忽略。

其中，$\pi_w^{m,n} = \max_{r \in R_w}\left(\mathrm{PV}_{rw}^{m,n}\right)$ 表示 OD 对 W 之间的最大综合感知价值；$f_{rw}^{m,n*}$ 表示第 m 类出行者在第 n 天的路径 r $(r \in R_w)$ 上的均衡流量。这表明，出行者只选择具有最大综合感知价值的路径，其他具有小于或等于最大综合感知价值的路径将不被使用，换句话说，任何出行者都无法通过单方面改变出行路径来提高综合感知价值。不失一般性，上述均衡条件又等价于一个有限维的变分不等式问题，即找到均衡流量 $f_{rw}^{m,n*} \in \Omega$，使

$$\mathrm{PV}_{rw}^{m,n}\left(f_{rw}^{m,n*}\right)^{\mathrm{T}}\left(f_{rw}^{m,n} - f_{rw}^{m,n*}\right) \leqslant 0 \quad (5\text{-}18)$$

成立，其中，可行路径集 $\Omega = \left\{f_{rw}^{m,n*} \middle| f_{rw}^{m,n*} \geqslant 0; \sum_m \sum_{r \in R_w} f_{rw}^{m,n} = d_w^n, m = 1,2,\cdots,M, r \in R_w, w \in W\right\}$ 为紧致闭凸集，所以对任意路径流量向量 f，总存在唯一的最近的可行点 $g(f)$ 使得 f 投影在 Ω 上。定义一个映射 $\theta: \Omega \to \Omega$，且 $\theta(f) = g(f + \mathrm{PV}(f))$，当且仅当 $\theta(f) = f$ 时，f 才是该问题的均衡解。根据 Brouwer 的固定点理论，当 θ 是一个连续映射时，那么模型的解一定存在。由于路径感知价值 $\mathrm{PV}(f)$ 为连续函数，因此模型存在解。

5.2.2 求解算法

步骤 0：初始化。令 $n=1$，给定初始流量 f_{rw}^1，进一步得到路段流量 v_a^1。若考虑动态拥挤收费，则设置初始收费水平为 $\tau_a^1 = 0, a \in A$。

步骤 1：计算感知价值。根据式（5-6）~式（5-14）计算第 m 类出行者的时间参考点和费用参考点以及对应的综合感知价值，比较每类出行者对于 OD 对 W 之间所有路径的综合感知价值，并找出各类用户的最大综合感知价值及所对应的路径。

步骤 2：流量及感知出行时间更新。设 $\overline{R}_w^{m,n} = \left\{r: \mathrm{PV}_{rw}^{m,n} = \max\left(\mathrm{PV}_{rw}^{m,n}\right), r \in R_w, w \in W, m = 1,2,\cdots,M\right\}$，$g_{rw}^{m,n}$ 为 $f_{rw}^{m,n}$ 的辅助变量。对于任意路径 $r \in \overline{R}_{rw}^{m,n}$，设 $g_{rw}^{m,n} = Q_w^{m,n} / \left|\overline{R}_{rw}^{m,n}\right|$（$|\cdot|$ 表示取变量的个数），否则 $g_{rw}^{m,n} = 0$。对于每类出行者，更新流量计算如下：

$$f_{rw}^{m,n+1} = f_{rw}^{m,n} + \frac{1}{n}\left(g_{rw}^{m,n} - f_{rw}^{m,n}\right), r \in R, w \in W, m = 1,2,\cdots,M \quad (5\text{-}19)$$

在流量分配结束后，结合当天的实际出行时间，根据式（5-5）更新出行者的感知出行时间。

步骤 3：收费更新。根据步骤 2 计算的第 n 天路段流量，根据式（5-4）更新

$n+1$ 天的收费。

步骤 4：收敛性判断。收敛因子 $G = \sum_{r,w}\sum_{m}\left|\left(\pi_w^{m,n} - \pi_w^{m,n-1}\right)\big/\pi_w^{m,n}\right| \leqslant \varepsilon$，则迭代终止，否则 $n = n+1$，返回步骤 1。

5.3 算例分析

以图 5-1 的路网结构为例，本节将结合算例结果对模型进行验证。该网络有 7 个结点，11 条路段，4 个 OD 对，12 条路径。4 个 OD 对分别为 OD1：（1，7），OD2：（2，7），OD3：（3，7），OD4：（6，7），具体路径和路段构成关系如表 5-1 所示。OD 对间的最大潜在出行需求分别为 500，400，400，300，需求函数分别定义如下：

$$d_1^n = 500\exp\left(\xi_1 \cdot \left(\max\left(t_{r1}^n\right)\big/\min\left(t_{r1}^0\right) - 1\right)\right) \quad (5\text{-}20)$$

$$d_2^n = 400\exp\left(\xi_2 \cdot \left(\max\left(t_{r2}^n\right)\big/\min\left(t_{r2}^0\right) - 1\right)\right) \quad (5\text{-}21)$$

$$d_3^n = 400\exp\left(\xi_3 \cdot \left(\max\left(t_{r3}^n\right)\big/\min\left(t_{r3}^0\right) - 1\right)\right) \quad (5\text{-}22)$$

$$d_4^n = 300\exp\left(\xi_4 \cdot \left(\max\left(t_{r4}^n\right)\big/\min\left(t_{r4}^0\right) - 1\right)\right) \quad (5\text{-}23)$$

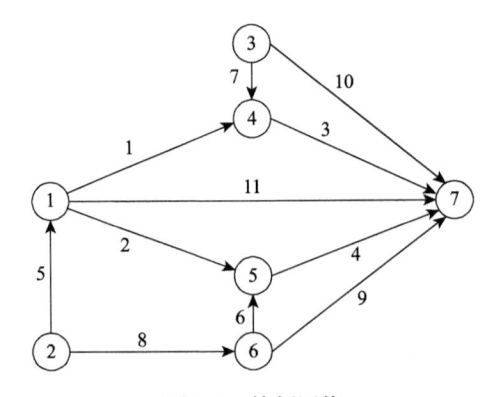

图 5-1 算例网络

表 5-1 路径和路段构成关系

OD 对	路径	路段构成	OD 对	路径	路段构成
(1, 7)	1	1, 3	(2, 7)	4	1, 3, 5
	2	11		5	5, 11
	3	2, 4		6	2, 4, 5
				7	4, 6, 8

续表

OD 对	路径	路段构成	OD 对	路径	路段构成
				8	8，9
（3，7）	9	10	（6，7）	11	4，6
	10	3，7		12	9

需求函数参数定义为 $\xi_1=1$，$\xi_2=0.8$，$\xi_3=3$ 和 $\xi_4=1$，t_{rw}^0 为路径自由流时间。不失一般性，路段出行时间通过经典的 BPR 函数进行计算，即 $t_a^n = t_a^0\left(1+0.15\left(v_a^n/C_a\right)^4\right)$。其中，$t_a^0$ 为路段自由流时间；C_a 为路段通行能力。路段的基本属性如表 5-2 所示。各路径的方差系数为 $\theta_{rw}=[0.12,0.01,0.3,0.15,0.01,0.08,0.2,0.1,0.1,0.06,0.1,0.08]$。设前景理论价值函数参数为 $\alpha=\beta=0.52$，$\lambda=2.25$，权重函数参数为 $\gamma=0.74$，出行个体的风险态度系数为 $\rho=0.8$。根据时间价值的不同，将出行者分为 $M=10$ 类，$\mu_i=[40，60，80，100，120，140，160，200，300，400]$ $(i=1,2,\cdots,10)(10^{-2}$元/分钟$)$。其他参数设为 $k=0.5$，$\zeta=5$，$\varphi=3$。

表 5-2 路段基本属性

路段	1	2	3	4	5	6	7	8	9	10	11
t_a^0	6	5	6	7	6	1	5	10	11	11	15
C_a	200	200	200	200	100	100	150	150	200	200	200

表 5-3 首先对比了收费前后第 4 500 天各路段的流量以及路段 V/C（实施拥挤收费后设 $\eta=1.2$）。可以发现，在实施拥挤收费后，由于出行成本上升等原因，出行者在各路段的出行需求均有所降低（减少的那部分出行需求可转移到公共交通出行方式），同时，各路段的 V/C 均控制在了目标值范围以内，路段拥堵程度得到有效缓解。结合这一结果，表 5-4 给出了各路径第 4 500 天收费前后的感知出行时间均值以及各路径的均衡流量与拥挤费用。可以发现，在实施拥挤收费后，路径均衡流量大幅降低，出行个体的感知出行时间均值锐减，这说明出行者确实可以通过支付一定的拥挤费用换取到较短的出行时间。

表 5-3 收费前后路段流量和交通饱和度对比结果

路段	路段通行能力	收费前		收费后	
		路段流量	路段 V/C	路段流量	路段 V/C
1	200	250.70	1.25	191.85	0.96
2	200	151.73	0.76	120.81	0.60
3	200	350.58	1.75	238.06	1.19

续表

路段	路段通行能力	收费前		收费后	
		路段流量	路段 V/C	路段流量	路段 V/C
4	200	356.06	1.78	239.87	1.20
5	100	180.04	1.80	116.27	1.16
6	100	204.33	2.04	119.07	1.19
7	150	99.87	0.67	46.21	0.31
8	150	219.96	1.47	169.93	1.13
9	200	315.62	1.58	81.52	0.41
10	200	300.13	1.50	199.29	1.00
11	200	277.61	1.39	162.81	0.81

表 5-4 实施拥挤收费前后各路径对应的均衡结果

路径	收费前		收费后		
	感知出行时间均值	均衡流量	感知出行时间均值	均衡流量	拥挤费用/元
1	22.73	248.44	15.01	190.06	1.87
2	23.48	154.92	15.94	137.77	0.20
3	22.78	96.64	14.40	31.36	1.82
4	38.25	2.26	22.86	1.79	3.93
5	38.99	122.69	23.79	25.04	2.26
6	38.29	55.09	22.25	89.45	3.88
7	38.11	79.82	22.94	40.44	3.74
8	38.15	140.13	25.69	129.49	0.66
9	19.40	300.13	12.66	199.29	0.48
10	19.65	99.87	13.08	46.21	1.64
11	21.17	124.51	10.54	78.62	3.45
12	21.22	175.49	13.29	81.52	0.37

进一步，图 5-2 给出了 OD2 中各路径流量在 1~5 000 天的演化情况，可以发现，所有的路径流量在初始状态都呈现出来回波动的现象，但随着时间的推移，均逐步趋于稳定。图 5-3 则给出了路段 3，4，9，11 的拥挤费用在 1~5 000 天的演化情况。可以发现，路段 3 和路段 4 的拥挤费用随着时间推移逐步增加直至达到稳定状态，这是因为它们的路段 V/C 几乎接近调整目标 1.2，而路段 9 和路段 11 因路段 V/C 远低于调整目标，故收费较低且较快地达到了均衡状态，从这一点可以看出，动态拥挤收费确实起到了调节路段流量的作用。

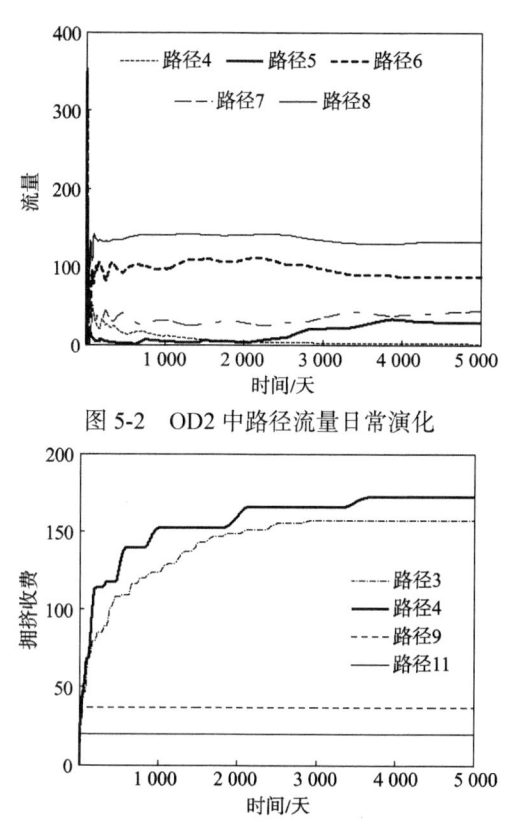

图 5-2 OD2 中路径流量日常演化

图 5-3 拥挤收费在路径上的日常演化

接下来，图 5-4 给出了第 4 500 天 OD2 中的每类用户对应各条路径的综合感知价值，各类用户的路径选择结果如图 5-5 所示。从图 5-5 中可以发现，对于时间价值较低的用户类 1~5，他们的费用参考点较小，支付意愿较低，因此主要选择平均行驶时间较长但收费水平较低的路径 8 出行，这是因为，相较其他路径而言，路径 8 的综合感知价值相对较高（图 5-4），中等时间价值的用户类则倾向于选择路径 5 和路径 7，而时间价值较高的用户类 9~10，则选择的是费用较高但平均出行时间较短的路径 6 以获得较高的前景值（图 5-4）。

最后，将进一步研究参数 φ 对各类用户路径选择的影响。以 OD1 为例，路径 2 是该 OD 对中出行时间最长但费用最低的路径，路径 1 是该 OD 对中出行时间较短但费用最高的路径。图 5-6 和图 5-7 分别给出了不同类用户选择路径 2 和路径 1 的流量占整个 OD 对流量的比例。可以发现，对于时间价值较低的用户类 1~4，以高额费用换取出行时间的性价比不高，因此，拥挤收费对于这些低时间价值用户的"负效用"逐渐增大，选择路径 2 的比例递增，选择路径 1 的比例递减。而对于时间价值较高的用户类 5~10 则相反，主要选择了出行时间较短但费用最高的路径

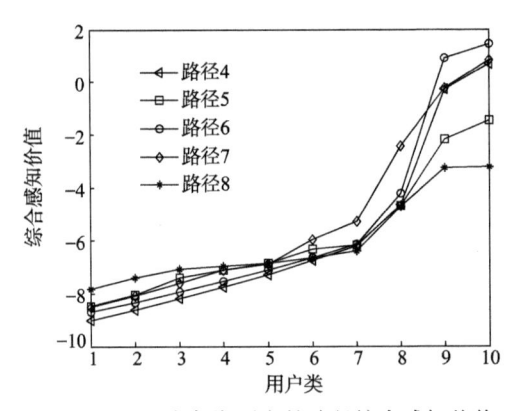

图 5-4　OD2 中各类用户的路径综合感知价值

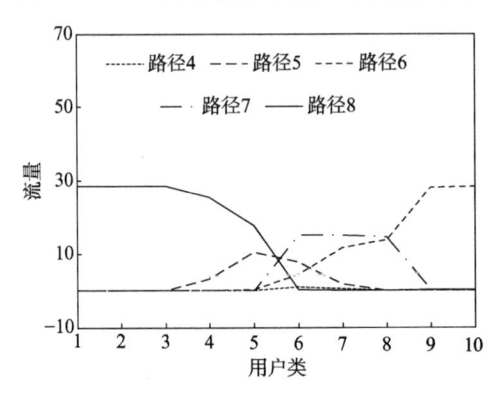

图 5-5　OD2 中各类用户的路径选择

1，这说明对于这些高时间价值用户，为节省一定时间，愿意支付较高的拥挤费用，且随着参数 φ 增大，选择路径 1 的比例越高，选择路径 2 的比例越低，与低时间价值类用户呈现出相反的趋势。

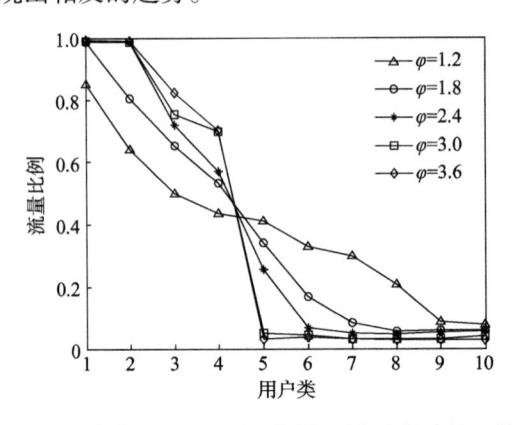

图 5-6　对应不同参数 φ，OD1 中不同类用户选择路径 2 的流量比例

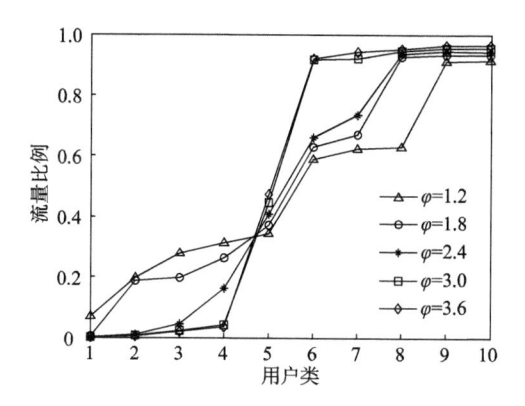

图 5-7　对应不同参数 φ，OD1 中不同类用户选择路径 1 的流量比例

5.4　本章小结

日常出行中，出行者主要依据历史经验进行路径选择，参考点依赖以及风险偏好等行为特征将影响出行者个体决策，从而影响交通网络的均衡结果。本章假设出行个体的参考点会随着道路实际通行情况而逐日动态调整，同时，不同于以往研究，本章将时间和费用两个参考点分开考虑，分别计算其前景值再进行加权计算。假设出行个体具有不同的时间价值，费用参考点是基于出行个体的时间价值和可节省的出行时间进行选取的，因此出行者具有异质的费用参考点。在拥挤收费方面，采用了基于试算法的逐日动态收费调整方法。在此基础上构建了基于时间和费用双参考点的动态多用户网络均衡模型。结果表明，路径均衡流量和拥挤收费水平在演化一定的时间后均能达到稳定状态，且在实施动态拥挤收费后，路段流量明显降低，各路段的 V/C 得到有效控制，出行个体的出行时间明显减少，道路拥堵状况得到有效缓解，这说明出行个体确实可以通过支付一定的费用换取较短的出行时间和良好的出行环境。同时可以发现，时间价值较低的用户倾向于选择平均行驶时间较长但收费水平较低的路径，而时间价值较高的用户则倾向于选择费用较高但平均出行时间较短的路径以获得较高的感知价值。此外，随着时间与费用前景值权重的增大，时间价值较低的用户偏向于出行时间较长但拥挤收费较低的路径的意愿会更加强烈，而时间价值较高的用户则会作出相反的决策。在今后的研究中，将进一步探讨非线性形式的时间和费用参考点以及设计相关的行为实验深入探索出行者日常路径选择过程中的心理特征对路网流量分配结果的影响。

第6章 基于 Dogit 模型考虑路径偏好的日常出行行为

城市居民日常通勤出行和生活出行是构成城市交通的主要来源，如何清晰地刻画出行个体的日常路径选择决策行为一直都是交通领域关注的研究热点。在长期日复一日的择路过程中，出行者的感知出行时间会随着出行经历动态更新变化，它是影响路径选择和出行流量演化轨迹的重要因素。此外，路径选择行为还会受到出行者的偏好习惯、风险态度等心理特征的影响。偏好习惯形成的过程，就是出行者在择路时深思熟虑逐渐减少的过程，并且个体路径偏好会随着出行经验不断更新，影响着每位出行个体的路径选择结果及整个路网的交通配流结果。

众所周知，Logit 模型是最早的离散选择模型，因其概率表达式简单、应用方便等特点，在经济学、社会学等领域均得到了广泛应用。但 Logit 模型也存在一些固有的缺陷：①IIA（independence of irrelevant alternatives，无关选择独立性）特性，即增加或减少备选方案不影响其他备选方案被选中的概率比；②备选方案被选中的概率只与各方案实际效用差有关，与方案本身特征无关；③无法体现个体对备选方案的偏好等异质性特征。Gaudry 和 Dagenais（1979）在 MNL 模型基础上提出了 Dogit 模型，该模型不受 IIA 特性的限制，克服了与变量本身特征无关的缺憾，在实际运用中也可以将偏好、忠诚度等个体心理特征引入离散选择模型。借助时间序列和截面交通数据，Gaudry 和 Wills（1979）证实在不考虑解释变量变换情况下 Dogit 模型至少等于或明显优化 Logit 模型。Bordley（1990）进一步证实 Dogit 模型同样适用于用户对某一备选方案并非完全忠诚的情形。Chu（2012）表明采用 Dogit 模型诠释交通分布的联合模型比 Logit 模型能够产生更好的路段流量、OD 分布和方式选择估计结果。

基于这一考虑，本章将基于 Dogit 模型，在日常路径选择模型中考虑路径偏好动态更新机制，对比分析三种感知出行时间学习模式下，个体路径偏好对日常路径流量演化与均衡的影响。同时，引入基于试错法的动态收费，研究均衡流量以及收费演化，并进一步分析不同路径偏好、不同偏好习惯锚定程度以及不同时间价值的用户择路行为。

6.1 基于Dogit模型的出行个体择路机制

在日常出行过程中，出行个体通常基于最大化出行效用的心理来选择出行路径。一般来说，出行效用是由备选路径的特征和个人自身特征共同决定的，但由于交通信息不对称和个体差异等原因，出行者无法精确感知影响其出行效用的全部因素；因此，出行个体对备选路径的效用估计值U_{ij}[①]与实际效用值V_{ij}之间存在一定的随机误差ε_{ij}，即

$$U_{ij} = V_{ij} + \varepsilon_{ij}, \ i = 1, 2, \cdots, N, \ j = 1, 2, \cdots, J \tag{6-1}$$

其中，U_{ij}表示第i位出行个体经第j条路径出行所获得的感知效用；V_{ij}表示第i位出行个体经第j条路径出行所获得的实际效用；N表示总出行需求；J表示所有的备选路径数；ε_{ij}为随机误差项[②]，服从某一独立极值分布（extreme value distribution）。在Gaudry和Dagenai提出的Dogit模型框架下，出行个体i第$n(=1,2,\cdots,N)$天选择备选路径j的概率$P_{ij}^{(n)}$可表示为

$$P_{ij}^{(n)} = \frac{1}{1+\sum_{k=1}^{J}\theta_{ik}^{(n)}}\frac{\exp(V_{ij}^{(n)})}{\sum_{k=1}^{J}\exp(V_{ik}^{(n)})} + \frac{\theta_{ij}^{(n)}}{1+\sum_{k=1}^{J}\theta_{ik}^{(n)}}, i = 1,2,\cdots,N, \ j = 1,2,\cdots,J \tag{6-2}$$

该模型将选择划分为自由选择和强迫选择两部分，式（6-2）中第一项表示自由选择部分，如悠闲娱乐、探亲访友、购物等的出行，且服从MNL模型；式（6-2）中第二项表示强制选择部分，即基本必要出行，如上下班、上下学、接送子女等的出行（可以发现，无论$V_{ij}^{(n)}$如何变化，这一部分的概率也不会发生变化）。参数$\theta_{ij}^{(n)}(>0)$[③]可以解释成出行个体i在第n天对路径j的偏好或忠诚度。在具体路径选择过程中，假设出行个体优先考虑具有最高$P_{ij}^{(n)}$的路径，并将其与[0, 1]的随机数P_{random}进行比较，若$P_{ij}^{(n)} > P_{\text{random}}$则选择道路$j$，否则以剩余路径的概率$P_{ij}^{(n)}$为基准，以不等概的方式随机选择一条路径，即如果剩余m条路径的概率分别为

---

① 为简单起见，本章不考虑OD对的影响，只讨论一个OD中的路径选择问题。
② 如果ε_{ij}服从正态分布，则对应Probit模型，如果ε_{ij}服从Gumbel分布，则对应Logit模型。
③ 当$\theta_{ij}^{(n)} = 0 (i=1,2,\cdots,N; j=1,2,\cdots,J)$时，即退化为经典的MNL模型。

$P_{i1}^{(n)}, P_{i2}^{(n)}, \cdots, P_{im}^{(n)}$，那么选择剩余路径的概率依据不等概率 $\overline{P}_{ij}^{(n)} = P_{ij}^{(n)} \left(\sum_{j=1}^{m} P_{ij}^{(n)} \right)^{-1}$ 随机选择。以三条路径为例，如选择三条路径 1~3 的概率分别为 0.6、0.3 和 0.1，若 $0.6 < P_{random}$，未选择路径 1，那么选择路径 2 与路径 3 的概率分别为 0.75 和 0.25。下面给出基于 Dogit 模型的流量守恒条件：

$$D = \sum_{i=1}^{N} \sum_{j=1}^{J} f_{ij}^{(n)}, \ i=1,2,\cdots,N, \ j=1,2,\cdots,J \qquad (6\text{-}3)$$

$$f_j^{(n)} = \sum_{i=1}^{N} f_{ij}^{(n)}, \ j=1,2,\cdots,J \qquad (6\text{-}4)$$

$$v_a^{(n)} = \sum_{j} \delta_{aj} f_j^{(n)}, \ j=1,2,\cdots,J \qquad (6\text{-}5)$$

其中，D[①]为总出行需求；$f_{ij}^{(n)}$ 为 0~1 变量，如果第 i 位出行个体在第 n 天选择了路径 j，则 $f_{ij}^{(n)}=1$，否则为 0；$f_j^{(n)}$ 为第 n 天选择路径 j 的出行流量；δ_{aj} 为 0~1 变量，如果路段 a 属于路径 j，则 $\delta_{aj}=1$，否则为 0；$v_a^{(n)}$ 为第 n 天路段 a 上的交通量。

考虑到择路过程中出行者更多关注的是出行成本，这里将出行者的出行感知成本作为负效用来处理，即令 $V_{ij}^{(n)} = -C_{ij}^{(n)}$，$C_{ij}^{(n)}$ 是第 i 位出行个体第 n 天经第 j 条路径的出行感知成本，在这里表示为

$$C_{ij}^{(n)} = \tau_{ij}^{(n)} + \kappa_{ij}^{(n)}/\mu, \ i=1,2,\cdots,N, \ j=1,2,\cdots,J \qquad (6\text{-}6)$$

其中，$\tau_{ij}^{(n)}$ 为出行个体 i 第 n 天经第 j 条路径出行的感知出行时间（在 6.2 节中将讨论在不同的学习模式下，感知出行时间如何设定）；$\kappa_{ij}^{(n)}$[②]为出行个体第 n 天经第 j 条路径的现金支出；μ 为出行个体的时间价值。下面给出三种不同的感知出行时间学习模式。

6.2 感知出行时间学习模式

假设出行者对路径出行时间的感知，仅依赖于自身过去实际经历的路径出行时间，这就是最常见的指数平滑或 ES（exponential smoothing）学习模式。如果

[①] 本章只关注固定需求情形，即每天的总出行需求是固定不变的。
[②] $\kappa_{ij}^{(n)}$ 可涵盖出行个体 i 在第 n 天经由路径 j 需要支出的所有现金成本，如燃油费、政府征收的拥挤费等。

出行个体 i 在第 $n-1$ 天选择了路径 j，则第 n 天对路径 j 的感知出行时间表示为第 $n-1$ 天的实际出行时间与感知出行时间的加权和，否则感知出行时间保持不变，计算公式如下：

$$\tau_{ij}^{\text{ES}}(n) = \begin{cases} \alpha t_{ij}^{\text{ES}}(n-1) + (1-\alpha)\tau_{ij}^{\text{ES}}(n-1), & f_{ij}^{(n-1)} = 1 \\ \tau_{ij}^{\text{ES}}(n-1), & f_{ij}^{(n-1)} = 0 \end{cases} \quad (6\text{-}7)$$

其中，$\tau_{ij}^{\text{ES}}(n)$ 和 $\tau_{ij}^{\text{ES}}(n-1)$ 分别为在 ES 学习模式下，出行个体 i 在第 n 天和第 $n-1$ 天对路径 j 的感知出行时间；而 $t_{ij}^{\text{ES}}(n-1)$ 表示出行个体 i 在第 n 天经由路径 j 的实际出行时间，且 $t_{ij}^{\text{ES}}(n-1) = \sum_{a} \delta_{aj} t_a^{(n-1)}$，$t_a^{(n-1)}$ 为第 $n-1$ 天路段 a 上的出行时间；α 为某一固定参数，表示对实际出行时间的依赖程度。

从上述定义可以发现，ES 模式下的感知出行时间实际上是对过去实际出行时间的累计。与逐日平滑的更新模式不同，针对决策者的遗忘性，Kahneman 等（1993）探索了另一种基于经验的学习模型——峰终定律（peak-end rule），指出人们在学习过程中，并不会关注过去所发生的全部经历，而只对比较极端的经历和最近发生的经历保持完整的记忆。不同于指数平滑更新模式，峰终定律突出了极端情况对决策者的影响。基于这一观点，假设出行者分别以过去实际出行时间的最大值和最小值作为 peak，最后一次实际出行时间作为 end，下面给出两种基于 peak-end 的动态更新学习模式，其中以实际经历的最大出行时间作为 peak 的学习模式用上标 PE_max 标注，简称 PE_max 学习模式，计算公式如下：

$$\tau_{ij}^{\text{PE\_max}}(n) = \begin{cases} \beta t_{ij}^{\text{PE\_max}}(n-1) + (1-\beta)\max\left(t_{ij}^{\text{PE\_max}}\right), & f_{ij}^{(n-1)} = 1 \\ \tau_{ij}^{\text{PE\_max}}(n-1), & f_{ij}^{(n-1)} = 0 \end{cases} \quad (6\text{-}8)$$

而以实际经历的最小出行时间作为 peak 的学习模式用上标 PE_min 标注，简称 PE_min 学习模式，同样给出计算公式如下：

$$\tau_{ij}^{\text{PE\_min}}(n) = \begin{cases} \gamma t_{ij}^{\text{PE\_min}}(n-1) + (1-\gamma)\min\left(t_{ij}^{\text{PE\_min}}\right), & f_{ij}^{(n-1)} = 1 \\ \tau_{ij}^{\text{PE\_min}}(n-1), & f_{ij}^{(n-1)} = 0 \end{cases} \quad (6\text{-}9)$$

其中，$\tau_{ij}^{\text{PE\_max}}(n)$ 和 $\tau_{ij}^{\text{PE\_min}}(n)$ 分别表示在 PE_max 和 PE_min 学习模式下，出行个体 i 在第 n 天对路径 j 的感知出行时间；$t_{ij}^{\text{PE\_max}}(n-1)$ 和 $t_{ij}^{\text{PE\_min}}(n-1)$[①] 分别表示在 PE_max 和 PE_min 学习模式下，出行个体 i 在第 $n-1$ 天经由路径 j 的实际出行时间；$\max\left(t_{ij}^{\text{PE\_max}}\right)$ 和 $\min\left(t_{ij}^{\text{PE\_min}}\right)$ 分别表示出行个体 i 在路径 j 上经历的最长和最短出行时间；β 和 γ 为固定参数，表示对实际出行时间最大值和最小值的依赖程度。

---

① 同样地，$t_{ij}^{\text{PE\_max}}(n-1) = t_{ij}^{\text{PE\_min}}(n-1) = t_{ij}^{\text{ES}}(n-1) = \sum_{a} \delta_{aj} t_a^{(n-1)}$。

6.3 个体路径偏好动态更新规则

出行者在日常择路过程中，路径偏好会基于实际出行经验不断更新。如果某条路径的感知出行时间小于实际出行时间，则给予出行者正反馈，反之，则给予负反馈。基于这样的想法，我们将通过比较感知出行时间和实际出行时间的差来逐日更新个体路径偏好。具体来说，如果出行个体 i 在第 $n-1$ 天未选择路径 j，则第 n 天对路径 j 的原始偏好 $\overline{\theta}_{ij}^{(n)}$ 保持不变，否则，出行个体 i 在第 n 天对路径 j 的原始偏好 $\overline{\theta}_{ij}^{(n)}$ 可表示为第 $n-1$ 天的原始偏好与第 $n-1$ 天感知出行时间与实际出行时间差的加权和，具体公式如下：

$$\overline{\theta}_{ij}^{(n)} = \begin{cases} \left[\overline{\theta}_{ij}^{(n-1)} + \rho\left(\tau(n-1) - t_{ij}(n-1)\right)\right]^+, & f_{ij}^{(n-1)} = 1 \\ \overline{\theta}_{ij}^{(n-1)}, & f_{ij}^{(n-1)} = 0 \end{cases} \quad (6\text{-}10)$$

其中，$[y]^+ = \max\{y, 0\}$；ρ 为调整系数。从式（6-2）可以发现，出行个体的路径偏好是相对而言的，为保证出行个体对某条路径偏好的改变不影响感知出行成本对择路概率的影响，固定 $\sum_{j}^{J} \theta_{ij}^{(n)}$，进一步将出行个体 i 在第 n 天对路径 j 的原始偏好 $\overline{\theta}_{ij}^{(n)}$ 标准化为

$$\theta_{ij}^{(n)} = \frac{\overline{\theta}_{ij}^{(n)}}{\sum_{j=1}^{J} \overline{\theta}_{ij}^{(n)}} \cdot \sum_{j=1}^{J} \theta_{ij}^{(n)} \quad (6\text{-}11)$$

6.4 日常动态拥挤收费设计

与第 5 章相同，本章采用基于试错法的拥挤收费方式，选取路段交通饱和度即 V/C 作为调整目标，基于此，日常动态拥挤收费水平设计为

$$\tau_a^{n+1} = \tau_a^n + \zeta \cdot \max\left(\left(v_a^n/C_a - \eta\right), 0\right), \ \eta \in (0, \infty) \quad (6\text{-}12)$$

其中，τ_a^n 为第 n 天在路段 a 上收取的费用；v_a^n 为第 n 天路段 a 上的实际通行流量；C_a 为路段 a 的通行能力；ζ 为调整速度；η 为道路交通饱和度的调整目标。当路段流量导致该路段交通饱和度超过调整目标时则增加路段拥挤收费水平，若未达到则保持拥挤收费水平不变。

6.5 算 例 分 析

6.5.1 未收费情形

下面我们将通过一个简单路网来分析个体路径偏好如何影响日常路径选择决策行为。图 6-1 是一个由三条路径组成的简单网络，分别为路径 1：1-4；路径 2：2-5；路径 3：1-3-5，路段基本属性如表 6-1 所示。不失一般性，第 n 天路段 a 的走行时间采用经典的 BPR 函数，表示为

$$t_a^{(n)}\left(v_a^{(n)}\right) = t_a^0\left(1.0 + 0.15\left(v_a^{(n)}/V_a\right)^4\right) \quad (6\text{-}13)$$

其中，t_a^0 为路段 a 上的自由流时间；V_a 为路段 a 的通行能力。设总出行需求为 $D=800$，感知出行时间固定参数为 $\alpha=\beta=\gamma=0.2$，在三种学习模式下出行个体对备选路径的初始感知出行时间均相等，即设 $\tau_{ij}^{\text{ES}}(0) = \tau_{ij}^{\text{PE\_max}}(0) = \tau_{ij}^{\text{PE\_min}}(0) = 20$，$i=1,2,\cdots,N$，$j=1,2,\cdots,J$。

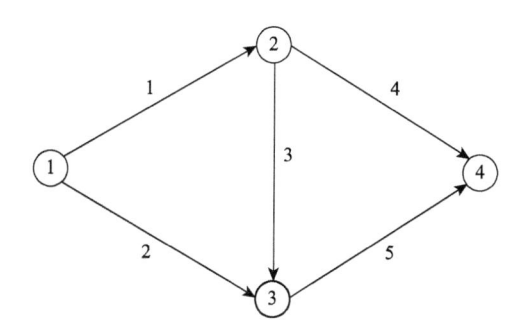

图 6-1 三条路径组成的简单路网

表 6-1 路段基本属性

Link	t_a^0	V_a
1	9	450
2	12	380
3	6	480
4	7	350
5	8	470

首先研究个体路径偏好是静态的情形。假设所有出行个体对各路径偏好一致，即 $\theta_{i1}=\theta_{i2}=\theta_{i3}$，$i=1,2,\cdots,N$ 且 $\theta_{i1}=\theta_{j1}$，$\forall i \neq j$。图 6-2 给出了 ES 学习模式下，$\theta_{i1}=\theta_{i2}=\theta_{i3}=0$（Logit 模型）和 $\theta_{i1}=\theta_{i2}=\theta_{i3}=2/3$（Dogit 模型）两种情形下路

径流量从 0 到 300 天的日常演化轨迹。对比发现，静态 Dogit 模型中出行个体在不同路径间的流量分配结果更为均衡，且流量演化相对稳定。此外，无论在哪个模型框架下，选择路径 1 的出行人数总是最多，而路径 3 总是最少，这说明路径 1 较其他两条路径属于"优势"路径，而路径 3 属于"劣势"路径，而 Logit 模型会因忽略个体路径偏好而高估路径之间的这一差异性。

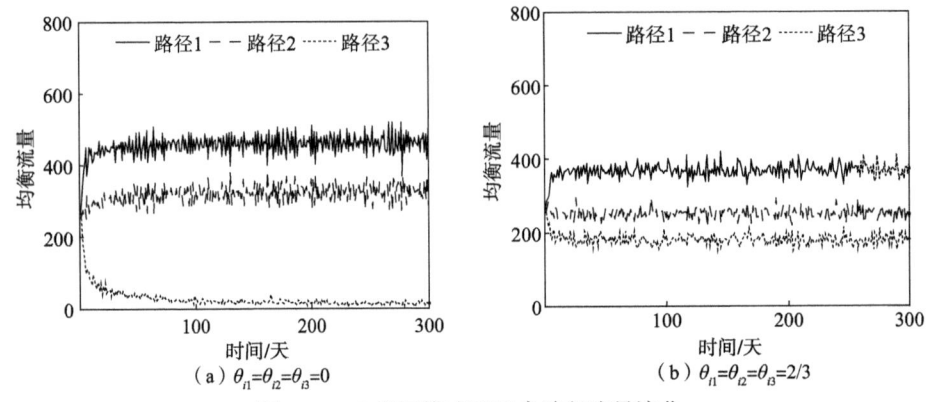

图 6-2 ES 学习模式下日常路径流量演化

为进一步确定个体路径偏好对均衡流量的影响，图 6-3 画出了在 ES 学习模式下，$\theta_{i1}(=\theta_{i2}=\theta_{i3})$ 由 0 到 1.6 变化时路径均衡流量（采用第 250~300 天的平均流量）的变化趋势。可以发现，随着个体偏好参数 $\theta_{i1}(=\theta_{i2}=\theta_{i3})$ 增加，路径 1 和路径 2 的流量逐步降低趋于稳定，而路径 3 的流量则首先逐步增加然后趋于稳定。这说明 Logit 模型总是会高估"优势"路径的流量，低估"劣势"路径的流量，且悬殊程度会随着路径偏好增加而提高直至趋于稳定。

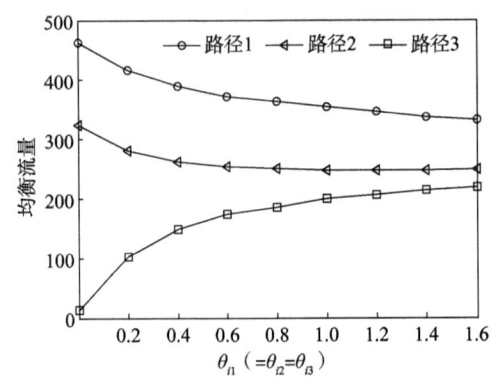

图 6-3 ES 学习模式下个体路径偏好对均衡流量的影响

图 6-4 比较了三种学习模式下路径 1 的均衡流量随参数 $\theta_{i1}(=\theta_{i2}=\theta_{i3})$ 的变化情况。对比发现，PE_min 模式下路径 1 的均衡流量总是最高，PE_max 模式下路径 1 的均衡流量总是最低，ES 模式下的流量总是介于这两者之间。这说明当出

行个体是保守主义者（PE_max 模式），尽管路径 1 的优势是相对明显的，但出行个体依然采取相对保守的态度，而当出行个体是乐观主义者（PE_min 模式），出行个体对"占优"的路径 1 表现出更高的偏好。

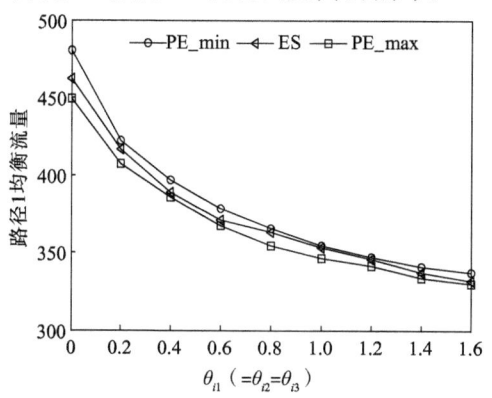

图 6-4　个体路径偏好对路径 1 均衡流量的影响

接下来，令 $\theta_{i1}+\theta_{i2}+\theta_{i3}=2$ 保持不变，以保证感知出行成本对出行概率的影响程度不变，研究六种不同偏好情形下（表6-2），在 ES 学习模式下路径均衡流量的变化趋势。研究发现，随着对路径 2 的偏好增大，选择路径 2 的出行者逐渐增多，当偏好足够大时，甚至超过"优势"路径1，反观路径1和路径3，随着路径偏好降低，均衡流量均呈现出下降的趋势，如图 6-5 所示。这说明路径偏好对流量分配结果确实起着非常关键的作用。

表 6-2　不同偏好情形

情形	1	2	3	4	5	6
θ_{i1}	0.7	0.6	0.5	0.4	0.3	0.2
θ_{i2}	0.6	0.8	1	1.2	1.4	1.6
θ_{i3}	0.7	0.6	0.5	0.4	0.3	0.2

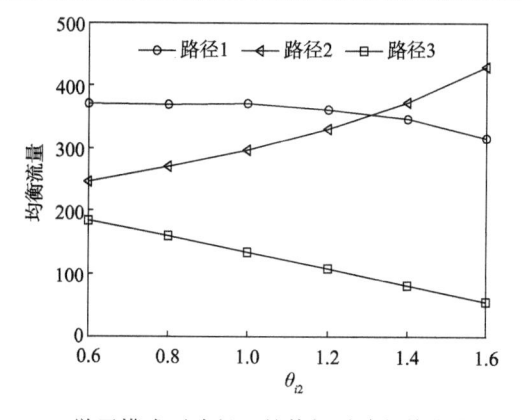

图 6-5　ES 学习模式下路径 2 的偏好对路径均衡流量的影响

此外，图 6-6 还对比了表 6-2 情形 3 中路径 1 的均衡流量（每 50 天的平均结果）在三种学习模式下的演化轨迹，与图 6-4 的结果保持一致，ES 学习模式下的均衡流量居中，两种 peak-end 学习模式下的路径 1 均衡流量分别突出了两种极端情况，构成了均衡流量的逐日预测区间。

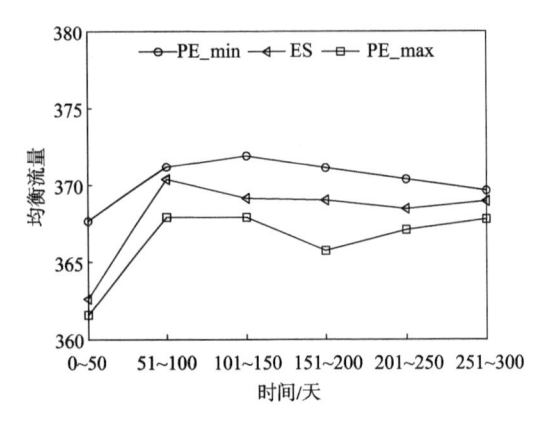

图 6-6　情形 3 中三种学习模式下路径 1 均衡流量演化结果

上述讨论的个体路径偏好是静态情形，下面我们将进一步考察当个体路径偏好按照 6.3 节的规则动态更新情形下，路径流量的演化情况。假设初始值 $\overline{\theta}_{ij}^{(0)} = 1$（或 $\theta_{ij}^{(0)} = 2/3$），$i = 1, 2, \cdots, N$，$j = 1, 2, \cdots, J$，参数 $\rho = 0.01$。图 6-7 展示了当 $\sum_{j}^{J} \theta_{ij} = 2, i = 1, 2, \cdots, N$ 时路径流量的逐日演化情况。与图 6-2 相比，同样可以发现，Logit 模型依然会高估"优势"路径 1 的均衡流量，低估"劣势"路径 3 的均衡流量，而动态 Dogit 模型与初始参数相同的静态 Dogit 模型（$\theta_{i1} = \theta_{i2} = \theta_{i3} = 2/3$）中的结果比较接近，接下来图 6-8 中将给出平均统计比对结果。

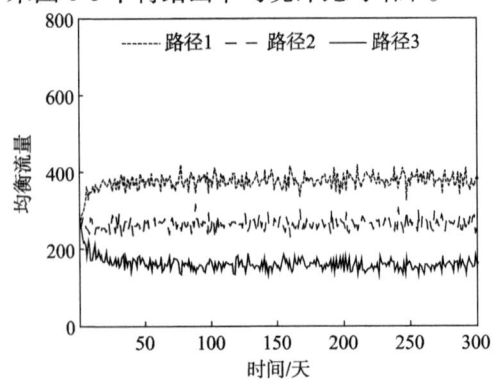

图 6-7　ES 学习模式中动态路径偏好作用下的日常路径流量演化

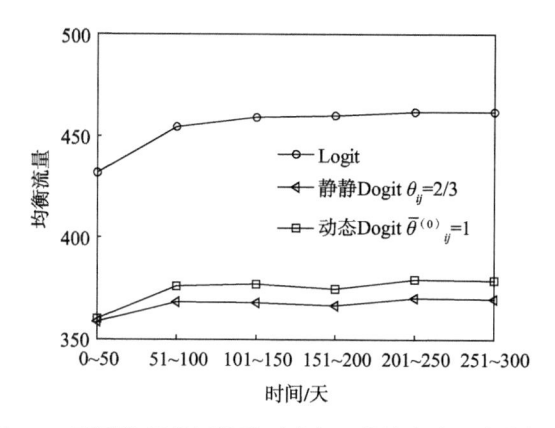

图 6-8 不同路径偏好情形下路径 1 的均衡流量演化轨迹

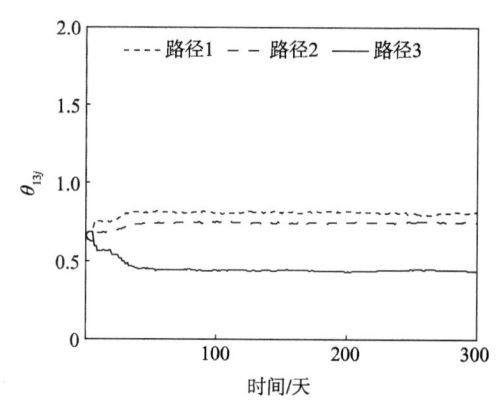

图 6-9 出行者 ID13 的路径偏好演化轨迹

为直观地了解个体偏好的动态更新过程，图 6-9 选取了 $\overline{\theta}_{ij}^{(0)}=1$（或 $\theta_{ij}^{(0)}=2/3$），$i=1,2,\cdots,N$, $j=1,2,\cdots,J$ 情形下出行者 ID13 的个体路径偏好 $\theta_{13,j}$ 逐日演化情况。结果表明，对 3 条路径的偏好经过一段时间演化均会收敛于某一个相对稳定的值，且对"优势"路径 1 具有较高的偏好，而对"劣势"路径 3 表现出较低的偏好，这说明 6.3 节给出的动态更新规则确实能从某种程度上捕捉到出行个体的真实路径偏好。

最后，图 6-8 比较了在不同的个体路径偏好情形下路径 1 的均衡流量（每 50 天的平均结果）演化轨迹。可以发现，当个体路径偏好动态更新时，其均衡流量结果介于 Logit 模型和初始参数相同的静态 Dogit 模型之间，且均衡流量均表现出随时间先增加后稳定的趋势。

6.5.2 动态收费情形

由于收入、工作性质等的不同，路网用户的时间价值表现出异质性。根据时间价值的不同，将用户分为 10 类，时间价值分别为 $\mu_i = [10, 20, 30, 40, 50, 60, 70, 80, 90, 100]$ $(i = 1, 2, \cdots, 10)$ $(10^{-2}$元/分钟$)$。根据上述分析，假设出行者的习惯偏好是动态变化的，$\overline{\theta}_{ij}^{(0)} = 1$（或 $\theta_{ij}^{(0)} = 2/3$），$i = 1, 2, \cdots, N$，$j = 1, 2, \cdots, J$。设 $\zeta = 5$。当 $\eta = 1.20$ 时，流量以及费用演化如图 6-10 和图 6-11 所示，可以发现，两者经过长时间的调整均可达到均衡。

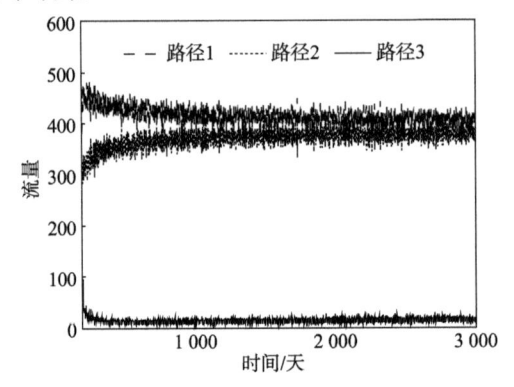

图 6-10　收费时日常流量演化（$\eta = 1.20$）

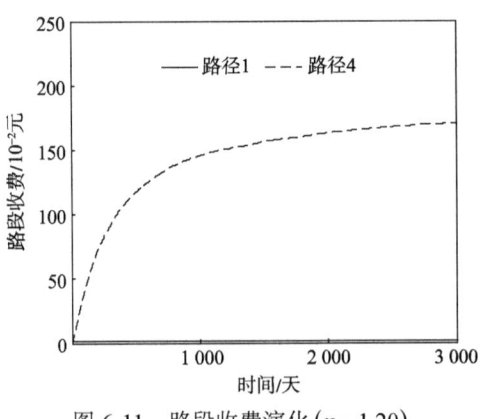

图 6-11　路段收费演化（$\eta = 1.20$）

表 6-3 比较了收费前后以及不同 η 下（$\eta = 1.05, \eta = 1.20$）的路段流量均衡以及费用（采用第 2 500~3 000 天的均值）。由表 6-3 可得，在收费前，拥堵主要集中在路段 4，V/C 为 1.34。当 V/C 目标 $\eta = 1.20$ 时，拥堵有所缓解，收费路段为 1 和 4。原本选择路段 1 和路段 4 的部分用户主要向路段 2 和路段 5 转移，因此路段 2

和路段 5 的 V/C 比之前有所上升。若希望交通饱和度继续下降，设置目标为 $\eta=1.05$，收费路段增加 2 和 5，此时所有的路段收费更高，用户较为均匀地转移至路段 2、路段 3 和路段 5，集中于部分路段的拥堵流量被"稀释"。

表 6-3 收费前后均衡对比

路段	收费前		收费后					
			$\eta=1.05$			$\eta=1.20$		
	出行流量	V/C	出行流量	V/C	出行费用	出行流量	V/C	出行费用
1	472.32	1.05	423.54	0.94	0.086	419.47	0.93	0.017
2	327.68	0.86	376.46	0.99	0.420	380.53	1.00	
3	3.17	0.01	76.83	0.16		16.80	0.04	
4	469.16	1.34	346.71	0.99	3.113	402.66	1.15	1.770
5	330.84	0.70	453.29	0.96	0.009	397.34	0.85	

接着，在上述 10 类用户的基础上，每类用户的 ID 分别定义为 1~80。在收费情形下，图 6-12~图 6-14 对比了各类异质时间价值用户对路段的偏好［选取四类用户，VOT 分别取 10，40，70，100 $(10^{-2}$元/分钟$)$］，而图 6-15 则显示了具体各类用户对三条路径的平均偏好变化。

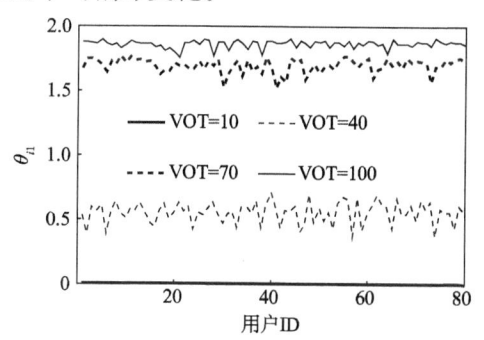

图 6-12 不同用户对路径 1 的偏好

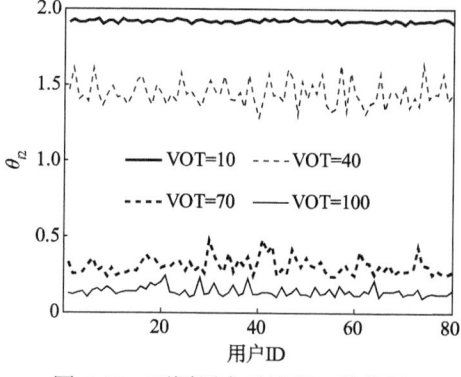

图 6-13 不同用户对路径 2 的偏好

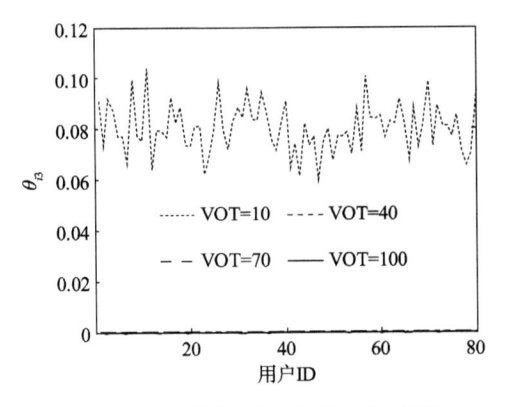

图 6-14　不同用户对路径 3 的偏好

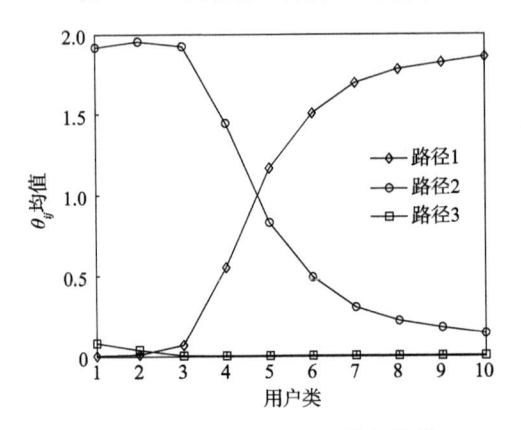

图 6-15　不同用户的路径偏好均值

图 6-12~图 6-14 表明，拥有相同时间价值的用户，对相同路径的偏好较为一致。从图 6-15 可以清晰地看出，时间价值不同的用户对各条路径有着特别的偏好，时间价值高的用户偏好路线时间较短（第 2 500~3 000 天的平均出行时间 $\overline{t_1}=18.87$）的路径 1，以费用换取时间，争取更高的效率。反之，时间价值低的用户则倾向于不收费出行时间相对较长 $\left(\overline{t_2}=22.43\right)$ 的路径 2，节省费用支出。而时间最长的路径 3 $\left(\overline{t_3}=24.64\right)$，则对大部分用户都不具有"吸引力"。

6.6　本章小结

出行者路径选择行为受到主客观心理因素的影响，通过引入 Dogit 模型，本章探索了如何将出行个体路径偏好这一心理因素引入日常路径选择决策模型中，并提出了个体路径偏好的动态更新规则，分析了个体路径偏好对日常路径流量演化轨迹的影响。此外，在三种不同的感知出行时间学习模式下，研究了不同的风险态度对均衡流量结果的影响，结合两种极端情形给出了均衡流量的预测区间。研究结果表明，与静态 Dogit 模型相比，Logit 模型总是会高估"优势"路径的流量，低估"劣势"路径的流量，但随着个体路径偏好增加，其悬殊程度会逐步增加然后趋于稳定。此外，我们发现，个体路径偏好动态更新时，其均衡流量结果介于 Logit 模型和初始参数相同的静态 Dogit 模型之间。当引入基于试错法的动态收费机制后，交通拥堵得以缓解。当偏好锚定程度较高时，需要高收费"刺激"用户改变原有习惯。时间价值高的用户，偏好收费高但出行时间短的路径，反之，则倾向于时间长但收费低或不收费的路径。因此，交通部门在预测日常交通流量时，需对个体路径偏好和风险态度进行认真调查和取证，以保证预测结果的有效性。

第二篇 仿 真

第7章　信息反馈策略对个体行为及系统特性影响研究

随着社会经济的迅速发展和城市化进程的加剧，道路资源供给不足与交通需求与日俱增的不平衡矛盾变得日益尖锐。利用实验和模拟结果，揭示人们的路径选择规律，加深对个体微观特征如何影响交通行为的理解，进而提出缓解交通拥堵的有效措施，是当今交通科学的一个重要研究领域。

1992年德国学者Nagel和Schreckenberg提出的一维元胞自动机模型，由于能够再现孤立波、幽灵堵塞、时走时停和同步交通等交通流的基本现象，引起了大量的扩展研究。目前大多数利用元胞自动机模型模拟交通行为的研究，主要针对只含一条道路的交通系统，并不具备路径选择功能。通过引入时间反馈机制，Wahle等（2000）首先在一个只有两条路径的简单路网上模拟了人们借助可变信息的路径选择行为。由于时间反馈策略存在一定的滞后性，Lee等（2001）、Wahle等（2000）、付传技等（2006）进一步研究了平均速度反馈策略的可能性，Wang等（2005）还提出了更加有效的拥挤系数反馈策略，然而这些工作仍然是在只有一个起迄（OD）需求对、两条并行路径的简单路网上进行模拟，没有考虑网络中存在路径重叠的情形。

在实际的交通系统中，相比道路上的随机因素而言，由于多条路径之间存在重叠路段而引起的交通拥堵现象更加严重。交叉口是将道路互相连接起来构成路网，是多向交通流集中的地方，往往成为道路交通的瓶颈。交叉口的交通运行状况直接影响整个路网的效率。在城市交通中，存在大量的平面交叉口，按照有无交通控制，可将交叉口分为无信号交叉口和信号交叉口两种。一般而言，在车流量较小的交叉口采用无信号控制方式，而在车流量较大的交叉口适合采用信号控制方式。信号交叉口车流的运行特性及通行能力，直接取决于交通信号灯的控制方式。

基于以上分析，本章将以两个OD对之间存在重叠路段的路网为研究背景，分别在无信号控制方式和信号控制方式两种情形下，利用NS模型模拟出行者在信息反馈策略下微观个体的路径选择行为。首先在无信号控制方式下，对时间反馈策略和平均速度反馈策略下的路径选择行为进行模拟和比较，研究重叠路段对个人出行时间和系统利用效率的影响；然后在信号控制方式下，进一步将平均速度反馈策略划分为基于个体目的的平均速度反馈策略和基于系统目的的平均速度反馈策略，对时间反馈策略、基于个体目的的平均速度反馈策略、基于系统目的的平均速度反馈策略和拥挤系数反馈策略这四种反馈策略下的路径选择行为进行模拟仿真，评价信息反馈策略在提高路网利用效率和保证用户公平性方面的不同特性，最后还将研究信息灯周期对信息反馈策略的影响。

7.1 模型假设与信息反馈策略

7.1.1 网络模型

图 7-1 为包含重叠路段的网络示意图。该路网由相互对称的两个 OD 对 (O_1, D_1) 和 (O_2, D_2) 构成，O_1 和 O_2 为起点，D_1 和 D_2 为迄点。每个 OD 对之间有两条路径连接，其中路径 2 和路径 3 共用重叠路段 C_1C_2。假定每个元胞的长度为 7.5 米，该网络经过离散处理后，用元胞表达的形式如图 7-2 所示，设路径 1 和路径 4 上的元胞个数均为 L、路段 O_1C_1 和 O_2C_1 上的元胞个数均为 L_1、重叠路段 C_1C_2 的元胞个数是 L_2、路段 C_2D_1 和 C_2D_2 上的元胞个数均为 L_3，则路径 2 和路径 3 上的元胞个数均为 $\hat{L} = L_1 + L_2 + L_3$。在 C_1 处设有信号灯控制牌，上有红、绿两个信号灯，信号灯都关闭即为无信号控制方式，信号灯工作则为信号控制方式。

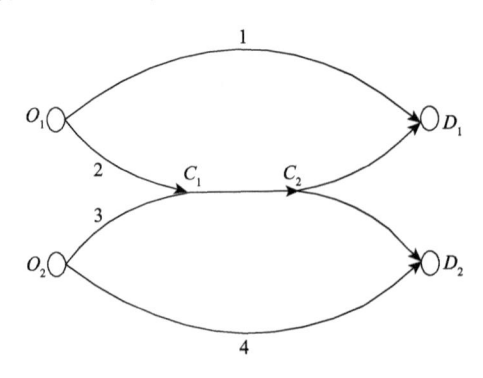

图 7-1 存在重叠路段的网络

图 7-2 元胞示意图

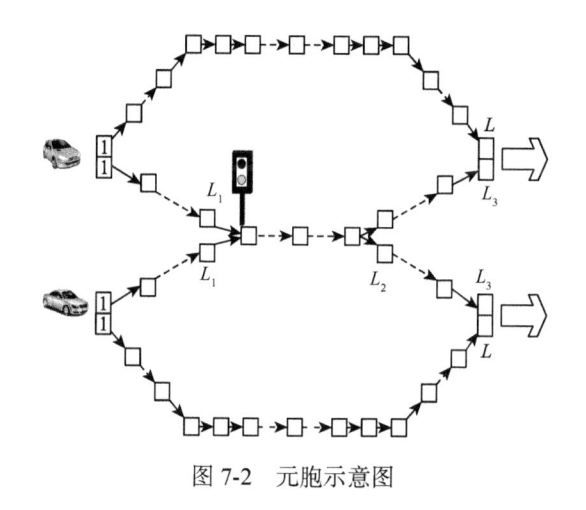

在每一个时间步，假定起点 O_1 和 O_2 处都会产生一辆车。考虑动态车和静态车两种车辆，静态车忽略反馈信息、均匀随机地选择路径，而动态车则依据可变信息板发布的路径信息选择路径。设系统中动态车数量占所有车数量的比例为 S_d，也就是动态车与静态车出现的概率分别是 S_d 和 $1-S_d$。车辆一旦进入路径，就按照 NS 模型的演化规则运动，直到车辆离开网络。如果车辆因为前方元胞被占用而不能进入路径，就被删除，车辆到达迄点后就离开网络。当车辆到达交叉口 C_1 时，如何进入重叠路段将取决于采用的控制方式，下面对两种控制方式下的通行规则进行简单介绍。

（1）无信号控制方式。在交叉口 C_1 处，采用无信号灯控制方式让车辆进入重叠路段，即从 O_1 和 O_2 进入路网的车辆到达 C_1 时按照"先到先服务"的竞争策略通过交叉路口，具体规则如下：①先到达的车辆有优先通过路口的权利；②如果两车同时到达，速度高的车辆将享有优先权；③如果两车同时到达且速度相同，则均匀随机地让其中一辆通过交叉口；④如果前方有足够空间，则允许两辆车在同一个时间步内通过 C_1 点，具体实现办法是假设面临竞争的两辆车分别为 A 和 B，当 A 车依据前三条规则优先进入重叠部分后，B 车则将 A 车作为前车，根据其所处的位置测出车距后调整速度，如果 C_1 点与 A 车之间还有空位，且 B 车速度足够高并能够通过 C_1 点的话，则允许 B 车也进入重叠部分，如果没有空位或有空位但 B 车速度不够高，则 B 车仍然留在原来的路段上，等待下一轮竞争；反之同理。

（2）信号控制方式。在交叉口 C_1 处，从 O_1 进入路网或从 O_2 进入路网的车辆都将在信号灯控制下通过交叉口并进入重叠路段。模拟中规定，如果绿色信号灯亮，则从 O_1 进入路网的车辆可以通过交叉口，而从 O_2 进入路网的车辆到达交叉口时则在信号灯前排队等待，直到红色信号灯亮方可以前行；反之同理。为简单起见，假设信号灯颜色以周期T_s交替改变。

7.1.2 NS 模型

在各种元胞自动机模型中，NS 模型由于其简单灵活而被广泛采用，能够模拟现实中的各种交通现象，如扭结波、幽灵阻塞、时走时停和同步流等（Helbing，2000）。因此，本篇将采用 NS 模型对出行行为进行模拟研究，下面介绍 NS 模型的基本演化规则（Nagel and Schreckenberg，1992）。假定车辆的状态是由速度 v_n 和位置 x_n 表示的，速度 v_n 允许在 0 到 $v_{\max}$ 变化，$g_n = x_{n+1} - x_n - 1$ 表示第 n 辆车与第 $n+1$ 辆车的车距，s_n 表示第 n 辆车与交叉口 C_1 的距离。具体的演化规则如下。

（1）加速过程。

$$v_n \rightarrow \min(v_n + 1, v_{\max}) \quad (7\text{-}1)$$

（2）安全刹车过程。

$$\begin{cases} v_n^{\text{safe}} \rightarrow \min(v_n, g_n, s_n), & \text{如果车辆尚未达到} C_1 \text{且红色信号灯亮} \\ v_n^{\text{safe}} \rightarrow \min(v_n, g_n), & \text{其他} \end{cases} \quad (7\text{-}2)$$

（3）随机慢化过程（概率为 p）。

$$v_n^{\text{random}} \rightarrow \max(v_n^{\text{safe}}, -1, 0) \quad (7\text{-}3)$$

（4）位置更新。

$$x_n \rightarrow x_n + v_n^{\text{random}} \quad (7\text{-}4)$$

其中，$v_{\max}$、v_n^{safe} 和 v_n^{random} 分别为车辆的最大车速、安全车速和随机慢化车速。模拟中假定最大车速 $v_{\max} = 3$，随机慢化概率 $p = 0.25$。

7.1.3 信息反馈策略

在这一部分，我们将介绍信息反馈策略下的路径选择规则，包括时间反馈策略（traval time feedback strategy，TTFS）、平均速度反馈策略（mean velocity feedback strategy，MVFS）和拥挤系数反馈策略（congestin coefficient feedback strategy，CCFS）。

时间反馈策略：当车辆进入路网后，系统自动记录车辆的进入时刻，当车辆离开时，系统将该车的行驶时间反馈到可变信息板上。开始时各条路径上没有车辆到达迄点 D_1 和 D_2，可变信息板不显示任何信息，静态车和动态车都随机地选择路径。如果已经有车辆离开网络，路径入口处的动态车将根据可变信息板所发布的信息选择行驶时间短的路径。

平均速度反馈策略：在每一个时间步，系统将各路径上所有车辆的速度反馈给控制中心，控制中心对这些信息进行处理，并将平均速度发布在可变信息板上。在入口处的动态车总是选择平均速度高的路径。路径2和路径3的平均速度分别是三个路段平均速度的加权和，以路径2为例，其平均速度的计算公式如下：

$$\overline{V} = \frac{\hat{L}}{L_1/\overline{V}_1 + L_2/\overline{V}_2 + L_3/\overline{V}_3} \quad (7-5)$$

其中，$\overline{V}_1$、$\overline{V}_2$ 和 $\overline{V}_3$ 分别是路段 O_1C_1、C_1C_2 和 C_2D_1 的平均速度。

这里需要补充说明的是，当两条路径的长度不一致时，从个体的角度出发，出行者可能更加关注选择某条路径的行驶时间，而不是依据平均速度作出路径选择决策，按照上述规则发布的信息仅仅是出于系统目的考虑的诱导信息，因此我们称其为基于系统目的的平均速度反馈策略（mean velocity feedback strategy from system purpose，MVFS_SP），为了充分考虑这一因素带来的影响，我们引入另一种速度反馈策略，即基于个体目的的平均速度反馈策略（mean velocity feedback strategy from individual purpose，MVFS_IP），下面将进行详细介绍。

基于个体目的的平均速度反馈策略：不同于时间反馈策略和基于系统目的的平均速度反馈策略，此处发布的信息是通过每条路径的平均速度后获得的瞬时行驶时间，在每一个时间步，每辆车都将自己的平均速度反馈给控制中心，控制中心在处理信息并将平均速度折算后将各条路径的瞬时行驶时间发布在信息板上，以OD对 (O_1,D_1) 为例，路径1的瞬时行驶时间是路径长度与平均速度的比值，而路径2的瞬时行驶时间如下：

$$\overline{T} = L_1/\overline{V}_1 + L_2/\overline{V}_2 + L_3/\overline{V}_3 \quad (7-6)$$

拥挤系数反馈策略：在每一个时间步，无论是动态车还是静态车，均将自己的信号反馈给卫星导航系统，GPS卫星定位系统将处理这一信号，计算车辆的准确位置后发送给控制中心。控制中心将计算各条路径的拥挤系数后发布到信息板上，入口处的动态车将选择拥挤系数小的路径进入。其中拥挤系数定义如下：

$$CC = \sum_{i=1}^{m} n_i^w \quad (7-7)$$

其中，n_i 代表第 i 个拥挤束的长度，拥挤束是指车与车之间无间隔地形成一个束。不难想象，如果拥挤束越长，拥挤束中最后一辆车的行驶时间将变得越长，拥挤束长度与车辆的行驶时间之间的关系是非线性的。为简单起见，通过对每个拥挤束长度进行加权重来体现非线性关系，这里采用加指数 w 的办法实现，当 $w=1$ 时，拥挤系数反馈策略便等价于 Wahle 等（2000）建议的全局密度反馈策略（global density feedback strategy，GDFS），为简单起见，这里我们设 $w=2$。

关于拥挤系数反馈策略的详细信息可参考 Wang 等（2005）的描述。

通量（flux）是平均速度和系统密度的综合结果，可以通过它来度量路网利用效率，显然，基于系统目的的平均速度反馈策略和拥挤系数反馈策略的目的都是提高路网利用效率。

下面定义三个反映路网利用效率的指标，即路段平均通量、路径平均通量和 OD 对平均通量。以路段 O_1C_1 为例，其平均通量的计算公式如下：

$$\bar{F}_1 = \bar{V}_1 \rho = \bar{V}_1 \frac{N}{L_1} \tag{7-8}$$

其中，ρ、N 和 L_1 分别为路段 O_1C_1 的平均密度、车辆数和长度。

路径 2 的平均通量是其最后一个路段的平均通量，定义见式（7-9）。

$$\bar{F}_{\text{route2}} = \bar{F}_3 \tag{7-9}$$

其中，$\bar{F}_3$ 为路段 C_2D_1 的平均通量。OD 对 (O_1, D_1) 的平均通量是并行连接它的两条路径的通量之和，定义见式（7-10）。

$$\bar{F}_{(O_1, D_1)} = \bar{F}_{\text{route1}} + \bar{F}_{\text{route2}} \tag{7-10}$$

其中，$\bar{F}_{\text{route1}}$ 和 $\bar{F}_{\text{route2}}$ 分别为路径 1 和路径 2 的平均通量。

7.2 无信号控制方式下的仿真结果

去掉前面 5 000 步的模拟结果，取第 5 001~50 000 步模拟结果的平均值进行分析。本算例中的两个 OD 对和相应的路径是完全对称的，为节省篇幅，以下只分析 OD 对 (O_1, D_1) 和路径 1 与路径 2 的统计值。设 $L=1000$、$\hat{L}=800$ 和 $L_2=20$，$S_d=0.5$，重叠路段位于路径 2 的中央。图 7-3 给出了两种信息服务策略下路径 1 和路径 2 的车辆数、行驶时间、平均速度、平均通量和 OD 对 (O_1, D_1) 通量。车辆数是指当前时间步某路径上所存在的车辆数。

比较图 7-3（a）和图 7-3（b）可以发现，在时间反馈策略下，两条路径上的车辆数的波动幅度都比较大，路径 2 的平均车辆数少于路径 1 的平均车辆数，但有时很相近。而在速度反馈策略下，路径车辆数的波动幅度相对比较小，且路径 2 的车辆数总是少于路径 1 的车辆数。由于路径 2 比路径 1 短，正常诱导的结果应该是路径 2 的车辆数少于路径 1 的车辆数。

比较图 7-3（c）和图 7-3（d）可以发现，时间反馈策略使路径 2 的行驶时间大幅波动，且时间平均值大于路径 1 的时间平均值（尽管路径 2 比路径 1 短），而速度反馈策略的效果比较好，路径 2 的时间波动幅度减小了，其时间平均值与路径1的时间平均值很接近。

比较图7-3（e）和图7-3（f）可以发现，两种策略都使路径2的平均速度小于路径1的平均速度，但时间反馈策略下的差距要大一些，且路径2的平均速度有周期性变化的趋势。

最后，我们比较两种策略所导致的路径通量，见图7-3（g）和图7-3（h），由于路径2存在重叠段瓶颈，两种策略都显示路径1的通量大于路径2的通量，这是正确的模拟结果，但时间反馈策略下路径1的通量出现几次大幅下跌。比较OD对之间的通量，见图7-3（i）和图7-3（j），结论是一致的。

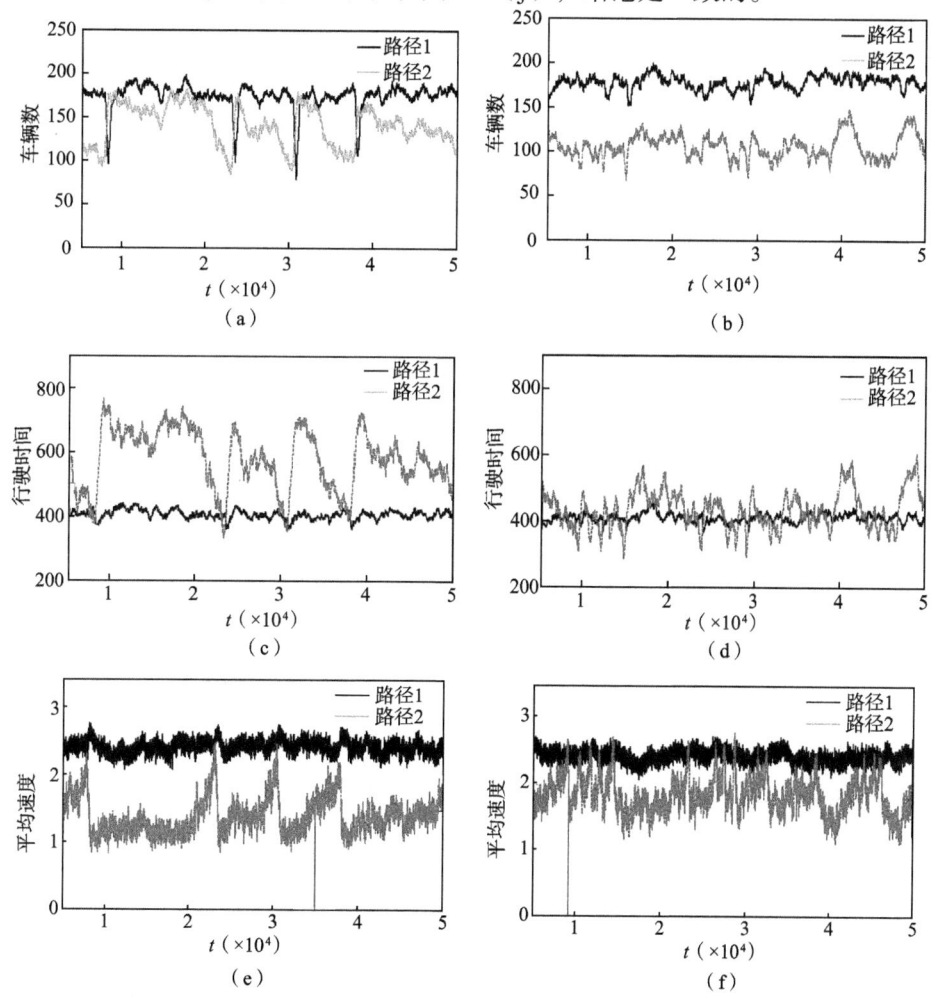

图7-3 时间反馈策略（左）和平均速度反馈策略（右）下两条路径

图 7-3（续）

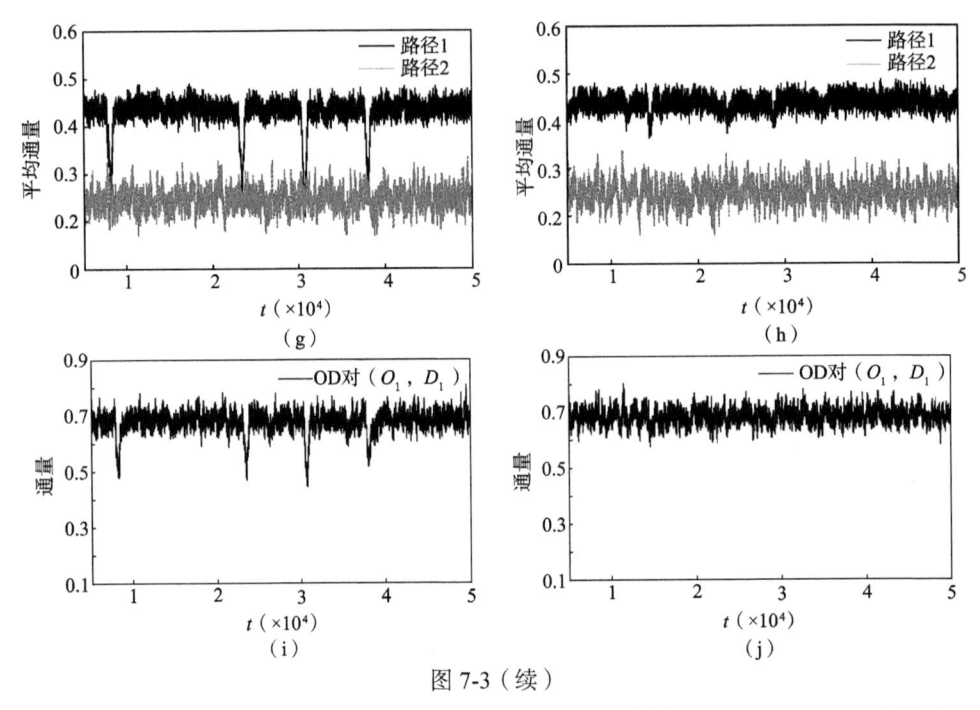

综上所述可知，平均速度反馈策略优于时间反馈策略。由于时间反馈策略要等到车辆离开网络时才能计算出路径时间，所以提供给起点处车辆的信息是过时的、滞后的，导致主要统计指标大幅振荡。此外，由于路径 2 含有重叠路段，重叠路段同时被两个 OD 对之间的车辆使用，因而容易出现拥堵，无论使用哪种信息反馈策略，路径 2 上的平均行驶速度和平均通量都比路径 1 低。将图 7-3 右边各图分别与 Wang 等（2005）中的图比较后可以发现，当存在重叠路段时，在速度反馈策略下各统计指标的波动特征更加明显，因此，重叠路段对个体行为和系统利用效率的影响不容忽视。

下面分析重叠路段长度对路径平均通量和 OD 对平均通量的影响，OD 对平均通量反映了系统的使用效率。仍然设 $L=1000$ 和 $\hat{L}=800$，但令重叠路段长度从 0 至 800 变化，模拟结果见图 7-4。

当重叠路段的长度为零时，网络变成相互独立的两个部分。考察坐标原点对应的纵轴值，图 7-4（a）和图 7-4（b）显示，速度反馈策略在路径 1 上产生了更高的通量，在路径 2 上则相反，但对整个网络而言，速度反馈策略得到的通量高于时间反馈策略，见图 7-4（c），这个结论与 Wang 等（2005）给出的结论是一致的。

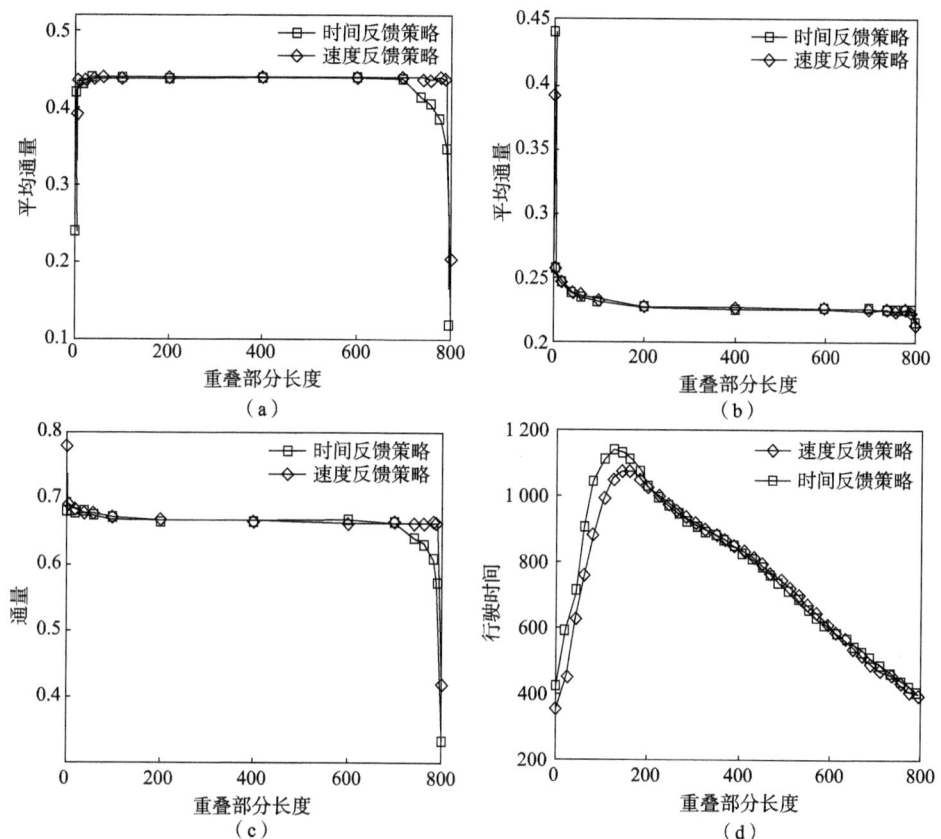

图 7-4　路径 1（a），路径 2（b），OD 对 (O_1, D_1) 平均通量（c）和路径 2 的行驶时间（d）

当重叠部分长度比较短（小于 100）时，路径 2 上极容易形成拥堵瓶颈，车速很低，路径 2 的通量急剧下降，见图 7-4（b），车辆主要选择路径 1，导致路径 1 的通量上升，见图 7-4（a），尽管整个 OD 的通量是下降的，但速度反馈策略还是产生了比时间反馈策略要高一些的 OD 通量，见图 7-4（c）。对路径 1 而言，重叠部分的长度达到 100 时，其通量就增加至一个稳定值。路径 2 的平均通量一直在下降，直到重叠部分的长度达到 200 时才稳定下来。两条路径的通量都稳定下来后，路径 2 的通量总小于路径 1 的通量（几乎相差一倍）。当交叉重叠部分的长度达到一定值以后，先前骤然出现的瓶颈效应被缓解了，路径 2 可以接纳足够多的静态车辆，而动态车辆被诱导至路径 1 和路径 4 上面去了。图 7-4（d）显示，重叠长度很短时，路径 2 上出现了瓶颈，速度反馈策略可以迅速将瓶颈信息提供给动态车辆、疏导该路径上出现的拥堵，效果明显优于时间反馈策略。图 7-4 还显示，当重叠部分长度处于 200~700 时，两种策略导致的差别并不大。重叠部分长度超过 700 之后，从路径 2 和路径 3 驶入网络的车辆在很短的路段 O_1C_1 和 O_2C_1 上争夺进入重叠部分 C_1C_2 的机会，路段 O_1C_1 上形成堵塞，由于速度反馈策略可以迅速提供拥堵信息，所以它的优势再次出现。

从图 7-4（c）可以看出，当重叠部分长度超过 700 时，时间反馈策略导致的 OD 通量急剧下降，速度反馈策略仍然保持很高的 OD 通量。因此，从系统使用效率方面评价，速度反馈策略明显优于时间反馈策略，其优势程度随重叠长度的增加先减后增。

需要说明的是，当重叠部分长度为 800 时，O_1 与 O_2 汇合、D_1 与 D_2 汇合、路径 2 与路径 3 汇合，整个网络变成包含一个 OD 对和三条并行路径的简单系统。由于路径 1 比路径 2 长，所以无论采用什么策略，路径 2 的通量都高于路径 1 的，但在路径 1 上，速度反馈策略给出了高于时间反馈策略的通量，对于 OD 通量而言，亦如此。

我们进一步研究网络长度（以最长路径的长度来表示）对路径行驶时间和 OD 通量的影响。假定路径 2 的长度始终是路径 1 的 0.8 倍，而重叠路段长度始终是 20，模拟中只改变路径 1 的长度。图 7-5（a）显示，网络越长，速度反馈策略在降低路径 2 的行驶时间方面的效果越优于时间反馈策略。在提高 OD 通量方面，网络越长，两种策略的效果越接近，见图 7-5（b）。

我们还研究了当重叠路段长度随网络长度成比例变化时，对路径行驶时间和 OD 通量的影响。仍然假定路径 2 的长度始终是路径 1 的 0.8 倍，而重叠路段长度始终是路径 1 的 0.02 倍，模拟中改变路径 1 的长度。从图 7-5（c）可以看出，当网络长度小于 1 500 时，网络长度越长，速度反馈策略在降低路径 2 的行驶时间方面的效果越优于时间反馈策略。当网络长度从 1 500 增加到 2 000 时，瓶颈效应得到缓解，行驶时间上升幅度减缓。图 7-5（d）显示，对于 OD 通量而言，当网络长度为 100 时，重叠路段长度非常小，车辆可以直接穿过重叠部分，不会造成瓶颈，路径 2 和路径 3 上的车辆基本上不会相互干扰。当网络长度为 200 时，此时车辆无法直接穿过瓶颈，造成了路径 2 和路径 3 上的车辆争夺资源，共用很短的一段重叠部分，OD 通量突然下降。随着网络长度的增加，OD 通量先减小而后趋于稳定，速度反馈策略总是优于时间反馈策略。

以上的模拟中令动态车和静态车出现的概率均为 50%，现在我们考察车辆类别构成因素与信息服务策略之间的关系。模拟中，路径 2 的长度始终是路径 1 的 0.8 倍，重叠路段长度是 20，我们改变动态车比例 S_d，考察路径 2 的行驶时间与 OD 对 (O_1, D_1) 之间通量的变化，见图 7-6。模拟结果显示，当动态车比例较小时，由于静态车是影响系统的主要因素，两种信息反馈策略导致的差别并不明显。当动态车比例超过 0.4 时，信息反馈的效果突然显现，路径行驶时间大幅下降，这说明存在一个动态车比例的临界值，在临界值以内，只有小部分人可以得到信息服务，对整个系统的作用是很小的，信息诱导不可能产生全局效果。图 7-6（a）显

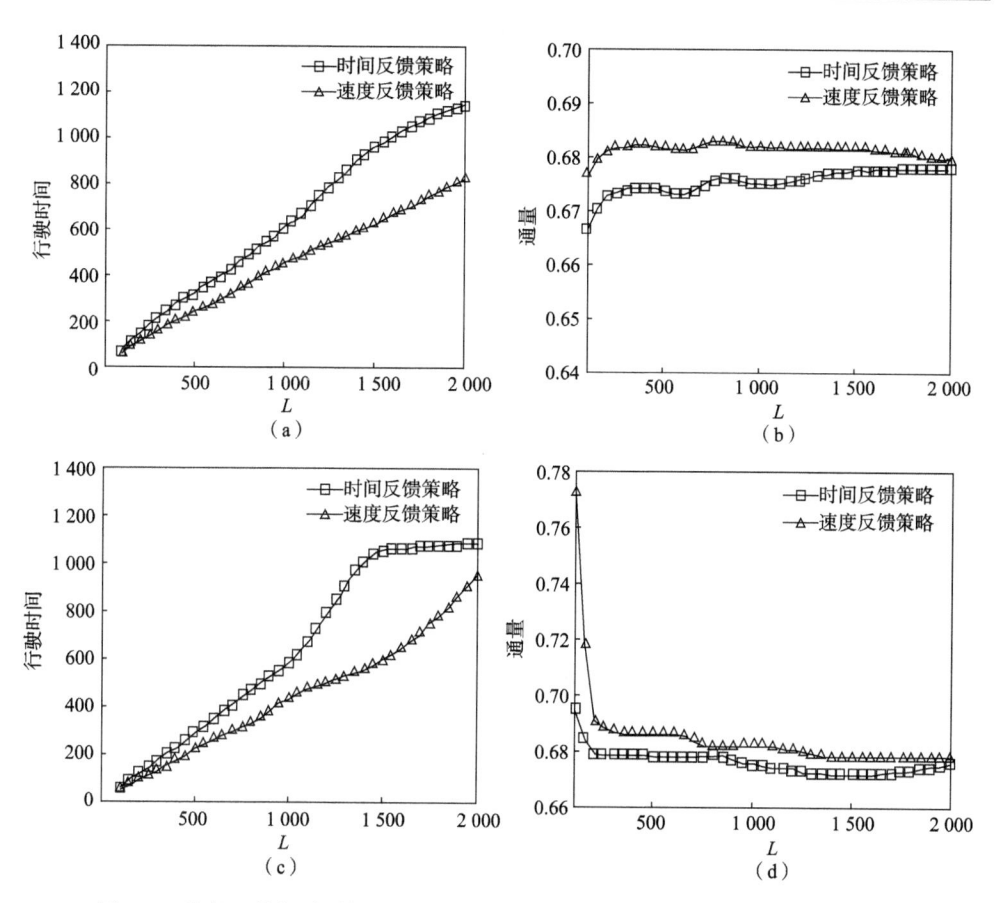

图 7-5　路径 2 的行驶时间和 OD 对 (O_1, D_1) 之间平均通量随路径 1 长度 L 变化

示,动态车比例大于 0.4 以后,速度反馈策略在降低路径 2 的行驶时间方面优于时间反馈策略。同时也观察到,当动态车比例大于 0.9 时,路径 2 的行驶时间不降反升,这是信息服务过度所导致的。在路网利用率方面,图 7-6(b)显示,动态车比例从 0 升至 0.4 这一阶段,系统的通量是上升的;当动态车比例继续增加时,通量开始下降,时间反馈策略造成的下降幅度最大。这个结果与 Lee 等(2001)、付传技等(2006)、Wang 等(2005)结论是一致的。动态车根据可变信息板发布的信息对比两条路径的交通状况,选择对自己最有利的路径,动态车的数量越多,越容易导致两条路径的行驶时间趋向相等,但若动态车的比例过高、超过某临界值以后,主动选择最优路径的需求就过大,结果造成路径的入口处被堵塞,反而使能够进入路径的车辆数减少(模拟中使用了这样一条原则:因为前方元胞被占用而不能进入路径的车辆被删除),虽然行驶时间缩短了,但车辆密度下降,最终导致系统的通量下降。

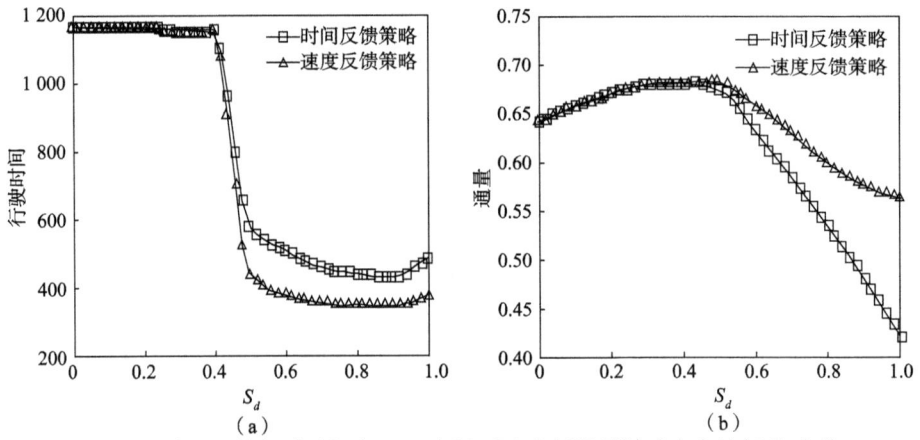

图 7-6　路径 2 的行驶时间和 OD 对 (O_1, D_1) 之间通量随动态车比例 S_d 变化

7.3　信号控制方式下的仿真结果

在无信号控制方式下，7.2 节讨论了时间反馈策略和速度反馈策略对出行者择路行为的影响，比较分析了在两种反馈策略下路径 1 和路径 2 的车辆数、行驶时间、平均速度、平均通量和 OD 对 (O_1, D_1) 之间通量的区别。同时还针对路径长度不变，重叠路段改变的情形，研究了重叠路段长度与信息反馈策略之间的关系，然后，改变路径 1 的长度，分别在重叠部分长度固定和重叠部分长度随路径 1 的长度按比例变化的情形下研究了路径长度与两种反馈策略的关系。最后，还研究了车辆类别构成因素与信息服务策略之间的关系。仿真结果显示，时间反馈策略的滞后效应十分明显，各种模拟统计值的波动幅度比较大。平均速度反馈策略可以更有效地降低人们的出行时间，其优势在重叠部分长度占路径长度的比例很小和较大时十分明显，且随路径长度增加而增加。在提高路网的利用效率方面，平均速度反馈策略的优势随路径长度的增加而逐渐减小，随重叠部分长度的增加而先减后增。接下来本节将继续进行扩展研究，将在信号控制方式下，比较分析四种反馈策略的效果，即时间反馈策略、基于个体目的的平均速度反馈策略、基于系统目的的平均速度反馈策略和拥挤系数反馈策略，下面对仿真结果进行讨论。

本节中的所有仿真结果都是去掉前面 5 000 步，取第 5 001~20 000 步模拟结果的平均值来进行分析。为节省篇幅，同 7.2 节一样，只分析 OD 对 (O_1, D_1) 和路径 1 与路径 2 的统计值。设 $L = 1 000$、$\hat{L} = 800$ 和 $L_2 = 20$，$T_s = 10$，$S_d = 0.7$，重叠路段位于路径 2 的中央。

图 7-7~图 7-10 分别给出了四种反馈策略下路径 1 和路径 2 上的行驶时间、平

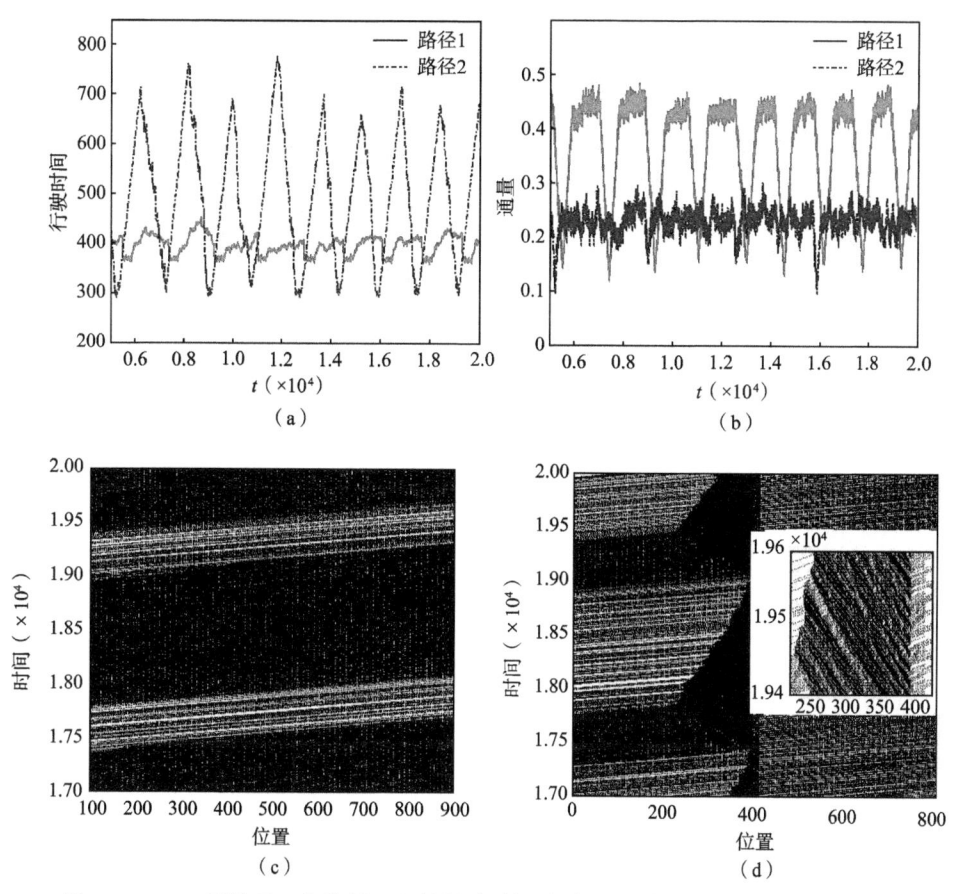

图 7-7 TTFS 下路径 1 和路径 2 上的行驶时间（a）和平均通量（b）；路径 1（c）和路径 2（d）的时空演化图

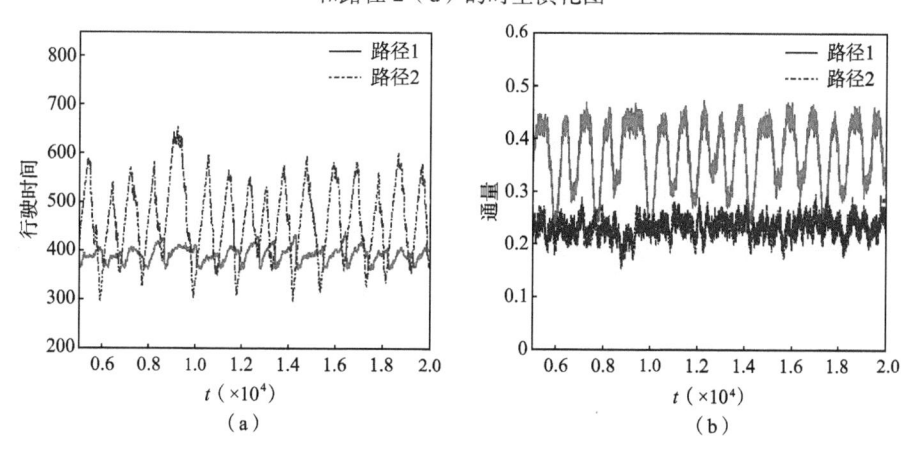

图 7-8 MVFS_IP 下路径 1 和路径 2 的行驶时间（a）和平均通量（b），路径 1（c）和路径 2（d）的时空演化图

图 7-8 （续）

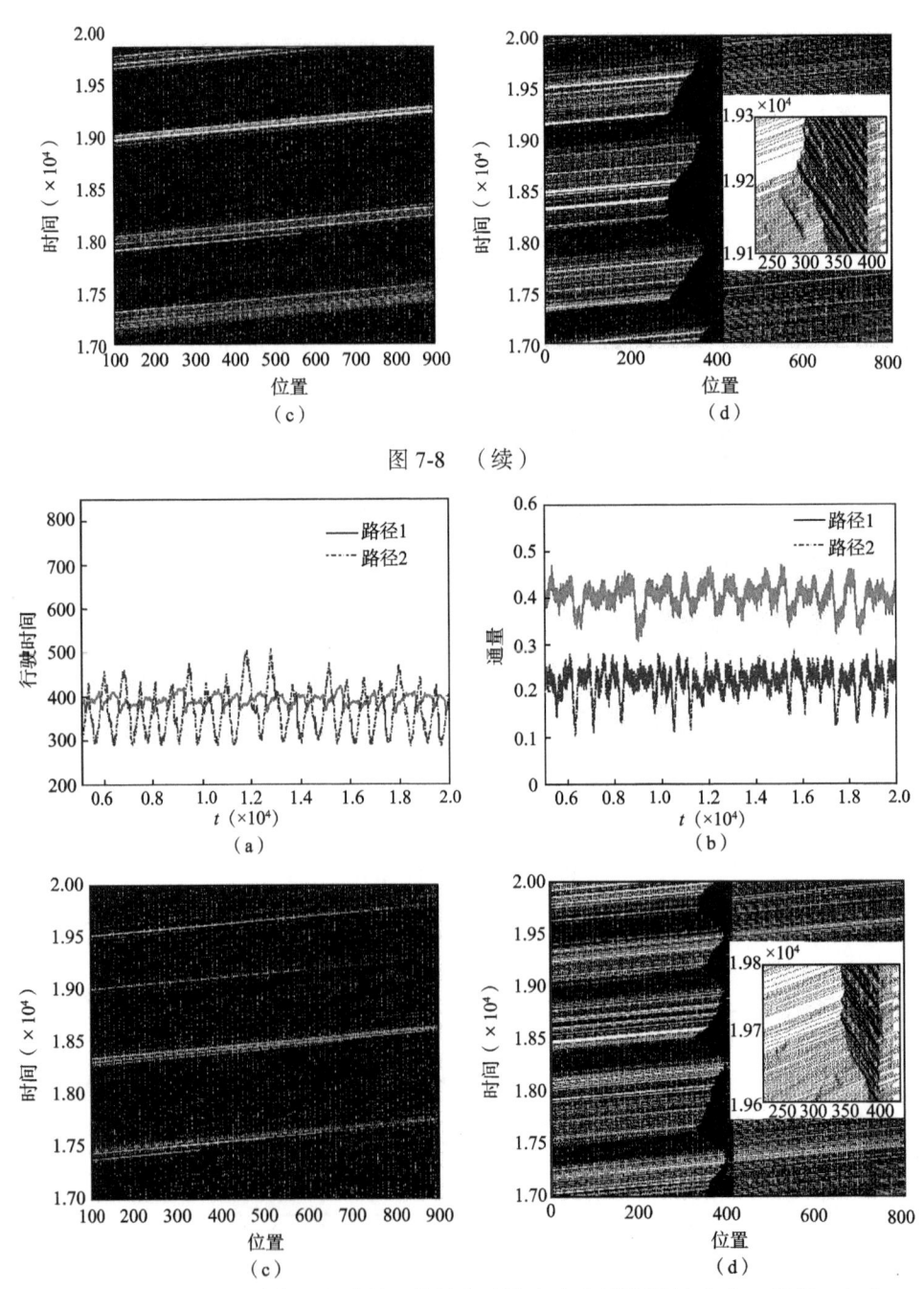

图 7-9 MVFS_SP 下路径 1 和路径 2 的行驶时间（a）和平均通量（b），路径 1（c）和路径 2（d）的时空演化图

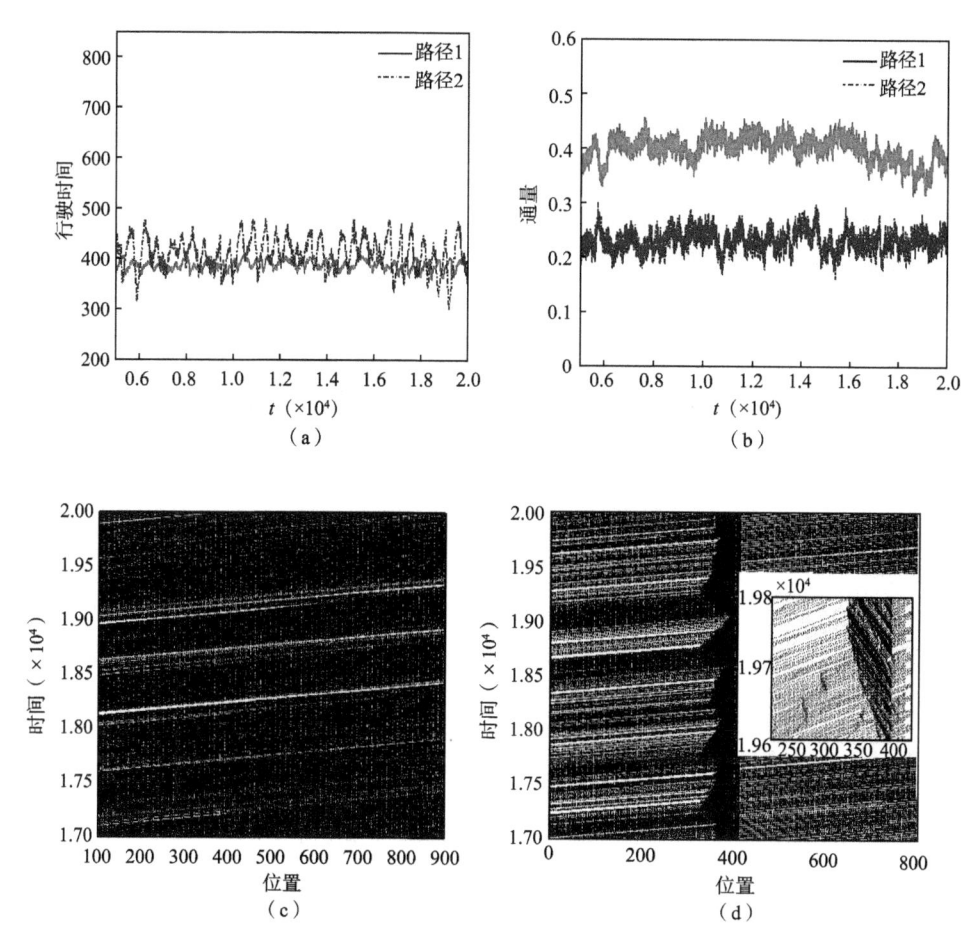

图 7-10　CCFS 下路径 1 和路径 2 的行驶时间（a）和平均通量（b），路径 1（c）和路径 2（d）的时空演化图

均通量及路径 1 和路径 2 的时空演化图。对比这几幅图，我们可以得到如下结论。

（1）与其他三种策略比较，时间反馈策略下的行驶时间和平均通量都存在较大幅度的振荡，在时空演化过程中周期较长，且在交叉口 C_1 处存在较长的排队，进一步印证了时间反馈策略确实存在较大的时间滞后性，这与 Wahle 等（2000，2002）、Lee 等（2001）、付传技等（2006）、Wang 等（2005）和 Dong 等（2010）得出的结论是一致的。

（2）不考虑反馈策略的影响，在路径 1 上的平均通量高于路径 2 上的平均通量，这是因为路径 2 较短。另外我们还可以发现，MVFS_SP 和 CCFS 对路径长度较为敏感，而 TTFS 和 MVFS_IP 则对路径长度并不敏感。

（3）CCFS 下的行驶时间和平均通量波动比较平缓。

（4）尽管时间反馈策略和基于个体目的的平均速度反馈策略是从出行者的角度

设计的，但在提高出行者路径选择和减小出行时间方面并没有明显的优势，在这两种策略下，路径2的行驶时间和平均通量均比基于系统目的的平均速度反馈策略和拥挤系数反馈策略下的模拟结果差。可能原因如下所述：一方面，由于复杂路网中存在嵌套路段、交叉口和信号灯作用，精确的实时时间很难获得；另一方面，由于信息反馈存在一定的周期和出行者对行驶时间变化的敏感性，使路径2较短的原始信息可能会误导出行者作出正确的判断，从而造成路径2车辆过度集中，而很明显，这些因素均会恶化路径2的交通条件。相反，基于系统目的的平均速度反馈策略和拥挤系数反馈策略却可以通过发布平均速度和拥挤系数，使路径1和路径2得到合理利用。

接下来，我们将比较在上面提到的四种信息反馈策略下路径2的长度$\hat{L}$对OD对(O_1, D_1)通量和路径1和路径2行驶时间差的影响。从图7-11（a）可以发现，与其他两种从系统角度出发的反馈策略比较，当路径2的长度$\hat{L}$小于600时，时间反馈策略和基于个体目的的平均速度反馈策略下的OD对(O_1, D_1)平均通量均随$\hat{L}$变化而大幅改变；而当$\hat{L}$大于600时，基于系统目的出发的平均速度反馈策略和拥挤反馈策略下的OD对(O_1, D_1)平均通量基本不发生改变。因此，从基于系统目的的平均速度反馈策略和拥挤反馈策略比基于个体目的的反馈策略更能提高路网利用效率。

然而，如果我们关注的是用户公平性，则结果就会大相径庭。从个体的观点出发，用户公平性可以用路径1和路径2的行驶时间差Δt来表示，从图7-11（b）可以发现，随着路径2的长度$\hat{L}$的增加，基于系统目的的平均速度反馈策略和拥挤系数反馈策略下的用户公平性几乎呈线性下降趋势，而这一结论在另外两种信息反馈策略下并不成立。

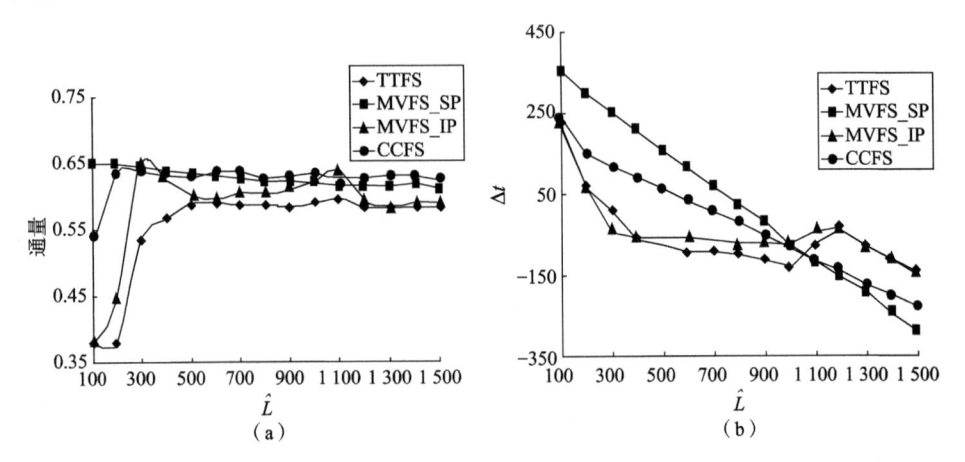

图7-11 四种反馈策略下（a）OD对(O_1, D_1)平均通量和（b）路径1和路径2的行驶时间差

现在，我们来研究车辆类别和信息反馈策略之间的关系。从图7-12很容易可以看到，尽管信息反馈策略和信号灯周期不同，但OD对(O_1, D_1)平均通量均保持了随

动态车比例先升后降的趋势。当$S_d \leqslant 0.5$时，四种反馈策略基本没有什么区别，这是因为只有少数的动态车接受信息服务，系统性能基本上由占多数的静态车决定。当S_d大于0.5时，信息服务策略的效果便逐渐显现出来。可以发现，在动态车比例S_d增加到临界值S_{d_C}以前，拥挤系数是最好的反馈策略，基于系统目的的平均速度反馈策略次之。当动态车比例S_d大于临界值S_{d_C}时，基于系统目的的平均速度反馈策略与拥挤系数反馈策略相比，其优势越来越大。另外我们还可以发现，临界值S_{d_C}随着信号灯周期T_s的增加有逐渐减小的趋势。有两个理由可以解释这一现象：第一，通量包含两个部分，平均速度和车流密度，但无论是基于系统目的的平均速度反馈策略还是拥挤系数反馈策略都只能反映其中的一个方面（Wang et al.，2005）；第二，随着动态车比例的增加，拥挤系数反馈策略对路径入口处的高度拥挤状态变得非常敏感，因此入口处的车辆不能进入系统，而根据进入规则直接被删除。

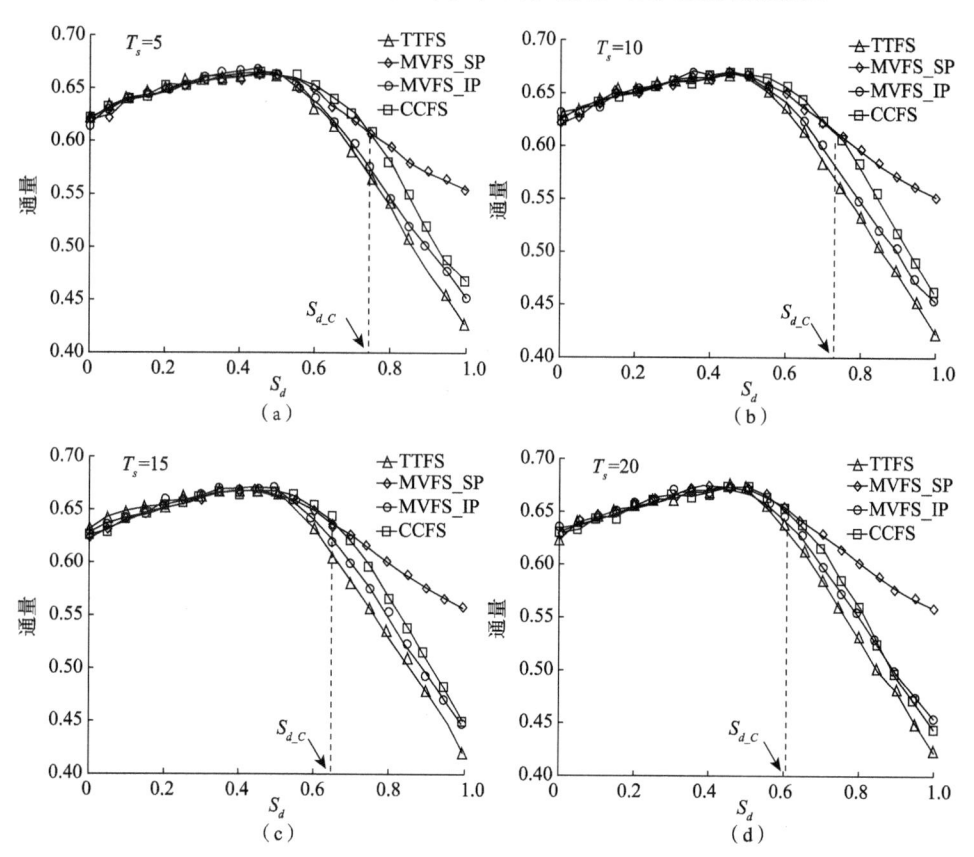

图7-12 四种反馈策略下OD对(O_1, D_1)平均通量（a）$T_s=5$，（b）$T_s=10$，（c）$T_s=15$和（d）$T_s=20$

7.4 本章小结

  20世纪80年代以来，在信息技术成果的支持下，智能交通系统在缓解交通拥挤方面的作用越来越明显。借助智能交通系统发布实时路况信息，进行实时交通控制和管理，诱导出行者选择路径，从而提高路网使用效率已经成为研究的热点。本章借助一个包含重叠路段的交通网络，分别在无信号控制方式和信号控制方式下进行了仿真模拟。在无信号控制方式下，应用元胞自动机模型对比分析了信息反馈策略和平均速度反馈策略对个人出行时间、路径选择行为和系统使用效率的影响。研究发现，在包含重叠路段的交通系统中，时间反馈策略的滞后效应十分明显，各种模拟统计值的波动幅度比较大。平均速度反馈策略可以更有效地缩短人们的出行时间，其优势在重叠部分长度占路径长度的比例较小和较大时十分明显，且随路径长度增加而增加。在提高路网的利用效率方面，平均速度反馈策略的优势随路径长度的增加而逐渐减小，随重叠部分长度的增加而先减后增。然后，在信号控制方式下，应用元胞自动机在四种反馈策略下，即时间反馈策略、基于个体目的的平均速度反馈策略、基于系统目的的平均速度反馈策略和拥挤系数反馈策略，模拟了出行者的路径选择行为，仿真结果表明：基于系统目的的平均速度反馈策略和拥挤系数反馈策略在提高路网利用效率和减少出行者行驶时间方面具有明显的优势。相反，另外两种从个体角度出发的反馈策略则在保证用户公平性上表现出较好的特性。另外，我们还研究了车辆类别和信息服务策略之间的关系，数值结果表明，当动态车比例超过某一临界值时，拥挤系数反馈策略下的OD对平均通量便急剧下降，这一结果不同于Wang等（2005）在两条路径的简单路网中得出的结论。

第8章 信息反馈策略对出行者微观换道行为影响研究

随着我国汽车工业的不断发展，城市的机动车数量不断增加，使原本就不平衡的交通供需矛盾更加尖锐，城市交通拥挤问题愈显突出。由于汽车生产、购买和使用的刚性，小汽车拥有者和制造者，不会轻易放弃已投入大量资金的运输方式。因此，不论政府采用怎样的方式鼓励人们采用公共交通出行，小汽车购买者的汽车出行方式仍然很难改变。自 Pigou（1920）、Knight（1924）的创新性工作以来，道路拥挤收费已经变成了一种缓解交通拥挤的有效手段，许多国家都建立起收费设施来实践这一新技术。在美国，拥挤收费更加流行的方式是 HOT，意思是如果低载客车辆愿意支付一定的费用的话，允许他们使用 HOV 专用道，目的是减少道路交通拥挤，保护环境，节约资源。关于 HOV 车道，我们在 2.1 节中已经进行过简单介绍，HOV 专用车道是在特定的时间段内只允许高载客车辆专用的车道，从而保证高载客车辆快捷、高效地出行。HOV 专用车道一方面能够提高每小时通过的客流量，另一方面可以缩短高载客车辆的运行时间，吸引更多的人采用这种方式出行，从而使道路上的车辆总数下降，达到缓解交通拥挤，减少交通延误和尾气排放量的目的。而 HOT 车道即高速公路上设定一条或多条只允许满载或多载车辆免费行驶，而独驾者及其他车辆需缴费使用的车道。允许其他车辆交费后使用的 HOT 车道，为出行人员增加了避开交通拥挤车道的选择，为公路管理部门增加了收益，也解决了 HOV 专用车道利用效率不高的局面，真可谓是一举多得。而目前智能交通技术的发展、自动车辆识别和电子收费等技术的成熟和应用，也为实行 HOT 提供了可能，能有效解决小汽车带来的交通问题。相比较美国、日本、德国等交通发达国家而言，我国的智能交通技术虽然起步较晚，但由于受到了社会各界的充分重视，发展速度很快。目前上海、深圳等城市已开始部分公共交通智能化应用，杭州等城市已开始进行智能交通运输体系规划，为HOT 车道计划的实施创造了良好条件。把 HOV 车道和普通车道两者的交通量调节到恰到好处，既能缓解普通车道上的堵塞，又不至于造成 HOV

专用车道拥挤，从而提高路网的利用效率，减少出行者的行驶时间。

通常HOT车道的操作倾向是为HOT车道提供较好的自由流路况，同时最大化整个高速路的总流量，如普通车道和HOT车道的流量和。为了有效实现这一目标，收费必须根据实时路况进行调整。最近，Yin和Lou（2009）提出了一种反应式自学习方法：根据探测到的到达率决定实时收费和换道行为。然而，是否会选择HOT车道作为目标车道，HOT车道和普通车道的实时道路条件也是影响出行者是否换道的一个重要因素，很显然反映两条路径实时路况的发布信息对出行者的决定起着至关重要的作用，基于这一考虑，本章将研究信息反馈策略对出行者微观换道行为的影响。为了清晰地刻画换道行为，我们引入一种基于指数形式的动态收费策略，通过检测HOV车道的拥挤系数（Wang et al., 2005）来实时调整收费，而出行者则是通过比较收费与两条路径的行驶时间差来调整他们的路径选择。

8.1 网络模型

本章的路网结构采用Laval和Daganzo（2006）提出的多车道混合模型，与之不同的是，普通车道上存在一匝道。整个模型定义在长度为L的一维离散格子链上，图8-1是离散的网络元胞示意图，由上下两条车道组成，上面是HOV/HOT车道，下面是普通车道，中间为隔离带，隔离带中间设有一条长为L_c的加速道，普通车道的车辆可以通过加速道进入HOV/HOT车道。为了表述方便，以加速道右端位置为界，HOV/HOT车道两侧分别称为HOV车道和HOT车道，普通车道两侧则分别称为普通车道A和普通车道B。HOT车道和普通车道B的长度均为L_h，HOV车道和普通车道A的长度则为$L-L_h$，匝道位于普通车道x_{on}处。

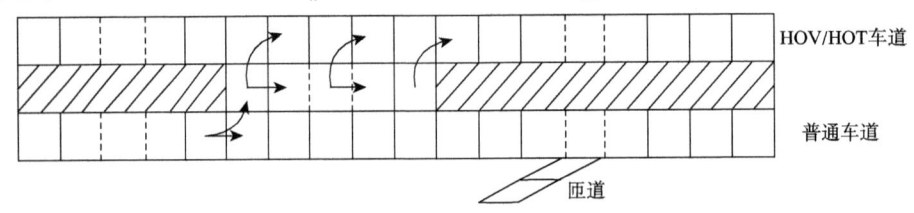

图8-1 离散的网络元胞示意图

图8-2给出了动态收费策略与信息反馈策略协调示意图，位于普通车道A的出行者在经过加速道前可以从信息板获取实时信息，通过比较当前收费和HOT车道与对应的普通车道B的行驶时间差来作出是否换道的决定。这里，收费可以通过某一给定的时间价值Value_t折换成行驶时间。为了简单起见，只考虑两种出行者，时间价值大于Value_t的为A类出行者，时间价值低于Value_t的则为

B 类出行者。为了区别两类出行者，我们将产生一个在[0，1]区间内服从均匀分布的随机数，与概率 p_c 作比较来确定出行者的类型，当随机数小于 p_c 时，我们就认为该出行者属于 A 类，否则就认为该出行者属于 B 类，B 类出行者总是在普通车道 B 行驶，不会选择换道。如果出行者为 A 类且当前收费按时间价值 Value_t 折算后的行驶时间小于普通车道 B 与 HOT 车道的行驶时间差，则出行者就会选择换道。换道前首先进入加速道，然后在加速道上行驶并等待机会进入 HOV 车道，只要满足不与 HOV 车道上的前车与后车相撞的条件，在加速道上的车辆就立即换入 HOV 车道，否则它将在加速道上继续行驶，如果到达加速道末端还未换入 HOV 车道，则它会停下来等待机会进行换道。

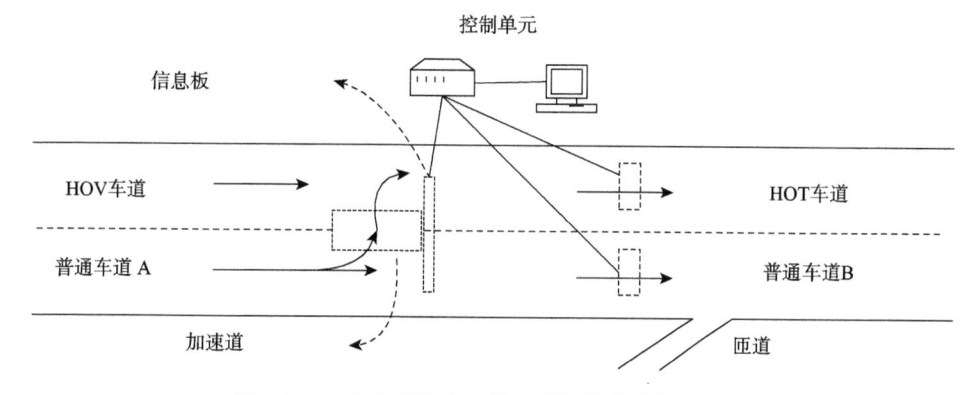

图 8-2 动态收费策略与信息反馈策略协调示意图

数值模拟中采用开放式边界条件，鉴于 NS 模型能够灵活再现各种交通现象，适用于各种交通条件和实际路况的事实，本章仍采用 NS 模型作为车辆运行的基本模型，具体演化规则详见 7.1.2 节，这里就不再赘述。在每个时间步，当车辆更新完成后，分别检查两个车道上入口处最后一辆车的位置 x_{last}^h 和 x_{last}^r，如果满足条件 $x_{\text{last}}^h > v_{\max}$ 或 $x_{\text{last}}^r > v_{\max}$，那么将以入流率 p_e^h 或 p_e^r 分别产生一辆最大速度为 $v_{\max}$ 的车，随机分布在相应车道[1,$v_{\max}$]的位置上。这里，x_{last}^h、x_{last}^r 分别代表 HOV 车道和普通车道最后一辆车的位置，p_e^h、p_e^r 分别代表 HOV 车道和普通车道的入流率。如果车辆进入路网，它将按照 NS 模型基本规则运行，头车的位置超过 L 时将驶离系统，它后面的下一辆车则成为头车。

在匝道处，我们采用 Gao 等（2007b）中使用的匝道进车规则，每一个时间步，我们扫描区域[$x_{\text{on}} - L_{\text{ramp}}, x_{\text{on}}$]，且找出这一区域中最多的空格处，如果这处空格足够大，能够容纳一辆车进入，则以概率 P_on 在该空格中间位置产生一辆车，该车的速度等于前车的速度，为了计算路径行驶时间的方便，这里我们假设该车的进入时间为前后两辆车进入普通车道 B 的时间平均值。

8.2　动态收费策略和信息反馈策略

8.2.1　动态收费策略

这一部分我们将引入一种基于指数分布的动态收费策略，将 HOV 车道转变成 HOT 车道有一个最基本的前提条件，那就是至少保证 HOT 车道不能发生堵塞，在 HOT 车道上行驶的车辆应享受自由流交通条件。基于这样的考虑，我们提出了一个以 HOT 车道实时拥挤系数为评价指标的指数形式的收费策略。在交通流理论中，当车辆密度超过一定值时，交通流就会发生相变，从自由流演变成堵塞流，为了体现这一特征，动态收费中引入临界拥挤系数的概念，临界拥挤系数对应车流发生相变的临界密度。为了确保 HOT 车道的自由流路况，收费可以根据 HOT 的实时路况（即实时拥挤系数）进行相应的调整，如果 HOT 车道具有较高的拥挤系数，说明 HOT 车道道路流已经接近或成为堵塞流，此时应该设置较高的收费来抑制普通车道车辆的换道行为；如果 HOT 车辆具有较低的拥挤系数，说明 HOT 车辆尚处于自由流状态，还可以接纳来自普通车道的车辆，使路网利用率得到提高，此时应该设置较低的收费，鼓励更多的普通车道出行者选择 HOT 车道。而一旦 HOT 车道拥挤系数大于临界拥挤系数，为了保证 HOT 车道的自由流条件，此时应该禁止普通车道车辆换道。结合以上的分析，HOT 收费定义见式（8-1）。

$$\text{Toll} = \begin{cases} K \times \left(2 + \dfrac{e^{\text{CCh}/\text{CCC}-1}}{1-e^{-1}}\right), & \text{CCh} \leqslant \text{CCC} \\ \dfrac{T_r - T_h}{\text{Value}\_t}, & \text{CCh} > \text{CCC} \end{cases} \quad (8\text{-}1)$$

其中，CCC 表示临界拥挤系数；CCh 表示在 HOT 车道上的实时拥挤系数；K 为一个无量纲的调节因子；T_h、T_r 分别为信息板上显示的 HOT 车道和普通车道 B 的行驶时间。我们设 CCC=400，略低于实际的临界拥挤系数，这一数据是通过图 8-3 所示的基本图得到的，当发生从自由流到堵塞流的相变时，就可以得到相应的临界拥挤系数 CCC=402.18（Wang et al.，2005）。

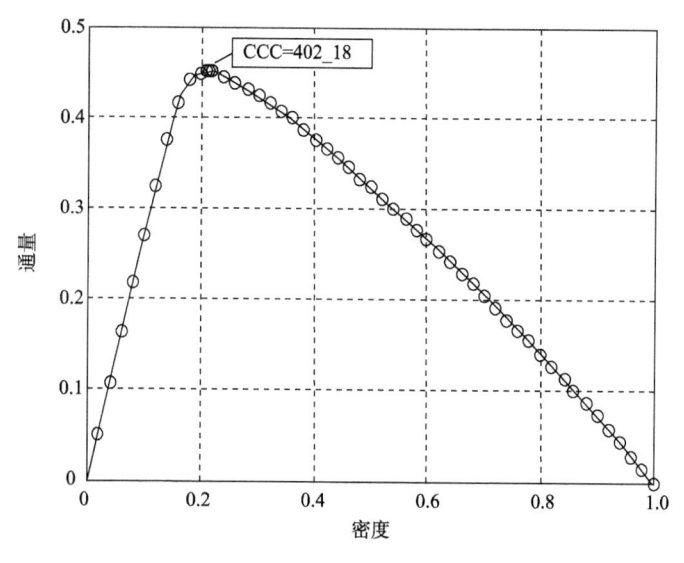

图 8-3　HOT 车道基本图

8.2.2　信息反馈策略

本章采用的信息反馈策略包括时间反馈策略和平均速度反馈策略两种，为了方便出行者作出换道决策，在速度反馈策略下发布的信息将是瞬时时间，而不再是平均速度，而瞬时时间是通过 HOT 车道和普通车道 B 的长度除以它们相应的即时平均速度得到的。下面分别介绍两种信息反馈策略下的换道规则。

时间反馈策略：在开始时刻，没有车辆离开系统，在信息板上的信息是空的，普通车道的车辆不会换道，继续使用普通车道作为目标车道。当有车辆进入 HOT 车道或普通车道 B 后，系统自动记录车辆的进入时刻，当车辆离开时，系统将该车的行驶时间反馈到可变信息板上。如果两条车道上都有车辆离开网络，则信息板就会发布两条车道的行驶时间，在普通车道 A 上加速道后的第一辆车将通过比较当前收费与两条车道的行驶时间差作出是否换道的决定。

平均速度反馈策略：在每一个时间步，HOT 车道和普通车道 B 上的所有车辆将行驶速度反馈给控制中心，控制中心对这些信息进行处理后将两条车道瞬时时间发布在可变信息板上。在普通车道 A 上加速道后的第一辆车将通过比较当前收费与两条车道的行驶时间差作出是否换道的决定。

8.3 仿真结果

这一部分将对所有的仿真结果进行讨论。仿真结果统计值都是取 30 000 步模拟结果中最后 10 000 步的平均值。设 $L = 2\,000$，$L_c = 10$，$L_h = 1\,500$，$K = 6$，$P_c = 0.6$，$P_e^h = 0.4$，$P_e^r = 0.6$，$x_{on} = 1\,500$，$L_{ramp} = 30$，$P\_on = 0.2$，$P_c = 0.6$ 和 Value_$t = 200$。图 8-4 给出了两种反馈策略下的收费、是否换道、总流量和 HOT 车道拥挤系数。是否换道用来表征当前时间步是否有车辆换道，如果有车换道则为 1，否则为 0。总流量是指 HOT 车道和普通车道 B 的流量和，以 HOT 车道为例，流量定义如式（8-2）所示。

$$F_h = \overline{V}_h \rho_h = \overline{V}_h \frac{N_h}{L_h} \tag{8-2}$$

其中，$\overline{V}_h$、ρ_h、N_h 分别表示 HOT 车道上的车辆平均速度、车流密度、车辆数。

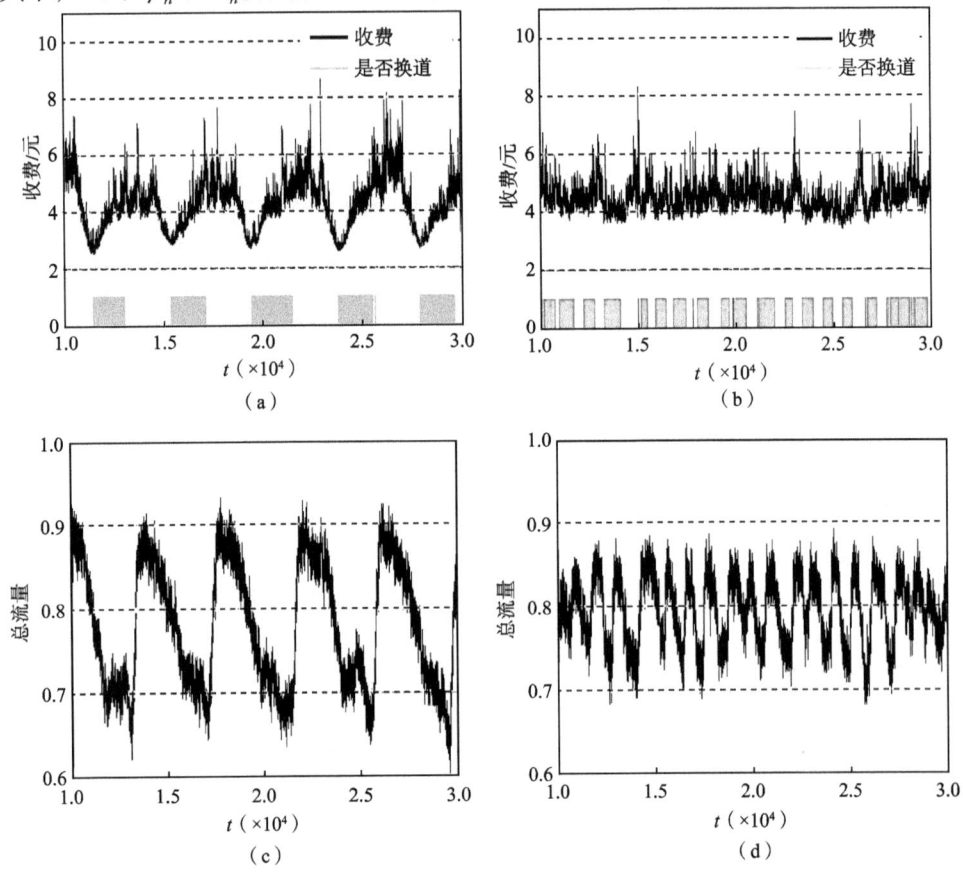

（a）

（b）

（c）

（d）

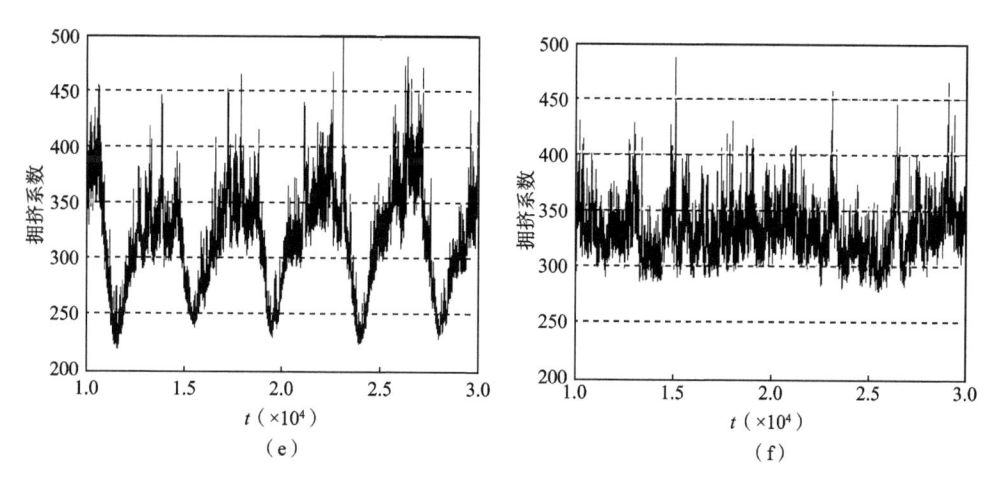

图8-4 TTFS（a, c, e）和MVFS（b, d, f）下的收费、是否换道、流量和HOT车道拥挤系数

对比图8-4（a）和图8-4（b）可以发现，在时间反馈策略下由于反馈信息的滞后性，车辆换道表现出明显的集中特性，在某一个时间段，车辆倾向于换道，而在另一个时间段，则倾向于不换道。而在速度反馈策略下，这一趋势得到明显改善，选择换道的时间段较短且间隔较小，车辆换道行为较分散。另外，在时间反馈策略下的收费大幅振荡，表现出明显的周期特性，而在速度反馈策略下，收费相对较为稳定。

对比图 8-4（c）和图 8-4（d）可以发现，在时间反馈策略下的总流量变化范围更大，且振荡更为明显。另外我们还可以注意到，时间反馈策略下可达到的最高流量超过了速度反馈策略下的结果，这是由于 HOT 车道的拥挤系数一般控制在临界拥挤系数以下，而在时间反馈下，由于反馈信息的滞后性，车辆集中换道行为反而使 HOT 车道的利用率在某一个特定的时间段内会获得较高的值。在速度反馈策略下，流量波动幅度较小，且可以在短时间内得到调整。

对比图 8-4（e）和图 8-4（f）可以发现，在时间反馈策略下拥挤系数表现出较大的振荡，且 HOT 车道拥挤系数大于临界拥挤系数的时间明显高于速度反馈策略下的持续时间，这是由于车辆集中换道的直接后果，当某一时间段内，车辆倾向于选择换道时，HOT 车道的拥挤系数便开始上升，而在另一时间段，当车辆倾向于选择不换道时，HOT 车道的拥挤系数便开始下降，从而表现出明显的周期性特征。而在速度反馈策略下，由于瞬时时间可以很好地反映当前路况，车辆可以根据 HOT 车道的实时路况作出迅速调整，从而使 HOT 车道的拥挤系数保持在一个基本接近临界拥挤系数的稳定值附近波动。

对比两种反馈策略下的模拟结果,可以发现在时间反馈策略下,由于反馈信息的时间滞后性,信息板提供的信息是过时的,并不能反映当时的实时道路条件,无论是收费、总流量还是拥挤系数都表现出明显的大幅振荡,而在速度反馈策略下,则表现相对平稳,各统计指标可以较快地得到调整。另外我们还可以看出在两种反馈策略下,拥挤系数与收费几乎保持相同的变化趋势,说明收费可以根据HOT车道的拥挤系数进行实时调整,且使HOT车道的拥挤系数尽可能地控制在临界拥挤系数以下,这部分我们将在后面进行详细讨论。

为了更直观地比较在两种反馈策略下换道和不允许换道情形下三种情形下系统特性的差异,我们进一步得到了总流量随普通车道入流率 p_e^r 变化的对比图,如图8-5所示。仿真结果是在其他参数保持不变,只改变 p_e^r 的情况下得到的。可以发现当 p_e^r 小于 0.35 时,三种情形下的总流量差距并不明显,这是因为此时普通车道的流量较小,出行者没有换入HOT车道的必要;而当 p_e^r 大于0.35时,允许换道和不允许换道的差异便体现出来了,不允许换道产生的流量低于允许换道的流量,但由于此时普通车道的流量还不太大,车辆选择换道的概率并不高,所以两种信息反馈策略下的差异并不明显;当 p_e^r 大于 0.45 时,速度反馈策略产生了高于时间反馈策略的总流量,这说明速度反馈策略确实能够使系统利用效率得到提高。另外我们还可以发现,当 p_e^r 大于某一个临界值时,总流量便不再增加,这说明系统已经达到饱和流状态,不允许换道情形下的临界值小于允许换道情形下的临界值,这说明允许换道可以提高系统利用效率。

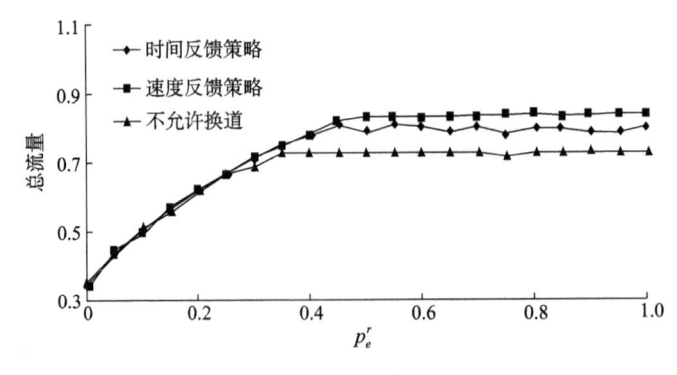

图 8-5 总流量随入流率 p_e^r 变化

接下来,我们将研究 p_e^h 和 p_e^r 对系统收费和换道率的影响,从而进一步证明动态收费策略的有效性,图 8-6 给出了速度反馈策略下的模拟结果。需要说明的是,换道率是实际换道次数的平均值。

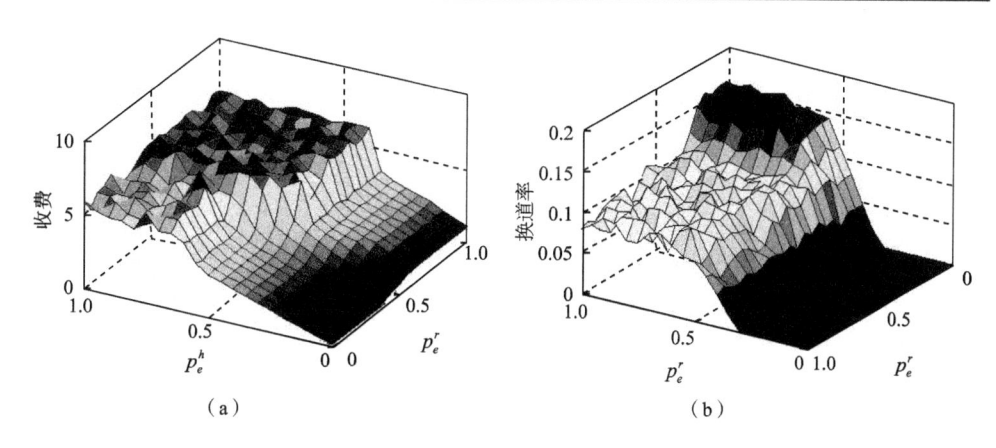

图 8-6　换道率、收费与入流率 p_e^h 和 p_e^r 之间的关系

从 8-6（a）可以看出，当 p_e^h 较小时，由于 HOT 车道的利用效率很低，设置较低的收费鼓励出行者选择换道，从而提高系统利用效率，当 p_e^r 小于某一临界值时，由于普通车道的流量较小，所以车辆换道倾向较小，而当 p_e^r 大于临界值时，普通车道的车辆开始换入 HOT 车道，使 HOT 车道利用率得到间接提高，收费也相应增加；当 p_e^h 较大时，此时 HOT 车道已经基本接近饱和，设置较高的收费来抑制普通车道的车辆换道。另外我们还可以发现，当 p_e^r 较小时，p_e^h 的临界值偏大，这是因为 p_e^r 较小时，车辆换道倾向不高所导致的。

从图 8-6（b）可以看出，当 p_e^h 固定，p_e^r 变化时，可以发现换道率先为零，随着 p_e^r 增加到某一个临界值时开始增加，然后趋于稳定。这说明存在一个临界值，在临界值以内，车辆根本不会换道，这一结论在前面刚刚讨论过，而当 p_e^r 大于某一临界值后，由于普通车道的车流非常大，所以出行者便愿意通过支付一定的费用而选择 HOT 车道，且这一临界值与 p_e^h 有一定的关系，当 p_e^h 较小时，临界值偏大，这说明较小的 HOT 车道流量会增加普通车道出行者的换道倾向。当 p_e^r 固定，p_e^h 变化时，我们选择一个较大的 p_e^r 值进行讨论，随着 p_e^h 的增加，换道率先减小，然后趋于稳定，从另一个角度说明较小的 p_e^h 增加普通车道出行者的换道倾向，当 p_e^h 达到某一个临界值以后，由于 HOT 车道已经基本接近饱和流状态，所以普通车道的换道率便基本保持在一个较小的值。

从以上的分析可以看出，动态收费策略下的收费设置可以合理地控制车辆换道行为，从而达到既提高 HOT 车道利用效率，又保证 HOT 车道自由流行驶条件的目的，这充分说明本章所采用的动态收费策略是有效的。

8.4 本章小结

缓解城市交通拥挤一个最直接、经济上最有效的办法就是对拥挤路段的使用者收费,在考虑出行者的路径选择行为的基础上,通过对特定路段的车辆实行收费,以从空间上来疏散交通量,减少繁忙路段上的交通负荷,同时还将促使交通量向高容量公交系统转移和抑制私人小汽车交通量增加,促进小汽车的有效利用和推进多人合乘的实施,实现最有效的使用道路,达到缓解交通拥挤的目的。目前智能交通技术的发展、自动车辆识别和电子收费等技术的成熟和应用,智能交通系统的发展为实行 HOT 提供了可能,能有效解决小汽车带来的交通问题,为 HOT 车道计划的实施创造了良好条件。本章运用 NS 模型研究了信息反馈策略对出行者换道行为的影响。仿真结果表明,在时间反馈策略下,由于反馈信息的时间滞后性,各统计值同样表现出明显的大幅振荡,而在速度反馈策略下,则表现相对平稳,各统计指标可以较快地得到调整,HOT 的拥挤系数保持在低于临界拥挤系数的某一稳定值附近波动,从而使 HOT 车道利用效率得到提高。对比两种反馈策略下换道和不允许换道的情形,发现允许换道可以使系统利用效率得到提高,速度反馈策略产生了优于时间反馈策略的结果。另外,通过分析换道率和收费与普通车道入流率和 HOV 车道入流率的关系,进一步论证了采用的动态收费策略可以设置合理的收费控制车辆换道,从而达到既提高 HOT 车道使用效率,又不影响 HOT 车道自由流道路条件的目的。

第9章　基于个体学习和信息作用的日常出行决策

　　城市交通网络中，日常路径选择是一个有许多参与者的长期的非合作博弈过程，巨量的交通个体可以通过获得新的路网信息，不断更新对路网的认识，进而依据与自身行为禀赋有关的择路原则调整出行路线。出行者对备选方案的属性的认知主要有两个途径：历史经验和 ATIS 信息。对于无装置的出行者来说，无法获取实时路网信息，出行者不知道当天别人的择路情况，但可以根据自己过去选择多条路径的历史经验来作出判断，日常路径选择过程中表现出来的认知行为是一种"学习行为"，出行者的历史经验是出行者以前多次出行对网络的感知和认识形成的，也就是根据自己的长期观察来积累经验，建立一种路径更新规则，不断调整自己的路径，最后可能使系统达到用户均衡（黄海军，1994）或"准用户均衡"状态。而对于有装置的出行者来说，可以依据 ATIS 提供的实时信息直接作出路径选择决策。前者随出行者对路网的熟悉程度和对历史经验的依赖程度而不同，后者随出行者获得信息的能力和信息的质量而不同。

　　影响驾驶员路线选择的因素很多，道路方面的因素包括行程时间、行驶距离、路线所经交叉口数量及控制方式、行程时间可靠性、交通安全、道路干扰因素等。这些因素对不同驾驶员的影响程度不同，这取决于驾驶员的驾驶经验、个人偏好、出行目的和性质、出行距离等。随着智能交通系统的深入研究和 AITS 理论的逐步完善，人们越来越认识到路线选择行为与交通控制及管理信息策略之间的相互关系的重要性，如何将它们有效结合起来更是研究的热点。

　　交通系统具有很强的社会属性，单个出行者作出的决策并非是独立的，尽管出行者并没有明确进行交流，但整个系统却呈现出明确的合作过程。对日常路径选择演化过程的研究有助于揭示路径选择机理，加深对路径选择行为的理解。针对只有两条路径的简单路网，Selten 等（2007）以 18 个 Bonn 大学的学生为实验对象进行了路径选择行为实验。Klügl 和 Bazzan（2003）运用简单的自适应更新规则研究了日常路径选择行为及交通预测的效果，进一步研究了出行者在日常路径选择中的学习能力。李志纯和黄海军（2005）将出行者分为有信息装置和无信息装置两类，研究了ATIS对出行者重点选择、方式分担和路径选择行为的影响。Jackson（1994）的研究则发现司机利用 ATIS 的长期获益主要表现在采纳更加有效的路径选择而获得时间节省、决策时间的减少、焦虑情绪的减少等方面的感受。Liu和Huang（2007）使用基于multi-agent的模拟仿真系统 SeSAm 研究了发布信息与不发布信息情况下的路径更新规则。然而所有的研究工作发布的信息并非采用真实的实时交通信息，而交通信息对交通流的影响是一个非常复杂的动态过程，基于以上考虑，本章将采用一个简单的两条路段网络的微观模拟模型，利用元胞自动机模拟仿真方法，在有装置通勤者与无装置通勤者两类用户采用不同的路径更新规则基础上，在时间反馈策略和速度反馈策略下研究ATIS市场渗透率、出行需求量和历史经验依赖性对有装置通勤者与无装置通勤者出行效率的影响。

9.1　网　络　模　型

本章所采用的网络模型是一个具有两条路径的不对称简单路网，如图 9-1 所示。O 为起点，D 为迄点，整个网络定义在离散的格子链上，其中主路占据 L_m 个元胞，辅路占据 L_s 个元胞。在辅路中间位置设有一交叉口，由信号灯控制行人和车辆通行，信号灯以周期 T_s 交替变换颜色，当绿色信号灯变亮时，等待穿越辅路的行人和车辆便可以直行穿过，此时辅路上位于交叉口下游的车辆必须停车等候，直到红色信号灯变亮时方可通行。

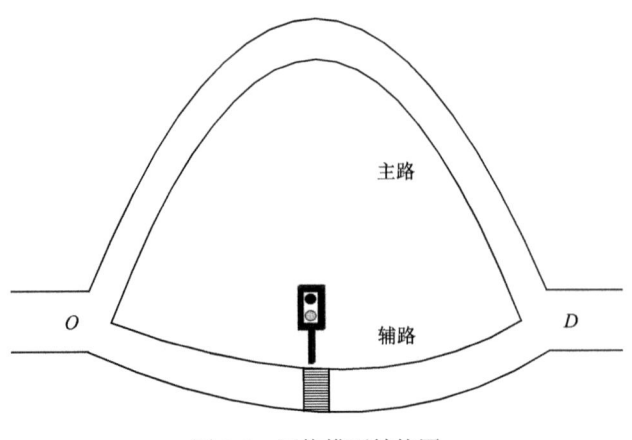

图 9-1　网络模型结构图

同第7章和第8章一样,本章仍采用 NS 模型作为车辆运行的基本模型,具体演化规则详见 7.1.2 节。假设所有出行者均将起点 O 作为出发点,迄点 D 作为终止点,出行者对备选方案的属性的认知主要有两个途径:历史经验和 ATIS 信息。研究在某一特定时间段 Δh 内有出行需求的人,可以理解成是上班工作或下班回家的出行需求,设总出行需求为 D,且每天的出行需求是固定不变的。所有出行者的出发时间 $t = f(\text{rand}(1, D) \times \Delta h)$ 是随机产生的,这里,f 是取整函数。在出发时间,车辆将从起点 O 处以最大速度进入主路或辅路,如果前面有车,则车辆自动向后排队,如果车辆进入车道,它将按照 NS 模型基本规则运行,直到车辆离开网络。

9.2 路径更新规则

每个出行者依据当前自己的理解路径时间来选择路径,两类出行者,即有装置通勤者和无装置通勤者,将根据不同的方法获得理解路径时间,从而作出路径选择决策。这里用市场渗透率 S 来表示有装置通勤者所占的比例,对于无装置通勤者来说,司机掌握的路网信息是不完全的,不清楚别人的路径选择,但对自己昨天的路径选择和路径行驶成本保持准确的记忆,从而可依靠自己的历史经验和自我学习机制获取理解路径时间,出行者 i 在第 t+1 天(当前天)对昨天走过的路径的期望时间可以表示成第 t 天该路径的实际时间和期望时间的加权和,而对另外一条路径的期望时间不变。所以,无装置通勤者对主路和辅路的路径理解时间分别见式(9-1)和式(9-2)。

$$E_m^i(t+1) = \begin{cases} a \times T(i) + (1-a) \times E_m^i(t), & r = 0 \\ E_m^i(t), & r = 1 \end{cases} \quad (9\text{-}1)$$

$$E_s^i(t+1) = \begin{cases} a \times T(i) + (1-a) \times E_s^i(t), & r = 0 \\ E_s^i(t), & r = 1 \end{cases} \quad (9\text{-}2)$$

而对于有装置通勤者来说,则完全依赖 ATIS 提供的信息获取理解路径时间,其定义见式(9-3)和式(9-4)。

$$E_m^i(t+1) = T_m \quad (9\text{-}3)$$

$$E_s^i(t+1) = T_s \quad (9\text{-}4)$$

其中,$E_m^i(t)$、$E_m^i(t+1)$、$E_s^i(t)$、$E_s^i(t+1)$ 分别表示出行者 i 在 t 天和 t+1 天对主路和辅路的理解时间;$T(i)$ 表示出行者 i 昨天的实际行驶时间;$r = 0$ 表示出行者 i 昨天选择了主路;$r = 1$ 表示该出行者 i 昨天选择了辅路;a 则体现了出行者对昨天实际时间和期望时间的依赖程度；T_m、T_s 表示 ATIS 发布的主路和辅路的实时行驶时间，在模拟过程中，我们将采用两种信息反馈策略，即时间反馈策略和速度反馈策略，来获取实时信息 T_m 和 T_s，从而进一步研究在两种信息反馈策略下有装置通勤者和无装置通勤者出行效率的差异，关于信息反馈策略的介绍详见 7.1.3 节。为了尽可能消除初始值对出行者演化过程的影响，在演化的第一天初始时步，所有出行者的实际行驶时间和两条路径的理解时间初始值均设为 $T(i) = E_m^i(1) = E_s^i(1) = L_m/(v_{\max} - p)$，信息发布时间初始值设为 $T_m = L_m/(v_{\max} - p)$，$T_s = L_s/(v_{\max} - p)$。

对出行者路径选择行为进行分析描述时，常用的模型是离散选择模型，包括概率模型（Probit）和对数模型（Logit），而 Logit 模型则以其简单易用的优点而得到较广泛的应用。因此，本章将采用 Logit 对数模型来描述出行者的路径选择行为，出行者 i 在第 $t+1$ 天选择主路的概率如下：

$$P_{t+1}^i = \frac{\exp\left(-c \times E_m^i(t+1)/60\right)}{\exp\left(-c \times E_m^i(t+1)/60\right) + \exp\left(-c \times E_s^i(t+1)/60\right)} \quad (9\text{-}5)$$

其中，c 用来表示出行者在路径选择行为中的理智程度。模拟中对路径选择的过程是这样实现的，先利用随机数发生器产生一个[0, 1]的随机数 P_r，如果满足 $P_r < P_{t+1}^i$，则出行者选择主路，否则选择辅路。

9.3 仿真结果

在模拟中，在没有特别说明的情况下，仿真结果均是在 $L_m = 1000$，$L_s = 800$，$T_s = 15$，$a = 0.01$，$c = 0.5$，$D = 1200$，$S = 0.2$，$\Delta h = 1800$ 下获得的。图 9-2 比较了两种反馈策略下对应不同的 a 值时两条路径车辆数的演化过程。比较图 9-2（a）和图 9-2（b）或图 9-2（c）和图 9-2（d），我们可以发现信息反馈策略对车辆数的演化速度并没有太大的影响，两种反馈策略下的演化效率基本相同；对比图 9-2（a）和图 9-2（c）或图 9-2（b）和图 9-2（d）可以发现当 $a = 0.001$ 时，系统演化非常慢，当 $a = 0.01$ 时，大约 100 天就可以演化到均衡态，而当 $a = 0.001$ 时，大约 1 000 天才可以演化到均衡态，这与 Liu 和 Huang（2007）得出的结论是一致的，过小的 a 值将导致系统演化效率极低。

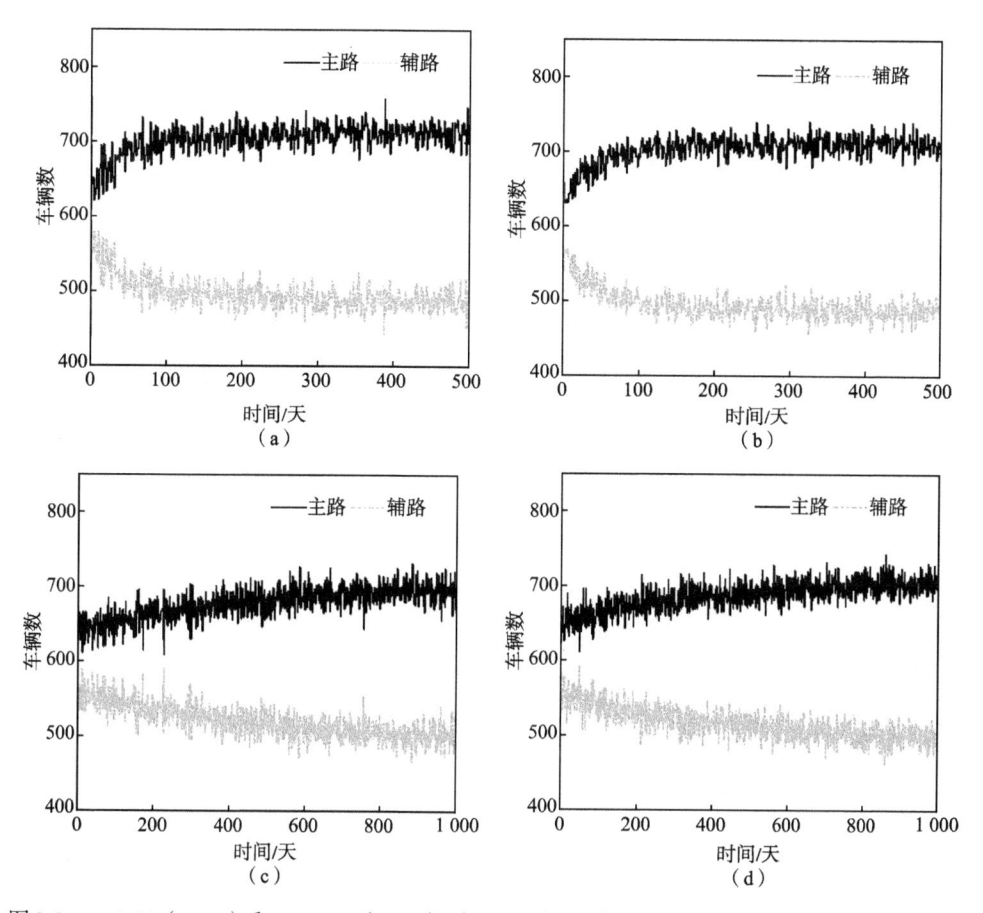

图9-2 $a=0.01$（a，b）和$a=0.001$（c，d）时TTFS（a，c）和MVFS（b，d）下的车辆数演化

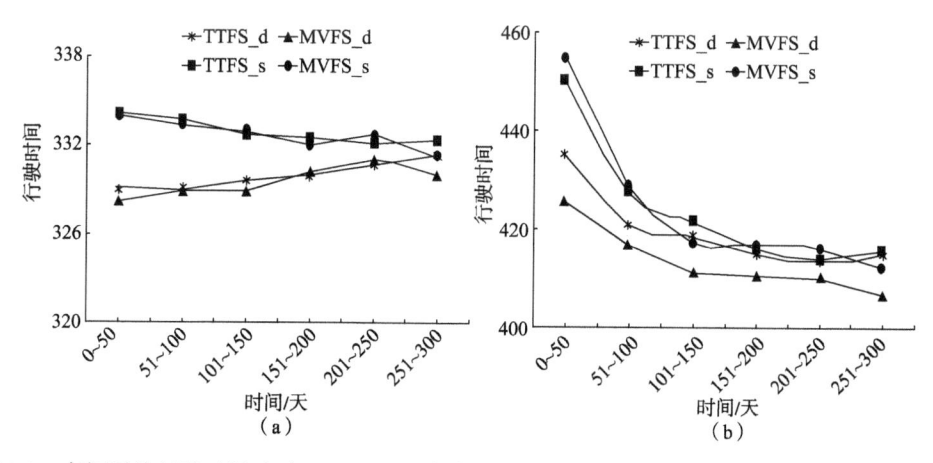

图9-3 车辆平均行驶时间（a）$D=600$，（b）$D=1\,200$，（c）$D=1\,800$和（d）第1~50天平均值

图 9-3 （续）

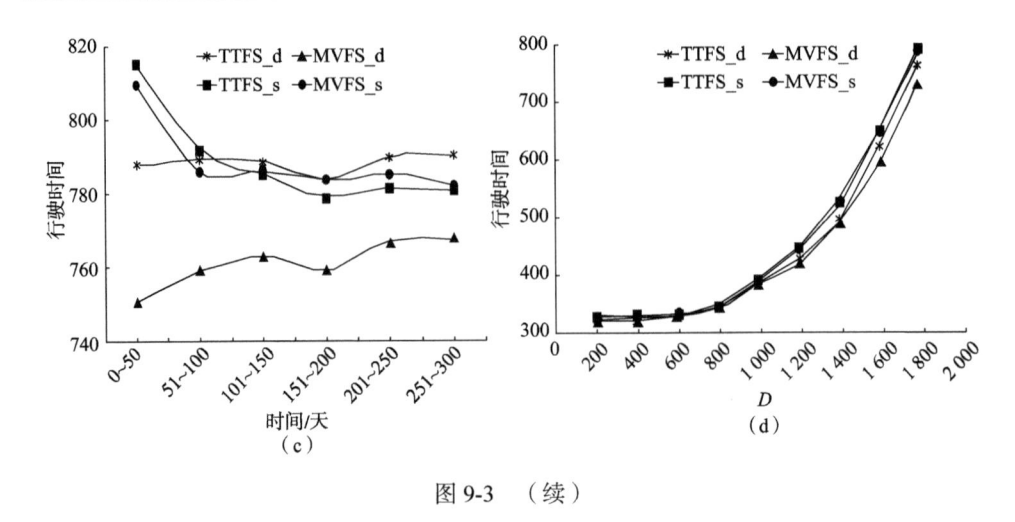

为了直观地比较在出行需求对有装置通勤者和无装置通勤者在两种信息反馈策略下的行驶时间差距的影响，图 9-3 给出了时间反馈策略下的有装置通勤者（TTFS_d）和无装置通勤者（TTFS_s），速度反馈策略下的有装置通勤者（MVFS_d）和无装置通勤者（MVFS_s）随时间演化的车辆平均行驶时间和第 1~50 天随 D 变化的车辆平均行驶时间。分析图9-3（a）~图9-3（d），可以得到如下结论。

（1）无装置通勤者的平均行驶时间随着对路网的熟悉程度增加而有逐渐减小的趋势，在需求较大时尤其明显。

（2）当 $D=600$ 和 $D=1200$ 时，两种反馈策略下无装置通勤者和有装置者的平均行驶时间差距均随着时间的演化有逐渐减小的趋势。而当出行需求 $D=1800$ 时，时间反馈策略下的模拟结果在第 100 天以后会表现出反直觉的效果［图 9-2（c）］，有装置通勤者行驶时间反而高于无装置通勤者的行驶时间，这一点可能是由于时间反馈策略的时间滞后性导致的，所以在发布信息策略时必须关注发布信息的质量。

（3）两类通勤者在两种信息反馈策略下的平均行驶时间均随出行需求的增加而增加。当出行需求低于 1 000 时［图 9-3（d）］，它们之间的平均行驶时间差异并不明显，而一旦出行需求超过 1 000，有装置通勤者便表现出了较好的优越性，而速度反馈策略下的有装置通勤者这一点更为明显。

下面我们将研究 a 对两类出行者行驶时间差距的影响，图 9-4 给出了当 a 不同时两类出行者在时间反馈策略下和平均速度反馈策略下随时间演化的车辆平均行驶时间和第 1~50 天随 a 变化的车辆平均行驶时间。分析图9-4（a）~图9-4（d），可以得到如下结论。

（1）有装置通勤者在速度反馈策略下比时间反馈策略下具有较短的平均行驶时间。

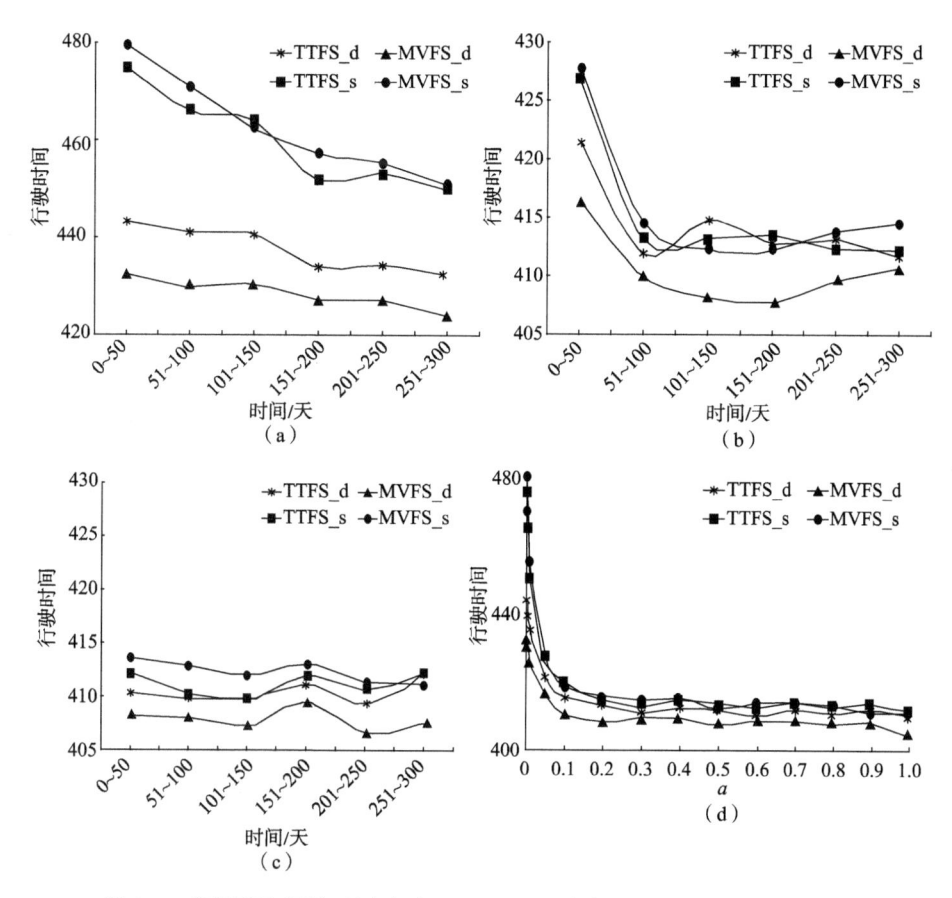

图 9-4　车辆平均行驶时间（a）$a=0.001$，（b）$a=0.05$，（c）$a=0.6$ 和（d）第 1~50 天平均值

（2）当 $a=0.001$ 和 $a=0.01$［图 9-3（b）］时，随时间演化时有装置通勤者和无装置通勤者的平均行驶时间差距有逐渐减小的趋势，而当 $a=0.05$ 和 $a=0.6$ 时，这种趋势并不太明显，当时间超过 50 天后，两者的差距基本上就保持不变了，这说明当出行者较多地依赖昨天的实际行驶时间时，系统可以较快地演化到均衡态。

（3）两类通勤者在两种信息反馈策略下的平均行驶时间均随 a 增加而先减小然后趋于稳定。速度反馈策略下的无装置通勤者与有装置通勤者的平均行驶时间差距总是大于时间反馈策略下的结果。

接下来我们将进一步研究市场渗透率 S 对两类通勤者在时间反馈策略和平均速度反馈策略下行驶时间差距的影响，图 9-5 给出了当 S 不同时两类通勤者随时间演化的车辆平均行驶时间和第 1~50 天随 S 变化的车辆平均行驶时间。分析图 9-5（a）~图 9-5（d），可以得到如下结论。

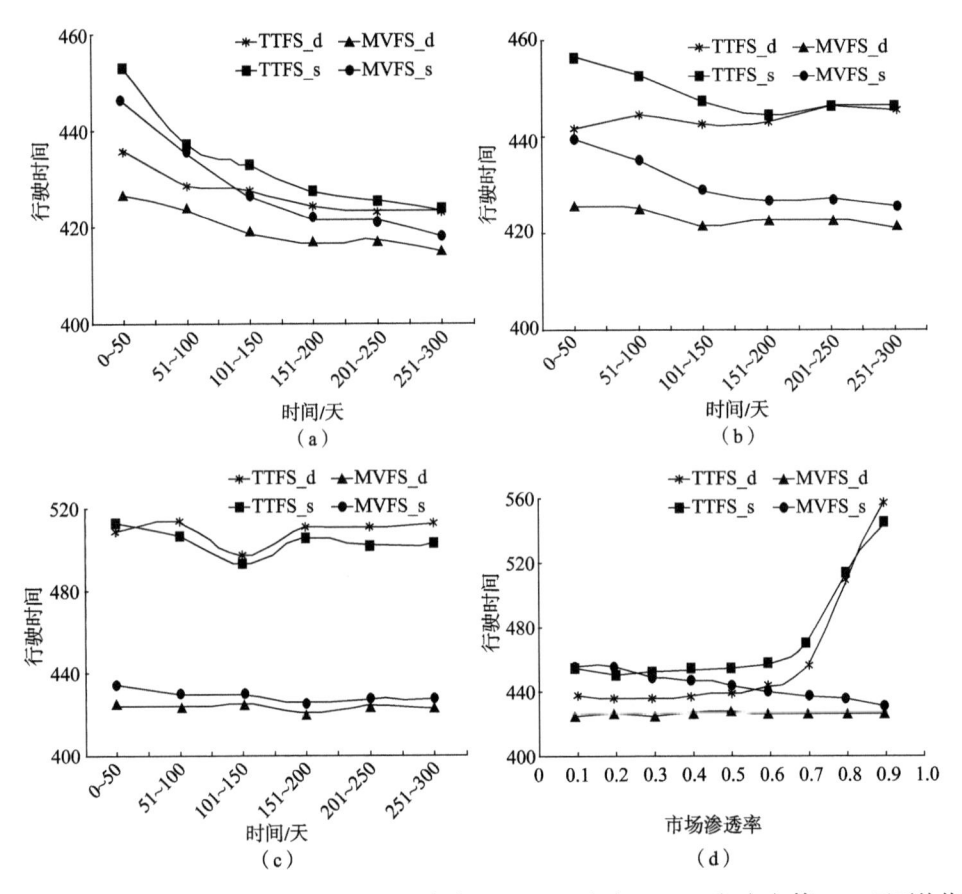

图9-5 车辆平均行驶时间（a）$S=0.4$，（b）$S=0.6$，（c）$S=0.8$ 和（d）第1~50天平均值

（1）在时间反馈策略下，当市场渗透率$S<0.6$时，所有出行者的行驶时间均随S增加而缓慢增加，而当市场渗透率$S>0.6$时，所有出行者的行驶时间均将随S增加而急剧上升；而在速度反馈策略下，有装置通勤者的行驶时间基本保持不变，无装置通勤者的行驶时间随S增加而有减小的趋势。

（2）当市场渗透率$S>0.6$时，所有通勤者在速度反馈策略下均比在时间反馈策略下获得较少的平均行驶时间。

（3）随着市场渗透率S的增加，在速度反馈策略下，有装置通勤者和无装置通勤者的平均行驶时间差距逐渐减小。在时间反馈策略下，当$S<0.8$时，有装置通勤者和无装置通勤者的平均行驶时间差距有逐渐减小的趋势，而当$S>0.8$时，无装置通勤者反而获得了较少的平均出行时间，这是由于有装置者的过度反应造成的，由于时间反馈策略发布的信息是滞后的，并不能准确反映实际的道路交通条件，有装置通勤者如果完全跟随这一信息，将会造成聚集效应，从而导致其出行效率下降。

9.4 本章小结

随着信息技术的发展，ATIS 在缓解道路拥挤，诱导出行者选择路径，从而提高路网利用效率，降低出行时间和加强交通安全方面发挥了越来越重要的作用，在日常出行路径选择过程中，有装置通勤者和无装置通勤者扮演着不同的角色，对整个系统的运行效率有着直接影响。本章在一个具有两条不对称路径的简单路网中，运用 NS 基本模型模拟了日常路径选择的演化过程，并讨论了两种信息反馈策略下 ATIS 市场渗透率、出行需求量和历史经验依赖程度对两类出行者平均行驶时间的影响。研究结果表明，出行者对历史经验的依赖程度决定系统的演化效率；有装置通勤者一般来说具有较少的平均行驶时间，且在速度反馈策略下优势尤其明显；两类出行者平均行驶时间的差距随着时间的演化有减小的趋势，且随出行需求增加而增加，随市场渗透率增加而减小，与历史经验依赖性基本无关。

第10章 考虑局部微观停靠行为的交通流模拟研究

近年来，借助各种交通流模型，如元胞自动机模型、跟车模型（car-following models）、气体动力学模型等，模拟道路系统中的交通行为从而再现各种复杂交通现象引起了大量学者的关注。其中，Nagel 和 Schreckenberg（1992）提出的一维元胞自动机模型（NS 模型）由于其灵活简单的特点而最受关注，引起了大量的扩展研究。

现实生活中，道路系统往往存在多种混合交通方式，借助元胞自动机模型，肖瑞杰等（2007）对不同长度和速度的车辆构成的混合交通流进行了模拟研究。另外，道路系统本身也具有很多冲突点，如公交停靠站和信号交叉口，作为城市道路网络的关键枢纽，其附近往往存在复杂的交通行为（钱勇生等，2008；贾斌等，2009；Tian et al.，2016）。在高峰期，交叉口和停靠站附近容易出现通行能力不足的现象（Zhao et al.，2007），尤其在公交停靠站附近，车辆的运动状态非常复杂，存在换道、停靠、前进和让位等多种行为，局部拥堵现象非常普遍。在现实中，经常存在公交停靠站下游不远处是信号交叉口的情形，如果车辆无法在信号灯周期内及时消散，排队就会向后传播甚至波及公交停靠站，从而影响公交停靠站的正常工作。考虑交叉口和公交停靠站相互影响的情形，Zhao 等（2007，2008）对公交停靠站和交叉口组合情形下的通行能力下降现象进行了分析。然而，在对车辆停靠行为进行分析的过程中，前面的工作只简单假设停靠行为是在某个指定的小区域内完成，很显然，现实情形远比这更为复杂。事实上，车辆都是具有智能的实体，往往会提前为停靠做好准备，如果满足换道条件则较早地换入目标车道，从而减少实际停靠时间。因此本章设定公交停靠站及信号交叉口组合配置的双车道情景，进一步对出行者在公交停靠站附近的停靠规则进行细化，进而结合这些个体微观特征研究交通需求及公交车比例在整体交通系统中的作用影响。

10.1 模　　型

图 10-1 是模型的元胞结构示意图,车道由离散的元胞构成,通过元胞个数来确定道路的长度,每个元胞为 7.5 米。本篇采用开放式边界条件进行模拟。为表述方便,将两条车道分别定义为左道和右道,并将车道分成七个区段：A、B、C、D、E、F 和 G。其中 B 区左道为公交优先换道区,C 区左道为公交强制换道区,D 区右道为公交进站等待区,E 区右道为公交进/出站区,F 区为信号交叉口上游区,其余均为普通区。港湾式公交停靠站位于 E 区,且停靠站起始点总设在第 501 个元胞处。模拟中,取车道总长度 $L=1\,000$,$L_B=100$,$L_C=3$,$L_D=20$,$L_E=8$,即四个停靠位（每个公交车占用两个元胞）,$L_F=192$,公交停靠时间 $T_s=20$,信号灯周期 $T_{sig}=20$,其中,信号灯时间以 s 来计量。车辆流入率 $P_e=0.3$,换道率 $P_{c1}=0.6$,$P_{c2}=0$。公交车比例 $P_b=0.2$,其中小汽车占据一个格子,最大速度 $v_{max}^{car}=3$,公交车占据两个格子,最大速度 $v_{max}^{bus}=2$。

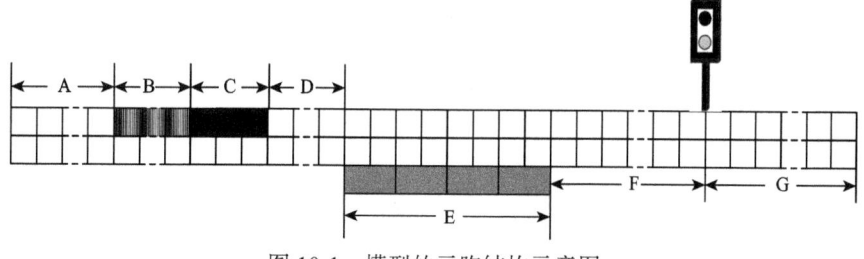

图 10-1　模型的元胞结构示意图

10.2　车辆运行、换道和停靠规则

10.2.1　运行规则

在每一个时间步,首先对两个车道分别进行判断,如果当前车道最后一辆车的位置 x_{last} 满足 $x_{last}>v_{max}^{car}$,则以概率 P_e 以车辆最大速度 v_{max}^i（i 代表车辆类型,1 为小汽车,2 为公交车）发射一辆车进入相应车道起点处,车辆进入车道后分两步运行,第一步根据换道条件判断是否需要换道从而实现纵向移动,第二步则按照 NS 模型演化规则进行车辆位置更新。假定第 n 辆车的状态由速度 v_n^i 和位置 x_n

表示，速度 v_n^i 允许在 0 到 $v_{\max}^i$ 变化，$g_n^i = x_{n+1} - x_n - i$ 表示第 n 辆车与第 $n+1$ 辆车的车距，s_n 表示第 n 辆车与信号交叉口的距离。运行规则如下。

（1）判断是否换道：如果满足 $\text{gap}_{\text{back}} \geqslant v_{-1}^i$，$\text{gap}_{\text{before}} \geqslant v_n^i$ 且 $\bar{v}_c < \bar{v}_o$，则车辆以换道概率进行换道，然后按照 NS 模型演化规则前进，否则车辆不换道直接按照 NS 模型演化规则前进。这里，v_{-1}^i、x_{-1} 表示目标车道后车速度和位置，v_{+1}^k、x_{+1} 表示目标车道前车速度和位置（如果第 n 辆车与目标车道车辆并列，则把目标车道的车辆作为前车），$\bar{v}_c$、$\bar{v}_o$ 分别表示前方视距（长度为6）内当前车道和目标车道内的平均车速，$\text{gap}_{\text{back}} = x_n - x_{-1} - j$，$\text{gap}_{\text{before}} = x_{+1} - x_n - i$ 分别表示当前车道第 n 辆车与目标车道后车和前车的车距。

（2）加速过程：$v_n^i \leftarrow \min(v_n^i + 1, v_{\max}^i)$。

（3）安全刹车过程：$v_n^{\text{safe}} \leftarrow \min(v_n^i, g_n, s_n)$，如果第 n 辆车到达交叉口上游且信号灯为红灯时，否则，$v_n^{\text{safe}} \leftarrow \min(v_n^i, g_n)$。

（4）随机慢化过程（概率为 p）：$v_n^{\text{random}} \leftarrow \max(v_n^{\text{safe}} - 1, 0)$。

（5）位置更新：$x_n \leftarrow x_n + v_n^{\text{random}}$。

10.2.2 换道规则

本节对车辆在不同区段的换道行为进行了细化，具体规则如下。

（1）普通区：如果满足 $\text{gap}_{\text{back}} \geqslant v_{-1}^i$，$\text{gap}_{\text{before}} \geqslant v_n^i$ 且 $\bar{v}_c < \bar{v}_o$，即当前车辆前方视距内目标车道平均车速大于当前车道平均车速，且车辆不会与目标车道前后车相撞，则车辆（小汽车和公交）以概率 P_{c1} 进行换道。

（2）优先换道区 B 左道：小汽车以规则（1）换道，而公交车只要满足 $\text{gap}_{\text{back}} \geqslant v_{-1}^i$ 就进行换道。

优先换道区 B 右道：小汽车按规则（1）进行换道，公交车不换道。

（3）强制换道区 C 左道：小汽车以规则（1）换道，公交车只要满足 $\text{gap}_{\text{back}} \geqslant v_{-1}^i$ 就进行换道，如公交车已到达 C 区右端仍未换到右道，则在 C 区右端停下来且迫使右道后方车辆让位，从而实现强制换道。

强制换道区 C 右道：小汽车按规则（1）进行换道，公交车不换道。

（4）进站等候区 D 左道：如果满足 $\text{gap}_{\text{back}} \geqslant v_{-1}^i$，$\text{gap}_{\text{before}} \geqslant v_n^i$ 且 $\bar{v}_c < \bar{v}_o$，小汽车以概率 P_{c2} 从左道换入右道。

进站等候区 D 右道：小汽车按规则（1）进行换道，公交车不换道。

（5）进站区 E 左道：如果满足 $\text{gap}_{\text{back}} \geqslant v_{-1}^i$，$\text{gap}_{\text{before}} \geqslant v_n^i$ 且 $\bar{v}_c < \bar{v}_o$，小汽车以概率 P_{c2} 从左道换入右道，公交车按规则（1）进行换道。

进站区 E 右道：与普通区一致。

10.2.3 公交停靠规则

设进入 E 区且尚未停靠的公交车数量用 D 来表示，处于公交停靠站的公交车数量用 S 来表示。简单起见，假设只有满足 $D+S<4$ 时公交车才会进入 E 区，否则公交车将在 D 区最右端停下来等待进站，公交进站与出站具体规则定义如下。

1. 公交进站规则

（1）如果 $D+S=4$，公交车则停在 D 区右端等待直到满足 $D+S<4$ 时才进入 E 区。
（2）车辆在停靠过程中遵循先出后进的原则，允许停靠站车辆优先出站。
（3）公交停靠过程中就近选择停靠位。
（4）公交进入停靠站后，待停靠时间大于 T_s，将按照未停车的状态继续前进。

2. 公交出站规则

（1）公交在出站过程中如果满足 $gap_{back} \geq v_{-1}^i$ 则换道，然后按照 NS 模型演化规则前进，即采用先换道再前进的办法实现。
（2）如果无法直接从当前停靠位换道，但可通过前方停靠位换道，则公交可以进入下一个停靠位换道，即采用先前进再换道的办法出站。

10.3 模 拟 结 果

这里首先给出流量的定义：$F=\rho \overline{V}$，其中 $\rho=(N_{car}+N_{bus})/2L$ 是平均密度，$\overline{V}=SUM/(N_{car}+N_{bus})$ 是平均速度，其中 N_{car} 表示所有小汽车的数量，N_{bus} 表示所有公交车的数量，SUM 表示所有车辆的速度和。模拟结果是对第 4 001~5 000 步的平均值进行分析。

图 10-2 显示了随公交车比例 P_b 和流入率 P_e 改变时流量的变化情况。首先固定 P_e，可以发现，随着 P_b 的增加，流量表现出逐渐下降的趋势，这是由于公交车速度较慢，随着公交车比例的增加，整体速度下降，从而导致流量下降；当 P_b 较小时，流量下降速度较缓，少量的公交存在对系统的影响并不明显，小汽车可以轻松换道，绕过公交车继续前行。从 $P_b=0.4$ 开始，流量下降幅度增大，

可能的原因是此时公交车存在于不同的车道而形成塞子，小汽车换道难度加大。当 $P_b=0.7$ 时，流量下降幅度再次减缓，这是因为属于慢速交通的公交车造成了塞子，因此根据交通需求性质设置专用公交车道是非常有必要的，否则混合交通很容易造成资源浪费。

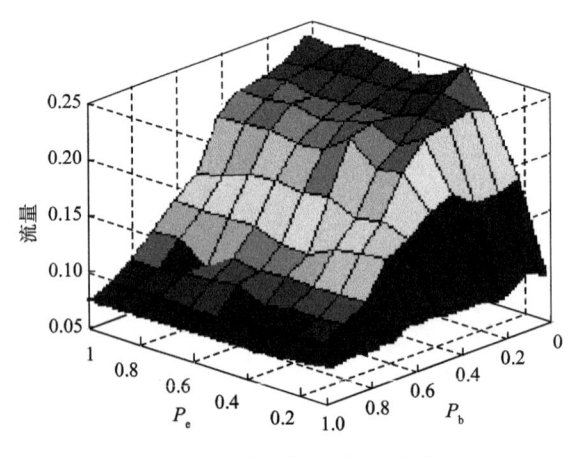

图 10-2 流量随 P_b 和 P_e 变化

下面研究公交车比例 P_b 固定，流量随流入率 P_e 变化的情形。可以发现，对应于不同的 P_b、P_e 存在一个临界值，在临界值以内，流量随 P_e 增加而增加，属于自由流，当 P_e 大于临界值后，流量基本稳定，车流属于饱和流，且该临界值具有随 P_b 增加而减小的趋势。从图 10-3 可以看到，$P_b=0$ 时，临界值为 0.4，$P_b=0.2$ 时，临界值为 0.3，$P_b=0.5$ 和 $P_b=0.8$ 时，临界值为 0.2，而当 $P_b=1$ 时，临界值已经不再存在，这说明随公交比例增加饱和流量越来越小。

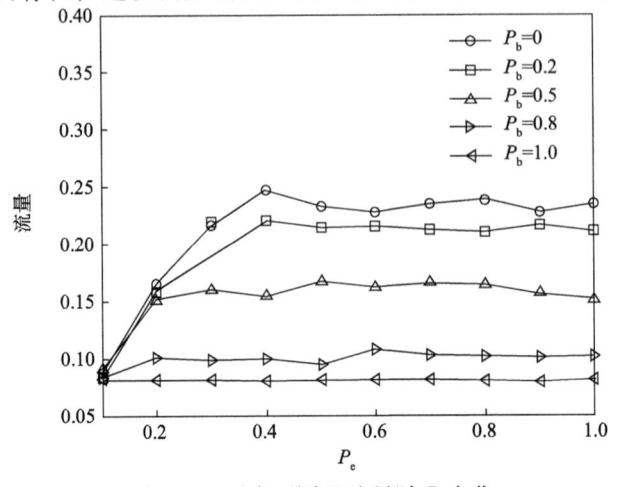

图 10-3 对应不同 P_b 流量随 P_e 变化

接下来研究公交车比例 P_b 改变时车辆换道率变化情况（图 10-4）。当 $P_b = 0$ 时，由于不存在公交车的干扰，小汽车不受停靠站影响，车流非常通畅。随着 P_e 增加，换道频率先是缓慢增加然后急剧上升后保持稳定。当 P_e 小于 0.3 时，由于密度较低，道路非常通畅，当前车道足以保证自由行驶，所以换道动机很小；当 $P_e > 0.3$ 时，道路条件不再那么通畅，由于车辆的随机慢化效应，存在局部拥堵现象，车辆试着通过换道来改善行驶状况，换道行为随 P_e 增大而急剧增加；当 $P_e > 0.5$ 时，此时道路更加拥挤，车辆试图通过换道来改善自身状况的动机会更加强烈，然而随着 P_e 增加换道频率增加幅度开始趋缓，这是因为道路已经比较拥挤，换道所带来的正效应逐步减小所致。而当 $P_e > 0.8$ 时，道路处于饱和状态，换道率基本不再随 P_e 增大而改变。另外，从图 10-2 和图 10-3 可以看到，当 $P_e \geqslant 0.4$ 时，尽管个体出行者仍然保持着较高的换道热情，试图通过换道来改变自身状况，但道路系统整体状况并没有得到改善，车辆只是在左右道之间重复着频繁换道的动作。

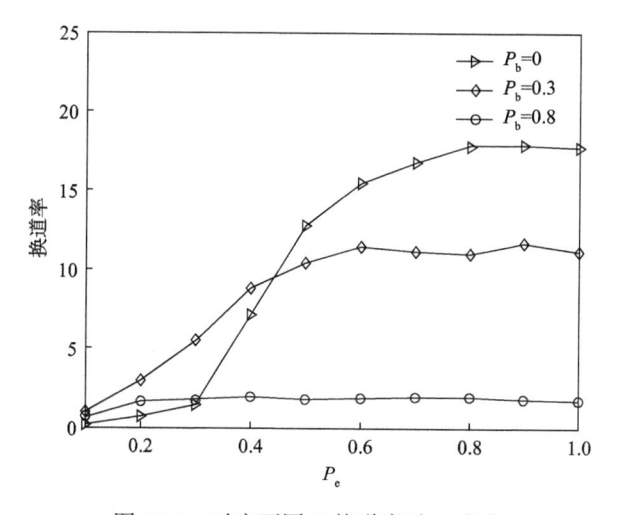

图 10-4 对应不同 P_b 换道率随 P_e 变化

当 $P_b = 0.3$ 时，当 P_e 较小时，此时作为慢速交通的公交车使局部交通速度较慢，因此小汽车具有相对强烈的换道动机，换道频率明显高于没有公交车存在的情形；但当 $P_e > 0.4$ 后，这种状况得到了扭转，因为在高峰期，车辆密度较大，与没有公交车的情形相比，公交车处于不同车道时很容易形成塞子，增加了小汽车换道难道，从而抑制了小汽车的换道行为。

当 $P_b = 0.8$ 时，与 $P_b = 0.3$ 的情形相比，换道率明显降低，这是由于公交车占据很大的空间，使换道机会减小所致。当 P_e 较小时，由于不同车型的存在，换道可以适当改善个体状况，与 $P_b = 0$ 的情形相比，换道动机要稍强一些，但当

$P_e>0.3$ 后，这一状况便发生了扭转，这是由于公交车比例较大时，公交车处于不同车道时很容易形成塞子，换道难度加大，换道率并不随 P_e 的增加而增加，而是保持在一个基本稳定的值，而当 $P_b=0$ 时，由于小汽车比较灵活，速度较快，所以换道率较高。

图 10-5 显示了 $P_b=0.2$，P_e 变化时停靠站附近车辆动态模拟图。很明显，随着 P_e 增加，车辆越来越密，当 $P_e=0.3$ 时，停靠站附近还是非常通畅的；而当 $P_e=0.5$ 时，由于公交车受到小汽车的影响，当公交车聚集出现在停靠站时，停靠站就会出现资源紧缺，此时尚未停靠的公交车将不得不在 D 区右端排队等候进站。另外也发现，当两辆公交分处左右车道时形成了塞子，造成小汽车无法超越的局面，从而出现局部拥堵，造成道路资源浪费。当 $P_e=1$，整个道路异常拥挤。从另一个方面可以看出，无论 P_e 多大，大多数小汽车更愿意选择左道行驶，这是由于停靠区附近右道存在进站或出站的公交车，平均速度较低，而在左道行驶相对来说比较畅通。另外从图 10-5 也可以看出，如果公交车在出站后发现左道行驶比较有利，则会换道选择在左道行驶，$P_e=0.3$ 和 $P_e=0.5$ 时都很好地再现了这一情景，但当 $P_e=1$ 时，由于道路高度拥挤，公交换到左道行驶的可能性已经非常小了。

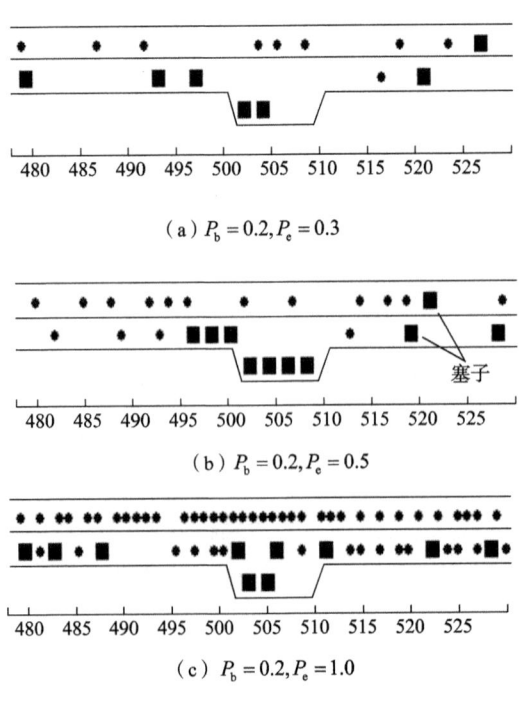

(a) $P_b=0.2, P_e=0.3$

(b) $P_b=0.2, P_e=0.5$

(c) $P_b=0.2, P_e=1.0$

图 10-5　P_b 固定，P_e 变化时停靠站附近动态模拟图

图 10-6 给出了对应不同参数的时空演化图。基于所采用的道路系统基本保持对称，这里只显示右道上的结果。从图 10-6（a）中看到，当车辆密度较低时，信号交叉口上游基本没有排队，在绿灯时间内车辆可以很快消散；而随着车辆密度逐渐增大，如当 $P_e=0.3$ 时［图 10-6（b）］，车流在交叉口上游向后传播，逐渐形成了排队，但由于排队较短，对停靠站的车辆基本没有影响；当 $P_e=0.4$ ［图 10-6（c）］时，交叉口的排队会延续到停靠站，从而对停靠站附近车辆造成干扰，进一步恶化交通，形成大面积堵塞。图 10-6（d）给出了当公交车比例为 1 的极端情形，再现了由于停靠站资源供应不足而造成停靠站左侧公交排队等待进站的现象。因此根据需求设立合适规模的公交停靠站是非常有意义的。

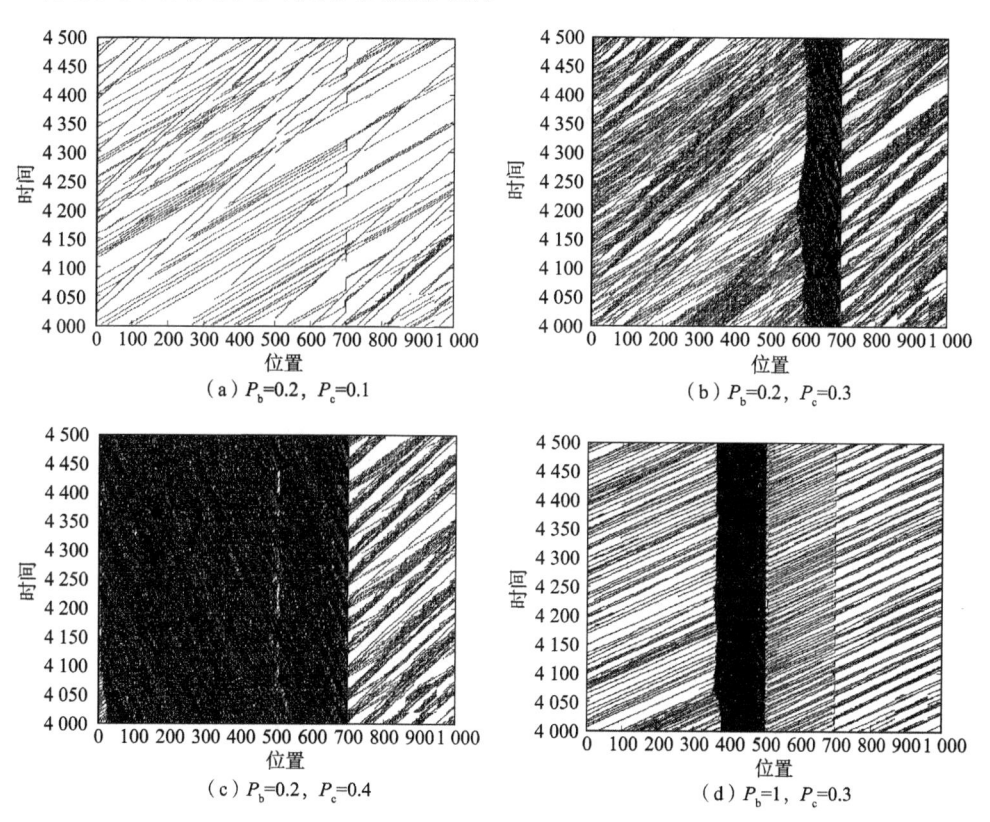

图 10-6 时空演化图

图 10-7 进一步给出了信号交叉口位置改变时的时空演化图。为突出信号交叉口的影响，因此研究信号周期较大的情形，设 $T_{sig}=100$。从图 10-7（a）可以发现，当信号交叉口距离公交停靠站较近时，信号交叉口对公交停靠站附近的车辆会造成干扰，从而使排队后延；而当信号灯位置距离停靠站较远

时［图 10-7（b）］，信号交叉口并不会干扰停靠站附近的车辆运行。对比图 10-6（b）和图 10-7（a），当信号灯周期较大时，信号交叉口前方排队较长，进而对公交停靠站附近车辆造成了干扰。基于以上分析，根据交通需求设立合适的信号灯周期和位置是非常有必要的。

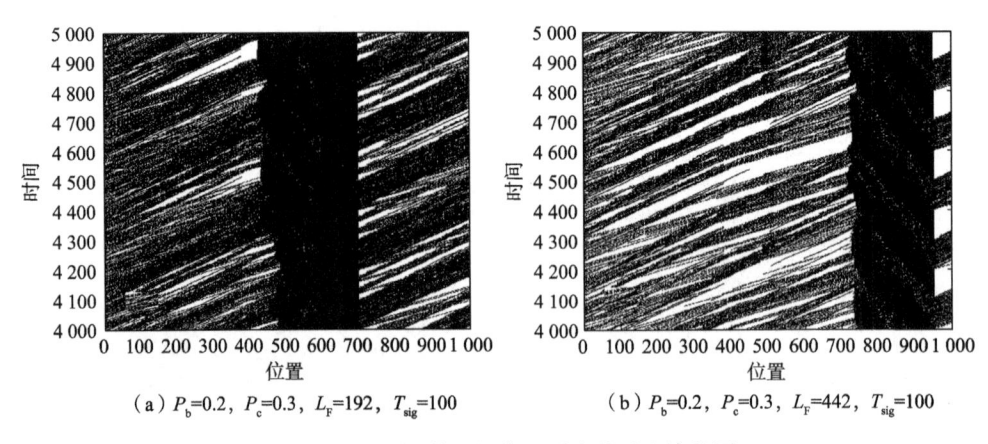

(a) P_b=0.2, P_c=0.3, L_F=192, T_{sig}=100

(b) P_b=0.2, P_c=0.3, L_F=442, T_{sig}=100

图 10-7　不同的信号灯位置对应的时空演化图

10.4　本章小结

基于一个公交停靠站和信号交叉口组合配置的背景，本章刻画了车辆在停靠站附近的微观换道和停靠行为，对双车道混合交通流进行了模拟研究。研究发现，对于不同的公交车比例，存在一个临界流入率，且该临界值随着公交车比例的增加而逐渐降低。在临界值以内，车流属于自由流，流量随着流入率的增大而升高，而在临界值以上，流量达到饱和状态，不再随流入率增大而升高，而是保持在一个相对稳定的流量。另外，在交通高峰期，当信号灯周期较长时，如信号交叉口与公交停靠站距离较近，则信号交叉口上游排队会对公交停靠站车辆造成干扰，进一步恶化交通拥堵，因此，根据交通需求设立合适的信号灯位置和周期是非常必要的。

第 11 章 结论与展望

11.1 主要研究结论

城市通勤作为居民出行需求的重要组成部分而具有普遍性。高峰期快速增长的通勤需求，以及交通道路资源的非合理化配置导致交通拥挤这一"城市顽疾"日益恶化，并致使居民通勤出行成本增加、车辆行驶速度缓慢、交通事故频发、城市环境恶化等一系列连锁反应。

加强交通需求管理是解决这一问题的主要方式。交通需求管理是从出行者的角度管理日常出行行为，从而优化交通资源，减少交通拥挤，提高社会效益。对日常通勤行为的理论研究有助于交通需求合理分配，为缓解高峰期道路拥堵提供理论支持。以此为出发点，本书在建模篇中研究了特定情景下通勤者的日常出行决策行为。首先以累积前景理论为基础，分析了开设高承载率车道的合乘行为以及设有停车换乘交通走廊的通勤行为，进一步，基于动态双准则参考点和考虑出行路径偏好，研究了不同出行个体的择路行为，探讨了不同行为特征因素对出行者路径选择行为的影响。仿真篇则通过改进路网结构和改变交通环境，运用元胞自动机模型，对一日内的出行者路径选择行为和日常路径出行选择行为进行了模拟分析，研究了信息反馈策略对路网利用效率和个体出行时间的影响，并对交叉口与公交站组合配置下的停靠行为进行了细化处理，对交通流进行了模拟研究。

本书的主要研究结论如下。

（1）HOV 车道的设立可以提高通勤者的选择灵活性，在一定程度上能够促进合乘行为，达到缓解交通拥堵，改善空气质量的目的。在一个设有 HOV 车道的交通系统中，第 2 章考虑 HOV 车道和 GP 车道两种车道，以及两类出行方式：单独驾车出行和合乘出行，建立了可能出现的三类通勤者的出行费用函数，分别在累积前景理论与期望效用理论下比较和分析了均衡结果的差异。对单独驾车者比例的敏感性分析表明，当单独驾车者比例超过某一临界值后，合乘者将具有比单独驾车者较高的 CPV，具有一定的优越性，这显然将刺激单独驾车者转向合乘出行，而期望效用理论则会稍微高估这一临界比例。个体偏好参数敏感性分析表明，通勤者的风险偏好和参考依赖特征确实会影响出行方式和出行路径选择结果，个体选择结果存在明显的参考依赖效应，忽略参考依赖特性将导致低估选择 HOV 车道的通勤者数量。此外，研究发现，提高 HOV 车道通行能力确实能够提高 HOV 车道通勤者数量，并提高通勤者感知价值，但是否能够提高整个社会的福利还取决于拓宽道路需要支付的成本。虽然数值算例结果与实际观察到的交通数据必然存在一定差异，但这些结果却能够明确地告诉我们，忽略个体偏好确实会导致均衡结果估计存在偏误，因此，管理部门在进行交通政策制定和提出管理措施时应该充分考虑个体偏好来进行决策。

（2）停车换乘出行方式作为另外一种有效的交通需求管理手段，是大城市交通出行的重要组成部分。第 3 章考察了一个具有全程驾车和停车换乘出行方式的交通走廊，假设公路出行时间是不确定的，服从某一连续正态分布，构建了总出行费用模型并推导了 CPV 的定义。算例研究发现，当通勤总需求较低时，与地铁平行的公路路段的风险系数的增加会使全程驾车的通勤者流量小幅增加而表现出"风险寻求"倾向；若 CBD 工作地的停车场停车收费过高，即使不断下调换乘点停车费，前往 CBD 工作地上班的通勤者的出行感知价值仍得不到提升。此外，对个体偏好参数即概率权重函数参数的敏感性分析表明，当通勤者能够逐步掌握事件的实际发生概率时可以获得越来越高的出行感知价值。总体而言，燃油费率和 CBD 停车费的提高均会促进更多的通勤者转向停车换乘出行方式进而有效缓解城市中心区的道路拥挤和停车难问题，而下调地铁票价率和降低公路出行风险则有利于提高通勤者的感知价值。对于政府管理者来说，应合理规划换乘点和城市中心区的停车位布局以及调整相应的停车收费，合理制定地铁票价，尽力消除道路风险源等。

（3）在具有不确定性的出行环境中，通勤者出行路径选择问题一直是交通行为建模领域的研究热点，其理论成果可为引导交通需求合理分配，缓解高峰期道路拥堵提供理论支持。第 4 章通过建立综合价值函数以评价通勤者看待某一条出行路径对应某一可能出行时间的价值，结合决策权重函数，构建了最优路径选择模型。为了解通勤者内在的择路动机，该模型引入通勤者对路径出行时间的模糊感知，即以区间数来表示路径可能发生的出行时间，通勤者的参考点依赖特性也在该模型中得到了体现。算例研究表明，通勤者面临确定性收益时倾向于确定性的前景而表现出风险规避，面临较大可能损失时倾向于概率性的前景而表现出风险寻求。此外，对参考点的敏感性分析则表明，当仅考察一个参考点时，参考点的增加将使 CPV 相应增加；而考察两个参考点时，参考点的增加不一定使 CPV 相应增加。需要说明的一点是，由于所建立模型中的参数变化会导致最优路径决策结果不同，所以本章建立的择路模型可以给通勤者提供出行参考信息，而不是代替出行决策。

（4）出行者的出行决策表现为有限理性，对时间和费用两维度的参考效应，将影响系统的流量均衡与演化。基于累积前景理论，第 5 章引入基于试错法的动态收费模式，设置时间和费用动态双参考点，研究了出行者风险态度、不同时间价值对日常出行决策行为的影响。结果表明，实行收费后，路段流量的交通饱和度，即 V/C 下降，交通拥挤得到缓解，此外，还可以根据不同的路段饱和度要求，调整控制目标，调节出行流量分配。出行者由于异质的行为特征，拥有不同的时间和费用参考点，从而选择不同的路径出行。时间价值高的用户，拥有较高的费用参考点，即节省同样的时间，意愿支付费用越高，从而偏好出行时间短但费用相对较高的路径以换取出行效率，而时间价值低的用户则刚好相反。此外，在时间和费用前景值的权衡中，当费用前景值的权重增大时，不同时间价值用户的选择差异将愈加显著。

（5）出行者的路径偏好会基于长期的出行经验形成，并影响往后的日常出行决策。基于 Dogit 模型，第 6 章引入路径偏好，建立了日常出行路径选择模型，分别考虑三种学习机制，研究了出行者路径偏好演化及其对日常出行行为的影响。算例结果表明，相较于指数平滑学习机制，基于峰终定理的学习机制，体现了极端情形对出行者的影响，而前者的均衡恰好介于两种极端情况之间。在 day-to-day 的选择与反馈中，出行者会不断更新对路径的偏好，若路径给予出行者"正反馈"，就会对路径的"好感度"逐渐增加，从而影响后续择路的概率，也就是说，当考虑路径偏好后，交通流的演化与均衡将发生变化。此外，这一章还加入了基于试错法的动态收费，探讨了路径偏好对拥挤收费的影响。在收费模式下，路径偏好越高，需收取较高的费用，诱导出行者改变出行行为，并且不同时间价值用户在动态学习过程中将产生不同的路径偏好，从而呈现出不同的路径选择结果。

（6）第 7 章改进了原来的路网结构，在含重叠路段交通路网中，采用无信号交叉口控制策略下模拟了时间反馈策略和速度反馈策略下的路径选择行为，研究了路网结构对信息反馈策略的影响。结果表明，在含重叠路段的交通系统中，时间反馈策略的滞后效应十分明显，平均速度反馈策略具有明显的优势。其后，考虑了有信号交叉口控制情形，比较分析了四种信息反馈策略，即时间反馈策略、基于个体目的的平均速度反馈策略和基于系统目的的平均速度反馈策略和拥挤系数反馈策略，在路网利用效率和保证用户公平性方面的差异。模拟结果表明，基于系统目的的平均速度反馈策略和拥挤系数反馈策略在提高路网利用效率和减少出行者行驶时间方面具有明显的优势。而两种从个体角度出发的反馈策略则在保证用户公平性方面表现出较好的特性。

（7）第 8 章在具有 HOV/HOT 专用车道的多车道模型中，在允许普通车道出行者支付一定费用使用 HOT 车道的基础上，引入了一种新的动态收费策略，研究了在时间反馈策略和平均速度反馈策略下出行者在面临付费换道和继续原路的路径选择行为。结果表明，由于时间反馈策略下发布信息的滞后性，车辆换道行为表现出明显的集聚效应，而在速度反馈策略下，则表现相对分散。

（8）第 9 章采用 NS 元胞自动机模型对日常路径选择行为进行了模拟分析，对比了有装置通勤者和无装置通勤者在时间反馈策略和平均速度反馈策略下平均行驶时间的差异，研究了出行需求、对昨天信息依赖程度和市场渗透率对两类出行者在不同的信息反馈策略下的影响。结果表明，通勤者对历史经验的依赖程度决定系统的演化效率，有装置通勤者具有较少的平均行驶时间，且在速度反馈策略下优势尤其明显。

（9）借助一个公交停靠站和信号交叉口组合配置的双车道情景，第 10 章对公交停靠站附近的停靠行为进一步细化，研究了交通需求和公交车比例对整个交通系统的影响。结果表明，对于不同的公交车比例，存在一个临界流入率，该临界值随着公交车比例的增加而逐渐降低。在临界值以内，车流属于自由流，流量随着流入率的增大而升高，而在临界值以外，流量达到饱和状态，不再随流入率增大而升高。此外，在交通高峰期，信号交叉口上游的排队会影响公交停靠站附近车辆运行。

11.2　研究展望

到目前为止，国内外学者对出行行为的研究已有一定的历史了，而且硕果累累。本书虽然结合不同的情境，对微观个体的出行行为进行了分析和讨论，并给出了一些相关建议，但由于笔者自身水平和时间有限，在该领域仍有很多问题值得深入探讨。

（1）出行者的行为特征对路径选择决策的影响机理复杂，不同的行为特征不仅单独影响决策行为，还相互影响，共同作用于日常路径选择行为。本书只分别考虑某一行为特征对出行个体的影响，后续工作中我们将设计相关的行为实验，进一步探讨不同行为特征之间的独立性与相关性，从而构建更贴近现实的路径选择模型。

（2）本书将微观个体的行为特征引入路径选择模型，因算例验证的需要，相关行为特征参数（路径偏好以及时间价值等）多为主观确定，为加深分析结果的可信度和现实性，今后应展开必要的调研，获取真实的数据，利用统计学方法进行标定，使研究结果更加可靠。

（3）突发交通事件在实际的交通系统中是一种不可忽略的客观现象，如何将这一因素考虑在内，研究突发交通事件对出行者的路径选择行为的影响，这将有助于加深我们对微观行为的理解，提出应对突发事件的有效措施。

（4）如何将交通工程和交通科学有效地衔接一直是备受关注的热点，仿真实验所采用的交通网络都是基于假定的实验网络，路径选择规则也是人为设定的，而现实中无论是路网结构还是出行者个体本身，都比假设情况要复杂得多。因此，从现实的交通系统中获得真实数据，从而对客观存在的路径选择行为进行分析研究，更有利于我们结合现实情况，从而设计出更加合理的信息诱导策略，进一步缓解交通拥堵。

参 考 文 献

柴彦威, 刘志林, 李峥嵘, 等. 2002. 中国城市的时空间结构. 北京: 北京大学出版社.
陈建明. 2003. 前景理论与个体决策. 统计与决策, （11）: 11-12.
陈时东, 朱留华, 孔令江, 等. 2007. 优先随机慢化及预测间距对交通流的影响. 物理学报, 56（5）: 2517-2522.
戴世强, 冯苏苇, 顾国庆. 1997. 交通流动力学: 它的内容、方法和意义. 自然杂志, 19（4）: 196-201.
滴滴媒体研究院, 第一财经商业数据中心. 2017-01-18. 2016 智能出行大数据报告. http://www.imxdata.com/archives/20017.
度巍, 黄崇超, 肖海燕, 等. 2013. 信息系统下弹性需求随机用户均衡演化模型. 交通运输系统工程与信息, 13（6）: 120-126.
樊治平, 刘洋, 沈荣鉴. 2012. 基于前景理论的突发事件应急响应的风险决策方法. 系统工程理论与实践, 32（5）: 977-984.
范宏强, 贾斌, 李新刚, 等. 2012. 无信号 T 型交叉口交通流特性研究. 交通运输系统工程与信息, 12（1）: 185-192.
范文博. 2015. 美国高承载率车道拥挤收费方案建模. 交通运输系统工程与信息, 15（3）: 204-213.
范文博, 李志纯, 蒋葛夫. 2009. 基于参考依赖法的出行者日常路径选择行为建模. 交通运输工程学报, 9（1）: 96-99.
冯苏苇. 1997. 低速混合型城市交通流的建模、实测与模拟. 上海大学博士学位论文.
付传技, 汪秉宏, 殷传洋, 等. 2006. 利用智能决策的双通道交通流. 物理学报, 55（8）: 4032-4038.
甘佐贤, 陈红, 冯微, 等. 2014. 基于累积前景理论的出行风险分析. 武汉理工大学学报（交通科学与工程版）, 38（4）: 909-913.
侯立文, 谭家美. 2006. 信息条件下路段出行时间可靠性的计算. 上海交通大学学报, 40（6）: 968-972.
黄海军. 1994. 城市交通网络平衡分析: 理论与实践. 北京: 人民交通出版社.
黄海军, 吴文祥. 2002. 交通信息对交通行为影响的评价模型. 系统工程理论与实践, 22（10）: 101-104.
黄海军, Bell M G H, 杨海. 1998. 公共与个体竞争交通系统的定价研究. 管理科学学报, 1（2）: 17-23.

黄海军, 田琼, 杨海, 等. 2005. 高峰期内公交车均衡乘车行为与制度安排. 管理科学学报, 8 (6): 1-9.

贾斌, 李新刚, 姜锐, 等. 2009. 公交车站对交通流影响模拟分析. 物理学报, 58 (10): 6845-6851.

姜锐. 2002. 交通流复杂动态特性的微观和宏观模式研究. 中国科学技术大学博士学位论文.

赖见辉, 陈艳艳, 张伟伟, 等. 2014. 基于前景理论的地铁/公交出行路径选择模型. 北京工业大学学报, 40 (4): 567-573.

李春燕, 陈峻, 邓社军. 2012. HOV 车道设置特性及可行性分析. 城市交通, 10 (6): 58-65.

李力, 姜锐, 贾斌. 2011. 现代交通流理论与应用: 高速公路交通流. 北京: 清华大学出版社.

李志纯, 黄海军. 2005. 先进的旅行者信息系统对出行者选择行为的影响研究. 公路交通科技, 22 (2): 95-99.

梁家源, 滕维中, 薛郁. 2013. 宏观交通流模型的能耗研究. 物理学报, 62 (2): 414-421.

刘瑞霞, 邬冬华, 凌和良. 2005. 不确定条件下判断和决策的新领域——前景理论. 运筹与管理, 14 (2): 14-18.

刘天亮, 黄海军. 2007. 日常择路行为的多智能体模拟. 物理学报, 56 (11): 6321-6325.

刘天亮, 黄海军, 陈剑. 2008. 考虑风险规避和认知更新的日常择路行为演进. 交通运输工程学报, 8 (4): 90-94.

刘天亮, 张冲, 王天歌, 等. 2013. 朋友圈信息交互对个体出行决策行为的影响研究. 交通运输系统工程与信息, 13 (6): 86-93.

刘玉印, 刘伟铭, 吴建伟. 2010. 基于累积前景理论的出行者路径选择模型. 华南理工大学学报 (自然科学版), 38 (7): 84-89.

龙琼, 胡列格, 张谨帆, 等. 2014. 不确定性环境下个性化路径选择的多属性决策方法. 中国公路学报, 27 (9): 105-110.

马寿峰, 卜军锋, 张安训. 2005. 交通系统中系统最优与用户最优的博弈协调. 系统工程学报, 20 (1): 30-37.

潘晓锋, 左志, 赵胜川. 2014. 基于前景理论的改进多路径交通分配模型. 交通运输系统工程与信息, 14 (2): 162-167.

钱勇生, 汪海龙, 王春雷. 2008. 考虑公交港湾式停靠的多速混合城市交通流元胞自动机模型研究. 物理学报, 57 (4): 2115-2121.

任刚, 陆丽丽, 王炜. 2012. 基于元胞自动机和复杂网络理论的双向行人流建模. 物理学报, 61 (14): 255-264.

谭满春, 李丹丹. 2008. 基于 Vague 集的公交出行路径选择方法. 中国公路学报, 21 (3): 86-90.

田钧方. 2013. 基于基本图和三相交通流理论的离散建模方法研究. 北京交通大学博士学位论文.

田丽君，黄海军，刘天亮. 2010. 基于动态信息反馈的日常出行决策模拟研究. 交通运输系统工程与信息，10（4）：79-85.

田丽君，黄海军，许岩. 2014. 具有异质参考点的多用户网络均衡模型. 管理科学学报，17（7）：1-9.

田丽君，黄海军，王昕. 2015. 考虑到达时间感知价值的静态网络均衡模型. 系统工程理论与实践，35（6）：1493-1500.

田琼，黄海军，杨海. 2005. 瓶颈处停车换乘 logit 随机均衡选择模型. 管理科学学报，8（1）：1-6.

王明祺. 1995. 交通流理论的研究进展. 力学进展，25（3）：343-356.

王首元，孔淑红. 2012. 新行为经济学理论：对期望效用理论和前景理论的一个延伸. 西安交通大学学报（社会科学版），32（4）：17-24.

王伟，孙会君. 2013. 基于内生参考点的交通网络均衡模型. 应用数学和力学，34（2）：190-198.

王伟，孙会君. 2014. 基于参考依赖理论的瓶颈道路收费模型. 交通运输系统工程与信息，14（1）：180-186.

吴文静，隽志才，罗清玉. 2010. 信息作用下出行者短期决策行为分析. 交通运输系统工程与信息，10（2）：100-105.

吴文祥，黄海军. 2003. 平行路径网络中信息对交通行为的影响研究. 管理科学学报，6（2）：12-16.

夏金娇，隽志才，高晶鑫. 2012. 基于前景理论的出行路径选择行为. 公路交通科技，29（4）：126-131.

肖玲玲，黄海军，田丽君. 2014. 考虑异质出行者的随机瓶颈模型. 交通运输系统工程与信息，14（4）：93-98.

肖帕德 B，德罗斯 M. 2003. 物理系统的元胞自动机模拟. 祝玉学，赵学龙译. 北京：清华大学出版社.

肖瑞杰，孔令江，刘慕仁. 2007. 车辆的长度和速度对单车道混合交通流的影响. 物理学报，56（2）：740-746.

熊轶，黄海军，李志纯. 2003. 交通信息系统作用下的随机用户均衡模型与演进. 交通运输系统工程与信息，3（3）：44-48.

徐红利，周晶，陈星光. 2007. 基于前景理论的路径选择行为规则分析与实证. 交通运输系统工程与信息，7（6）：95-101.

徐红利，周晶，徐薇. 2010. 考虑参考点依赖的随机网络用户均衡与系统演化. 系统工程理论与实践，30（12）：2283-2289.

徐红利，周晶，徐薇. 2011. 基于累积前景理论的随机网络用户均衡模型. 管理科学学报，14（7）：1-7.

徐红利, 于新莲, 周晶, 等. 2015. 诱导信息下考虑路段容量退化的流量演化研究. 管理科学学报, 18 (7): 39-47.

薛郁. 2002. 交通流的建模、数值模拟及其临界相变行为的研究. 上海大学博士学位论文.

薛郁, 董力耘, 戴世强. 2001. 一种改进的一维元胞自动机交通流模型及减速概率的影响. 物理学报, 50 (3): 445-449.

杨文娟, 郭仁拥, 李琦. 2015. 基于随机用户均衡的交通配流演化动态系统模型. 系统工程理论与实践, 35 (12): 3192-3200.

杨晓光. 2000. 中国交通信息系统基本框架体系研究. 公路交通科技, 17 (5): 50-55.

杨晓光. 2004. 面向中国城市的先进的交通控制与管理系统研究. 交通运输系统工程与信息, 4 (2): 79-83.

张波, 隽志才, 林徐勋. 2011. 基于累积前景理论的随机用户均衡交通分配模型. 西南交通大学学报, 46 (5): 868-874.

张波, 隽志才, 倪安宁. 2013. 前景理论在出行行为研究中的适用性. 北京理工大学学报（社会科学版）, 15 (1): 54-62.

张薇, 何瑞春. 2014. 基于前景理论的居民出行方式选择. 计算机应用, 34 (3): 749-753.

张玺, 郭洪洋, 刘海旭, 等. 2013. 基于认知更新的随机动态分配模型. 交通运输系统工程与信息, 13 (1): 118-123.

张玺, 刘海旭, 陈玲娟, 等. 2015. 依赖随机参考点的网络均衡配流模型. 交通运输系统工程与信息, 15 (1): 100-105.

张杨. 2010. 不确定性对城市交通出行者路径选择的影响. 交通运输工程学报, 10 (5): 77-80.

张杨, 贾建民, 黄庆. 2007. 城市交通中车辆择路行为实证研究. 管理科学学报, 10 (5): 78-85.

赵凛, 张星臣. 2006. 基于前景理论的先验信息下出行者路径选择模型. 交通运输系统工程与信息, 6 (2): 42-46.

赵凛, 张星臣. 2007. 基于"前景理论"的路径选择行为建模及实例分析. 土木工程学报, 40 (7): 82-86.

郑亮, 马寿峰, 贾宁. 2010. 基于驾驶员行为的元胞自动机模型研究. 物理学报, 59 (7): 4490-4498.

Adler J L. 2001. Investigating the learning effects of route guidance and traffic advisories on route choice behavior. Transportation Research Part C, 9 (1): 1-14.

Adler J L, Recker W W, McNally M G. 1994. In-laboratory experiments to analyze enroute driver behavior under ATIS. University of California Transportation Center Working Papers.

Ahmad A, Arshad R, Mahmud S A, et al. 2014. Earliest-deadline-based scheduling to reduce urban traffic congestion. IEEE Transactions on Intelligent Transportation Systems, 15（4）：1510-1526.

Akamatsu T, Kuwahara M. 1988. Optimal road pricing under stochastic user equilibrium. Proceedings of the Japan Society of Civil Engineers, 8（389）：121-129.

Al-Deek H, Kanafani A. 1993. Modeling the benefits of advanced traveler information systems in corridors with incidents. Transportation Research Part C, 1：303-324.

An S, Hu X W, Wang J. 2014. A cumulative prospect theory approach to car owner mode choice behaviour prediction. Transport, 29（4）：386-394.

Arnott R. 1993. The welfare effects of congestion tolls with heterogeneous commuters. Boston College Working Papers in Economics, 28（2）：139-161.

Avineri E. 2004. A cumulative prospect theory approach to passengers behavior modeling: waiting time paradox revisited. Journal of Intelligent Transportation System, 8（4）：195-204.

Avineri E. 2006. The effect of reference point on stochastic network equilibrium. Transportation Science, 40（4）：409-420.

Avineri E, Bovy P H L. 2008. Identification of Parameters for prospect theory model for travel choice analysis. Proceedings 87th Annual Meeting of the Transportation Research Board, Washington, DC.

Avineri E, Prashker J N. 2003. Sensitivity to uncertainty: the need for a paradigm shift. Transportation Research Record, 1854：90-98.

Avineri E, Prashker J N. 2004. Violations of expected utility theory in route-choice stated preferences: certainty effect and inflating of small probabilities. Transportation Research Record, 1894：222-229.

Barlovic R, Santen L, Schreckenberg A. 1998. Metastable states in cellular automata for traffic flow. The European Physical Journal B-Condensed Matter, 5（3）：793-800.

Bazzan A L C, Klügl F. 2005. Case studies on the braess paradox: simulating route recommendation and learning in abstract and microscopic models. Transportation Research Part C, 13（4）：299-319.

Beckmann M J, Mcguire C B, Winsten C B, et al. 1956. Studies in the economics of transportation. Journal of Political Economy, 26（67）：820-821.

Ben-Elia E, Erev I, Shiftan Y. 2008. The combined effect of information and experience on drivers' route-choice behavior. Transportation, 35（2）：165-177.

Benjamin S C, Johnson N F, Hui P M. 1996. Cellular automaton models of traffic flow along a highway containing a junction. Journal of Physics A, 29（12）：3119-3127.

Biham O, Middleton A A, Levine D A. 1992. Self-organization and a dynamical transition in traffic flow models. Physical Review A, 46（10）: 6124-6127.

Bordley R F. 1990. The dogit model is applicable even without perfectly captive buyers. Transportation Research Part B, 24（4）: 315-323.

Bouadi M, Jetto K, Benyoussef A, et al. 2017. The investigation of the reentrance phenomenon in cellular automaton traffic flow model. Physica A, 469: 1-14.

Button K J, Verhoef E T. 1998. Road pricing, traffic congestion, and the environment: issues of efficiency and social feasibility. Edward Elgar, 40（3）: 621-622.

Cairns M R. 1998. The development of park and ride in Scotland. Journal of Transport Geography, 6（4）: 295-307.

Cantarella G E, Cascetta E. 1995. Dynamic processes and equilibrium in transportation networks: towards a unifying theory. Transportation Science, 29（4）: 305-329.

Chen R B, Mahmassani H S. 2009. Learning and risk attitudes in route choice dynamics. The Expanding Sphere of Travel Behavior Research.

Chopard B, Droz M. 1998. Cellular Automata Modeling of Physical Systems. Cambridge: Cambridge University Press.

Chowdhury D, Santen L, Schadschneider A. 2000. Statistical physics of vehicular traffic and some related systems. Physics Reports, 329（4~6）: 199-329.

Chu C P, Tsai J F, Hu S R. 2012. Optimal starting location of an HOV lane for a linear monocentric urban area. Transportation Research Part A, 46（3）: 457-466.

Chu Y L. 2012. Network equilibrium model with dogit and nested logit structures. Transportation Research Record, 2302: 84-91.

Connors R D, Sumalee A. 2009. A network equilibrium model with travellers' perception of stochastic travel times. Transportation Research Part B, 43（6）: 614-624.

Cremer M, Ludwig J. 1986. A fast simulation model for traffic flow on the basis of boolean operations. Mathematics and Computers in Simulation, 28（4）: 297-303.

Dafermos S. 1973. Toll patterns for multiclass-user transportation networks. Transportation Science, 7（3）: 211-223.

Dafermos S. 1980. Traffic equilibrium and variational inequalities. Transportation Science, 14（1）: 42-54.

Dafermos S, Sparrow F T. 1971. Optimal resource allocation and toll patterns in user-optimised transportation network. Journal of Transportation Economics and Policy, 5（2）: 184-200.

Daganzo C F, Sheffi Y. 1977. On stochastic models of traffic assignment. Transportation Science, 11（3）: 253-274.

Daganzo C F, Cassidy M J, Bertini R L. 1999. Possible explanations of phase transitions in highway traffic. Transportation Research Part A, 33（5）：365-379.

Delhomme P, Gheorghiu A. 2016. Comparing french carpoolers and non-carpoolers: which factors contribute the most to carpooling? Transportation Research Part D, 42：1-15.

Dial R B. 1999. Network-optimized road pricing：Part I a parable and a model. Operations Research, 47（1）：54-64.

Dong C F, Ma X, Wang B H. 2010. Advanced information feedback strategy in intelligent two-route traffic flow systems. Science in China, Series F：Information Sciences, 53（11）：2265-2271.

Dong L Y, Xue Y, Dai S Q. 2002. One-dimensional cellular automaton model of traffic flow based on car-following idea. Applied Mathematics and Mechanics, 23（4）：363-370.

Dotoli M, Zgaya H F, Russo C, et al. 2017. A multi-agent advanced traveler information system for optimal trip planning in a co-modal framework. IEEE Transactions on Intelligent Transportation Systems,（99）：1-16.

Downs A. 1993. Point of view：implementing peak-hour road pricing at fullscale：finding solutions to practical problems.TR News, 167：7-9.

Echab H, Lakouari N, Ez-Zahraouy H, et al. 2016. Phase diagram of a non-signalized T-shaped intersection. Physica A, 461：674-682.

Emmerich H, Rank E. 1997. An improved cellular automaton model for traffic flow simulation. Physica A, 234：676-686.

Erev I, Bereby-Meyer Y, Roth A E. 1999. The effect of adding a constant to all payoffs：experimental investigation, and implications for reinforcement learning models. Journal of Economic Behavior & Organization, 39（1）：111-128.

Fan Z P, Zhang X, Chen F D, et al. 2013. Multiple attribute decision making considering aspiration-levels：a method based on prospect theory. Computers & Industrial Engineering, 65（2）：341-350.

Ferrari P. 1995. Road pricing and network equilibrium. Transportation Research Part B, 29（5）：357-372.

Fukui M, Ishibashi Y. 1996. Traffic flow in 1D cellular automaton model including cars moving with high speed. Journal of the Physical Society of Japan, 65（6）：1868-1870.

Gao K, Wang B H, Fu C J, et al. 2007a. Cluster-size dependent randomization traffic flow model. Chinese Physics, 16（11）：3483-3493.

Gao K, Jiang R, Hu S X, et al. 2007b. Cellular-automaton model with velocity adaptation in the framework of Kerner's three-phase traffic theory. Physical Review E, 76：026105.

Garcia A. 2012. "Cap and trade" for congestion control. Dynamic Games and Applications, 2（3）：280-293.

Gärling T, Axhausen K W. 2003. Introduction: habitual travel choice. Transportation, 30（1）: 1-11.

Gärling T, Fujii S, Boe O. 2001. Empirical tests of a model of determinants of script-based driving choice. Transportation Research Part F, 4（2）: 89-102.

Gaudry M J I, Dagenais M G. 1979. The dogit model. Transportation Research Part B, 13（2）: 105-111.

Gaudry M J I, Wills M J. 1979. Testing the dogit model with aggregate time-series and cross-sectional travel data. Transportation Research Part B, 13（2）: 155-166.

Giuliano G, Levine D W, Teal R. 1990. Impact of high occupancy vehicle lanes on carpooling behavior. Transportation, 17（2）: 159-177.

Guo R Y, Yang H, Huang H J. 2013. A discrete rational adjustment process of link flows in traffic networks. Transportation Research Part C, 34（9）: 121-137.

Guo R Y, Yang H, Huang H J, et al. 2016. Day-to-day flow dynamics and congestion control. Transportation Science, 50（3）: 982-997.

Guo X, Yang H. 2009. User heterogeneity and bi-criteria system optimum. Transportation Research Part B, 43（4）: 379-390.

Hau T D. 2005. Economic fundamentals of road pricing: a diagrammatic analysis, Part II-relaxation of assumptions. Transportmetrica, 1: 119-149.

He X, Guo X, Liu H X. 2010. A link-based day-to-day traffic assignment model. Transportation Research Part B, 44（4）: 597-608.

He Z, Yang L, Guan W. 2014. A day-to-day route choice model based on travellers' behavioural characteristics. Procedia-Social and Behavioral Sciences, 138: 738-747.

Helbing D. 2000. Traffic and related self-driven many particle systems. Reviews of Modern Physics, 73: 1067-1141.

Henn V. 2005. What is the meaning of fuzzy costs in fuzzy traffic assignment models? Transportation Research Part C, 13（2）: 107-119.

Henn V, Ottomanelli M. 2006. Handling uncertainty in route choice models: from probabilistic to possibilistic approaches. European Journal of Operational Research, 175（3）: 1526-1538.

Hoffman K, Berardino F, Hunter G. 2013. Congestion pricing applications to manage high temporal demand for public services and their relevance to air space management. Transport Policy, 28（7）: 28-41.

Horowitz J L. 1984. The stability of stochastic equilibrium in a two-link transportation network. Transportation Research Part B, 18（1）: 13-28.

Huang H J. 2000. Fares and tolls in a competitive system with transit and highway: the case with two groups of commuters. Transportation Research Part E, 36（4）: 267-284.

Huang H J. 2002. Pricing and logit-based mode choice models of a transit and highway system with elastic demand. European Journal of Operational Research, 140（3）: 562-570.

Huang H J, Yang H, Bell M G H. 2000. The models and economics of carpools. The Annals of Regional Science, 34（1）: 55-68.

Huang H J, Liu T L, Yang H. 2010. Modeling the evolutions of day-to-day route choice and year-to-year ATIS adoption with stochastic user equilibrium. Journal of Advanced Transportation, 42（2）: 111-127.

Jackson P G. 1994. Behavioral responses to dynamic route guidance systems. PICT International Doctoral Conference.

Jiang R, Wu Q S. 2003. Cellular automata models for synchronized traffic flow. Journal of Physics A, 36（2）: 381-390.

Jiang R, Wu Q S. 2003. Study on propagation speed of small disturbance from a car-following approach.Transportation Research Part B, 37（1）: 85-99.

Jiang R, Wu Q S, Zhu Z J. 2001. Full velocity difference model for car-following theory. Physical Review E, 64（2）: 017101.

Jiang R, Wu Q S, Zhu Z J. 2002. A new continuum model for traffic flow and numerical tests. Transportation Research Part B, 36（5）: 405-419.

Jiang R, Hu M B, Jia B, et al. 2006. The effects of reaction delay in the Nagel-Schreckenberg traffic flow model. The European Physical Journal B, 54（2）: 267-273.

Jou R C, Chen K H. 2013. An application of cumulative prospect theory to freeway drivers' route choice behaviours. Transportation Research Part A, 49: 123-131.

Jou R C, Kitamura R, Weng M C, et al. 2008. Dynamic commuter departure time choice under uncertainty. Transportation Research Part A, 42（5）: 774-783.

Kahneman D, Tversky A. 1979. Prospect theory: an analysis of decision under risk. Econometrica, 47（2）: 263-291.

Kahneman D, Fredrickson B L, Schreiber C A, et al. 1993. When more pain is preferred to less: adding a better end. Psychological Science, 4（6）: 401-405.

Katsikopoulos K V, Duse-Anthony Y, Fisher D L, et al. 2002. Risk attitude reversals in drivers' route choice when range of travel time information is provided. Human Factors: The Journal of the Human Factors and Ergonomics Society, 44（3）: 466-473.

Kerner B S. 1998. Experimental features of self-organization in traffic flow. Physical Review Letters, 81（17）: 3797-3800.

Kerner B S, Rehborn H. 1997. Experimental properties of phase transitions in traffic flow. Physical Review Letters, 79（20）: 4030-4033.

Kerner B S, Klenov S L, Wolf D E. 2002. Cellular automata approach to three-phase traffic theory. Journal of Physics A, 35: 9971-10013.

Kinzer J P. 1933. Application of the theory of probability to problems of highway traffic. Polytechnic Institute of Brooklyn, Traffic Engineering, 5: 118-124.

Klügl F, Bazzan A L C. 2003. Route decision behavior in a commuting scenario: simple heuristics adaptation and effect of traffic forecast. Journal of Artificial Societies and Social Simulation, 7(7): 1.

Knight F H. 1924. Some fallacies in the interpretation of social cost. Quarterly Journal of Economics, 38(4): 582-606.

Knospe W, Santen L, Schadschneider A. 2000. Towards a realistic microscopic description of highway traffic. Journal of Physics A, 33(48): 477-485.

Laval J A, Daganzo C F. 2006. Lane-changing in traffic streams. Transportation Research Part B, 40(3): 251-264.

Lee K, Hui P M, Wang B H, et al. 2001. Effects of announcing global information in a two-route traffic flow model. Journal of the Physical Society of Japan, 70(12): 3507-3510.

Leurent F. 1993. Cost versus time equilibrium over a network. European Journal of Operational Research, 71(2): 205-221.

Lewis N C. 1994. Road Pricing: Theory and Practice. London: Thomas Telford Publisher.

Li C, Anavatti S G, Ray T. 2014. Analytical hierarchy process using fuzzy inference technique for real-time route guidance system. IEEE Transactions on Intelligent Transportation Systems, 15(1): 84-93.

Li K P, Gao Z Y. 2004. Cellular automata models of traffic flow based on car-following model. Chinese Physics Letters, 21(11): 2120-2123.

Li M Z F. 2002. The role of speed-flow relationship in congestion pricing implementation with an application to Singapore. Transportation Research Part B, 36(8): 731-754.

Li Z C, Lam W H K, Wong S C, et al. 2007. Modeling park-and-ride services in a multimodal transport network with elastic demand. Transportation Research Record: Journal of Transportation Research Board, 1994: 101-109.

Liang Z, Wakahara Y. 2014. Real-time urban traffic amount prediction models for dynamic route guidance systems. EURASIP Journal on Wireless Communications and Networking, 2014(1): 1-13.

Lighthill M J, Whitham G B. 1955a. On kinematic waves: I. flow movement in long rivers. Proceedings of the Royal Society of London, Series A, 229(1178): 281-316.

Lighthill M J, Whitham G B. 1955b. On kinematic waves: II. a theory of traffic flow on long crowded roads. Proceedings of the Royal Society of London, Series A, 229 (1178): 317-345.

Lin J, Yu W, Yang X, et al. 2017. A real-time en-route route guidance decision scheme for transportation-based cyber-physical systems. IEEE Transactions on Vehicular Technology, 66 (3): 2551-2566.

Liu H, Sun D, Zhao M. 2016. Analysis of traffic flow based on car-following theory: a cyber-physical perspective. Nonlinear Dynamics, 84 (2): 881-893.

Liu T L, Huang H J. 2007. Multi-agent simulation on day-to-day route choice behavior. Proceedings of IEEE-ICNC.

Lotan T. 1997. Effects of familiarity on route choice behavior in the presence of information. Transportation Research Part C, 5 (3~4): 225-243.

Lou Y, Yin Y, Laval J A. 2011. Optimal dynamic pricing strategies for high-occupancy/toll lanes. Transportation Research Part C, 19 (1): 64-74.

Lujak M, Giordani S, Ossowski S. 2015. Route guidance: bridging system and user optimization in traffic assignment. Neurocomputing, 151: 449-460.

Márquez L, Aldana J D, Prieto M F. 2015. Acceptability of implementing high occupancy vehicle lanes on the north highway in Bogota. Ingenieria Y Universidad, 20: 139-154.

Mori U, Mendiburu A, Álvarez M, et al. 2015. A review of travel time estimation and forecasting for advanced traveller information systems. Transportmetrica A, 11 (2): 119-157.

Munro A, Sugden R. 2003. On the theory of reference-dependent preferences. Journal of Economic Behavior & Organization, 50 (4): 407-428.

Nagatani T. 2002. The physics of traffic jams. Reports on Progress on Physics, 65: 1331-1386.

Nagel K, Schreckenberg M. 1992. A cellular automaton model for freeway traffic. Journal De Physique I, 2 (12): 2221-2229.

Nagurney A, Zhang D. 1997. Projected dynamical systems in the formulation, stability analysis, and computation of fixed-demand traffic network equilibria. Transportation Science, 31 (2): 147-158.

Packard N H, Wolfram S. 1985. Two-dimensional cellular automata. Journal of Statistical Physics, 38 (5): 901-946.

Paleti C, He X, Peeta S. 2016. Design of income-equitable toll prices for high occupancy toll lanes in a single toll facility. Transportation Planning & Technology, 39 (4): 389-406.

Palma A D, Lindsey R. 2011. Traffic congestion pricing methodologies and technologies. Transportation Research Part C, 19 (6): 1377-1399.

Pan X, Zuo Z. 2014. A stochastic user equilibrium model and optimal congestion pricing with prospect theory. Procedia-Social and Behavioral Sciences, 138: 127-136.

Payne H J. 1971. Models of freeway traffic and control. Mathematical Model of Public Systems, 1(1): 51-61.

Payne H J. 1979. FREFLO: a macroscopic simulation models of freeway traffic. Transportation Research Record, 772: 68-77.

Pigou A C. 1920. Wealth and Welfare. London: Macmillan.

Prelec D. 1998. The probability weighting function. Econometrica, 66(3): 497-527.

Qian Z, Zhang H M. 2011. Modeling multi-modal morning commute in a one-to-one corridor network. Transportation Research Part C, 19(2): 254-269.

Richards P I. 1956. Shock waves on the highway. Operations Research, 4(1): 42-51.

Rossetti R J F, Liu R. 2005. An agent-based approach to assess drivers' interaction with pre-trip information systems. Journal of Intelligent Transportation Systems, 9(1): 1-10.

Schreckenberg M, Schadschneider A, Nagel K, et al. 1995. Discrete stochastic models for traffic flow. Physical Review E, 51(4): 2939-2949.

Schwanen T, Ettema D. 2009. Coping with unreliable transportation when collecting children: examining parents' behavior with cumulative prospect theory. Transportation Research Part A, 43(5): 511-525.

Seebauer S, Stolz R, Berger M. 2015. Technophilia as a driver for using advanced traveler information systems. Transportation Research Part C, 60: 498-510.

Seik F T. 1997. Experiences from Singapore's park-and-ride scheme (1975-1996). Habitat International, 21(4): 427-443.

Selten R, Chmura T, Pitz T, et al. 2007. Commuters route choice behavior. Games and Economic Behavior, 58(2): 394-406.

Senbil M, Kitamura R. 2004. Reference points in commuter departure time choice: a prospect theoretic test of alternative decision frames. Intelligent Transportation Systems Journal, 8(1): 19-31.

Smith M J. 1979a. The marginal cost taxation of a transportation network. Transportation Research Part B, 13(3): 237-242.

Smith M J. 1979b. The existence, uniqueness and stability of traffic equilibrium. Transportation Research Part B, 13(4): 295-304.

Smith M J. 1984. The stability of a dynamic model of traffic assignment—an application of a method of Lyapunov. Transportation Science, 18(3): 245-252.

Su Z, Deng W, Han J, et al. 2016. Occurrence of synchronized flow due to overtaking strategy in the Nagel-Schreckenberg model. International Journal of Modern Physics C, 27(12): 1650147.

Sumalee A, Connors R D, Luathep P. 2009. Network equilibrium under cumulative prospect theory and endogenous stochastic demand and supply. Proceedings of the 18th ISTTT.

Takayasu M, Takayasu H. 1993. 1/f noise in a traffic model. Fractals, 1(4): 860-866.

Tian L J, Huang H J. 2015. Modeling the modal split and trip scheduling with commuters' uncertainty expectation. European Journal of Operational Research, 244(3): 815-822.

Tian L J, Huang H J, Gao Z Y. 2012. A cumulative perceived value-based dynamic user equilibrium model considering the travelers' risk evaluation on arrival time. Networks and Spatial Economics, 12(4): 589-608.

Tian J, Treiber M, Ma S, et al. 2015. Microscopic driving theory with oscillatory congested states: model and empirical verification. Transportation Research Part B, 71: 138-157.

Tian J, Li G, Treiber M, et al. 2016. Cellular automaton model simulating spatiotemporal patterns, phase transitions and concave growth pattern of oscillations in traffic flow. Transportation Research Part B, 93: 560-575.

Tian Z, Jia L. 2016. A new bus lane on urban expressway with no-bay bus stop. International Journal of Modern Physics B, 30(3): 1550264.

Tsuji H, Takahashi R, Kawashima H. 1985. A stochastic approach for estimating the effectiveness of a route guidance strategies. Transportation Science, 19(4): 333-467.

Turan A C, Jotin K. 2006. A rational approach to handling fuzzy perceptions in route choice. European Journal of Operational Research, 168(2): 571-583.

Tversky A, Kahneman D. 1992. Advances in prospect theory cumulative representation of uncertainty. Journal of Risk and Uncertainty, 5(4): 297-323.

Verplanken B, Aarts H. 2011. Habit, attitude, and planned behaviour: is habit an empty construct or an interesting case of automaticity? European Review of Social Psychology, 10(1): 101-134.

Vickrey W S. 1969. Congestion theory and transport investment. The American Economic Review, 59(2): 251-260.

Vickrey W S. 1993. Point of view: principles and applications of congestion pricing. TR News, 167: 4-5.

Wahle J, Bazzan A L C, Klügl F, et al. 2000. Decision dynamics in a traffic scenario. Physica A, 287(3): 669-681.

Wahle J, Bazzan A L C, Klügl F, et al. 2002. The impact of real-time information in a two-route scenario using agent-based simulation. Transportation Research Part C, 10(5~6): 399-417.

Walters A A. 1961. The theory and measurement of private and social cost of highway congestion. Econometrica, 29(4): 676-699.

Wang Q, Xu W. 2011. A user equilibrium model based on cumulative prospect theory for degradable transport network. Fourth International Joint Conference on Computational Sciences and Optimization.

Wang S, Djahel S, Zhang Z, et al. 2016. Next road rerouting: a multiagent system for mitigating unexpected urban traffic congestion. IEEE Transactions on Intelligent Transportation Systems, 17(10): 2888-2899.

Wang W X, Wang B H, Zheng W C, et al. 2005. Advanced information feedback in intelligent traffic systems. Physical Review E, 72(2): 066702.

Wardrop J G. 1953. Some theoretical aspects of road traffic research. Operation Research, 4(4): 72-73.

Wen T H, Chin W C B, Lai P C. 2017. Understanding the topological characteristics and flow complexity of urban traffic congestion. Physica a Statistical Mechanics & Its Applications, 473: 166-177.

Wolfram S. 1982. Cellular automata as simple self-organising systems. Lecture Notes in Economics & Mathematical Systems, 1982: 253-267.

Wolfram S. 2002. A New Kind of Science. Urbana: Wolfram Media.

Wu W X, Huang H J. 2014. Finding anonymous tolls to realize target flow pattern in networks with continuously distributed value of time. Transportation Research Part B, 65(4): 31-46.

Xiao L L, Huang H J, Liu R. 2015. Congestion behavior and tolls in a bottleneck model with stochastic capacity. Transportation Science, 49(1): 46-65.

Xie C, Liu Z. 2014. On the stochastic network equilibrium with heterogeneous choice inertia. Transportation Research Part B, 66(8): 90-109.

Xu H L, Zhou J, Xu W. 2011. A decision-making rule for modeling travelers' route choice behavior based on cumulative prospect theory. Transportation Research Part C, 19(2): 218-228.

Yang F, Zhang D. 2009. Day-to-day stationary link flow pattern. Transportation Research Part B, 43(1): 119-126.

Yang H. 1999. System optimum, stochastic user equilibrium, and optimal link tolls. Transportation Science, 33(4): 354-360.

Yang H, Bell M G H. 1997. Traffic restraint, road pricing and network equilibrium. Transportation Research Part B, 31(4): 303-314.

Yang H, Huang H J. 1997. Analysis of the time-varying pricing of a bottleneck with elastic demand using optimal control theory. Transportation Research Part B, 31(6): 425-440.

Yang H, Huang H J. 1998. Principle of marginal-cost pricing: how does it work in a general road network. Transportation Research Part A, 32(1): 45-54.

Yang H, Huang H J. 1999. Carpooling and congestion pricing in a multilane highway with high-occupancy-vehicle lanes. Transportation Research Part A, 33（2）: 139-155.

Yang H, Huang H J. 2004. The multi-class, multi-criteria traffic network equilibrium and systems optimum problem. Transportation Research Part B, 38（1）: 1-15.

Yang H, Huang H J. 2005. Mathematical and Economic Theory of Road Pricing. Amsterdam: Elsevier.

Yang H, Meng Q, Lee D H. 2004. Trial-and-error implementation of marginal-cost pricing on networks in the absence of demand functions. Transportation Research Part B, 38（6）: 477-493.

Yang H, Xu W, He B S, et al. 2010. Road pricing for congestion control with unknown demand and cost functions. Transportation Research Part C, 18（2）: 157-175.

Yang J F, Jiang G Y. 2014. Development of an enhanced route choice model based on cumulative prospect theory. Transportation Research Part C, 47（2）: 168-178.

Ye H, Yang H, Tan Z. 2015. Learning marginal-cost pricing via trial-and-error procedure with day-to-day flow dynamics. Transportation Research Part B, 81: 794-807.

Yin Y, Lou Y. 2009. Dynamic tolling strategies for managed lanes. Journal of Transportation Engineering, 135（2）: 45-52.

Zhang D, Nagurney A, Wu J. 2001. On the equivalence between stationary link flow patterns and traffic network equilibria. Transportation Research Part B, 35（8）: 731-748.

Zhang J, Yang H. 2015. Modeling route choice inertia in network equilibrium with heterogeneous prevailing choice sets. Transportation Research Part C, 57: 42-54.

Zhao C L, Huang H J. 2014. Experiment of boundedly rational route choice behavior and the model under satisficing rule. Transportation Research Part C, 68: 22-37.

Zhao X M, Jia B, Gao Z Y. 2007. The capacity drop caused by the combined effect of the intersection and the bus stop in a CA model. Physica A, 385（2）: 645-658.

Zhao X M, Gao Z Y, Li K P. 2008. The capacity of two neighbor intersections considering the influence of the bus stop. Physica A, 387（18）: 4649-4656.

Zhao X M, Jia B, Gao Z Y. 2008-02-01. A new approach for modeling mixed traffic flow with motorized vehicles and non-motorized vehicles based on cellular automaton model. http://arxiv.org/PS_cache/arxiv/pdf/0707/0707.1169v1.pdf.

Zhao X M, Xie D F, Li Q. 2015. Approaching system equilibrium with accurate or not accurate feedback information in a two-route system. Computer Physics Communications, 187: 106-114.

Zhu C J, Jia B, Han L H, et al. 2013. Commuting pattern with park-and-ride option for heterogeneous commuters. Discrete Dynamics in Nature and Society, （2）: 112-128.

Zhu C J, Jia B, Han L H, et al. 2014. Parking pricing and model split under uncertainty. Discrete Dynamics in Nature and Society, （1）: 1-8.